MEMORIAS DEL FUTURO

MEMORIAS DEL FUTURO

REFLEXIONES SOBRE EL TIEMPO PRESENTE

FELIPE GONZÁLEZ

© 2003, Felipe González

© De esta edición:
2003, Santillana Ediciones Generales, S. L.
Torrelaguna, 60. 28043 Madrid
Teléfono 91 744 90 60
Telefax 91 744 90 93

• Aguilar, Altea, Taurus, Alfaguara, S. A.
Beazley 3860. 1437 Buenos Aires
• Aguilar, Altea, Taurus, Alfaguara, S. A. de C. V.
Avda. Universidad, 767, Col. del Valle,
México, D.F. C. P. 03100
• Ediciones Santillana, S. A.
Calle 80 N° 10-23
Bogotá, Colombia

Diseño de cubierta: Grafica

Primera edición: abril de 2003

ISBN: 84-03-09367-5
Depósito legal: M-5.826-03
Impreso en España por Mateu Cromo, S. A., Pinto (Madrid)
Printed in Spain

Índice

Introducción. *La gran marea* 9
Ausencia 21
Primarias, una reflexión personal 27
El euro lleva a la unión política 33
La amenaza terrorista 41
Recuperar memoria histórica 49
En el Alcázar 59
Europa: la frontera de nuestra ambición 65
Milosevic: la estrategia de un superviviente 69
A la búsqueda de la verdad perdida 75
Más que nunca, necesitamos Europa 81
«Un viejo que muere es una biblioteca que arde» 93
Mercosur es la solución, no el problema 99
Marruecos: una mirada desde la otra orilla 105
De Bariloche a Jalisco, España y América 111
La caída del Muro. Izquierda y derecha una década
   después 119
La confianza rota 125
España 2000: subastas preelectorales 133
La gran con... fusión 141
Gobierno de progreso o Gobierno de «la marca» 147
África: el silencio de los tambores 153
China: autonomía en la globalización 159
Un debate turbio 165
¿Perú im-posible? 171
Solidaridad y sostenibilidad 177
¡Todavía somos un país de emigrantes! 183

¿Existen identidades asesinas?.. 189
Europa en la encrucijada... 195
Pero... ¿han pasado 25 años?... 201
Lo hispano en la globalización... 207
Llueve sobre mojado... 213
La Guerra de las Galaxias o el desequilibrio
    del terror.. 219
Ahorros virtuales, deudas reales....................................... 225
Chile, Argentina y las Comisiones de la Verdad............ 231
13 de mayo... 237
De Niza a Berlín: oportunidades y riesgos..................... 243
Lehendakari.. 249
Marruecos... 255
Globalización del terror... 261
Primera crisis global de la nueva era............................... 267
Riesgo y oportunidad.. 273
Argentina, tocando fondo.. 279
Euro... pa... 285
Europa tras el 11 de septiembre....................................... 291
Daños colaterales.. 297
El problema palestino: epicentro de la crisis
    internacional.. 303
La extraña crisis (1)... 309
La extraña crisis (2)... 315
El sur del Sur.. 321
La extraña crisis (3). Amistad, no sumisión..................... 325
La extraña crisis (4). Se olvidan las prioridades.............. 331
Lula: el triunfo de la democracia..................................... 335
La salud de la economía.. 339
Europa y el socialismo democrático................................. 343
Esperando a Lula... 349
Habrá guerra... 355
Entre Davos y Porto Alegre... 361
No a la guerra: los argumentos.. 367
De qué se alegran.. 373

Índice analítico.. 381

Introducción

LA GRAN MAREA

Este libro, que recopila los artículos publicados en *El País* y en una cadena de periódicos europeos e iberoamericanos durante los últimos años, aparece en un momento crucial de la crisis global por la que atraviesa el mundo, tanto en los aspectos económicos y sociales como en los de seguridad.

Cuando cerraba *El futuro no es lo que era*[1], me encontré con la tremenda sacudida del 11 de septiembre. Sabía que todo habría de cambiar y así lo expresé en el epílogo y en la conversación mantenida con Juan Luis Cebrián, coautor de aquel libro, pero no fui capaz de ver la dirección de la nueva estrategia que se abría paso en la Administración Bush, aunque me preocuparan las respuestas emocionales propias de un ataque de esta magnitud.

Hoy presento al lector estos artículos con la conciencia de que nos encontramos, de lleno, en una etapa nueva, en la que se mezcla la crisis del modelo de la globalización con una marea humana de protestas frente a la guerra y las consecuencias excluyentes de la nueva economía.

¿Estaremos entrando en el tercer conflicto mundial desde la guerra de 1914? No me atrevo a formularlo como afirmación, pero temo que esta crisis, que he calificado de «extraña» en varios de los últimos artículos de este libro, se encamina hacia un conflicto generalizado, de consecuencias imprevisibles,

---

[1] Felipe González y Juan Luis Cebrián, *El futuro no es lo que era*, Aguilar, 2001.

salvo en los aspectos devastadores del mismo y, al final, en la imposibilidad de llevarla a término.

La estrategia de *pax romana* que subyace en la política de seguridad de la Administración Bush, convencida de que es el turno de Estados Unidos para imponer su ley en un mundo incierto, concatena Afganistán con Irak, pero no puede quedarse —prisionera de su propia lógica— en este objetivo que aparece como inexorable en el momento de escribir estas líneas.

Por mucho que esté en desacuerdo, soy de los que creo en las reiteradas palabras del presidente Bush, que trata de preparar a su pueblo y de advertir al mundo de que «esta guerra será larga». Naturalmente, no se está refiriendo al conflicto con Irak, cuyo desenlace, piensa, será rápido, sino al desarrollo de esa estrategia puesta en marcha.

¿Cual será el siguiente paso? Estoy seguro de que está previsto, y que en esa previsión se incluye la posibilidad de cambiar de objetivo si las circunstancias lo exigen. Habrá donde escoger dentro de la división que se plantea entre los que están «conmigo» o «contra mí». Entre los países que tienen armas de destrucción masiva o lo pretenden, y entre los sospechosos de apoyar a cualquier grupo terrorista de la red que pulula por diversos puntos del planeta. Además, debe darse la circunstancia de que el elegido como objetivo no goce —en la coyuntura presente— del privilegio de ser considerado aliado en la estrategia, aunque la naturaleza de sus regímenes sea tan dictatorial como la de los que se atacan.

El escenario de la contienda será cambiante, porque las alianzas pueden variar, como ocurrió con Irak, aliado coyuntural en los años ochenta y enemigo principal a partir de los noventa. Y ocurre con Pakistán en sentido inverso, que fue embargado por la puesta en marcha de sus ensayos con armas nucleares y por su apoyo al régimen talibán ligado a Al Qaeda, y se convierte ahora en aliado de primera importancia.

Existen, en efecto, dos amenazas reales en el campo de la seguridad internacional: la proliferación de armas de destrucción masiva y el terrorismo internacional. Si estas amenazas se conjugaran, podríamos configurar un escenario de Estados sospechosos de poseer o intentar poseer armas de destrucción masiva, con el riesgo de que las utilicen a través de grupos terroristas. Con estos presupuestos se define la nueva estrategia de la Administración republicana estadounidense, pretendiendo defender la seguridad de sus ciudadanos y garantizar una paz mundial de la que se considera imperialmente responsable.

Es inimaginable que se sientan amenazados por esas «potencias del mal», cuando se trata de Estados-nación con poca capacidad ofensiva sobre el territorio de Estados Unidos. Por ejemplo, las armas nucleares de los países que las poseen, salvo Rusia, como heredera del arsenal de la antigua URSS, constituyen amenazas regionales, como ocurre entre Pakistán y la India, o con Corea del Norte, suficientemente alejados del imperio marítimo de Estados Unidos para que puedan resultar un peligro en relación con su territorio.

Lo mismo cabría decir de las armas químicas y biológicas, cuyo uso bélico se concibe en términos regionales, incluso como control interno, y así ocurrió con las de Sadam Husein en su guerra contra Irán y en la represión de sus ciudadanos.

Por eso, sin la vinculación entre la posesión de estas armas y la posible intención de entregarlas a grupos terroristas capaces de autoinmolarse para su uso en Estados Unidos (o en otro lugar del planeta), este país se sentiría razonablemente seguro. Ha sido el ataque a las Torres Gemelas y al Pentágono, a pesar de que se haya producido con instrumentos de uso civil que nada tienen que ver con armas de destrucción masiva, el que ha desencadenado el triunfo de la nueva estrategia.

Es cierto que los «halcones» la estaban proponiendo antes de esta fecha, desde la desaparición de la URSS, pero sus posibilidades de implantarla como estrategia de la Administración en el poder eran más reducidas antes del 11 de septiembre. Ni el viejo Bush ni Clinton aceptaron la propuesta de este grupo durante los años noventa. A partir de esa fecha fatídica, el presidente George W. Bush decide pasar a la acción basándose en la teoría del ataque preventivo y haciendo uso de la decisión unilateral como regla de comportamiento.

Naturalmente, los dirigentes republicanos suman a estos propósitos a los que quieran cooperar incondicionalmente, dentro o fuera del marco de Naciones Unidas. La primera víctima de la contienda es la propia ONU, que sobrevivirá con dificultad o sucumbirá, como sucedió con la Sociedad de Naciones poco después de la Primera Guerra Mundial, a este unilateralismo encarnado por un solo poder global.

Nuestra preocupación de hoy por la probable guerra de Irak será mañana un episodio más, por terrible que resulte expresarlo así, como lo es ya Afganistán, en la sucesión de objetivos de la contienda. Cualquiera, con un mapa en la mano y un poco de memoria histórica, puede ir señalando los probables objetivos a partir de la liquidación del régimen del dictador iraquí.

Y si se consolida esta estrategia, cualquier país que se considere entre los aliados permanentes o coyunturales de Estados Unidos puede sentirse legitimado, con los mismos argumentos, para forzar sus propias acciones preventivas y unilaterales.

La guerra será larga, aunque los gobiernos que se embarquen sumisamente en esta aventura, como el del PP en España, se vean obligados a vender hipótesis increíbles cuando presentan el conflicto con Irak como una guerra corta, con pocas bajas y acompañada de sentimientos de liberación. Ni siquiera contemplan la posguerra, la intervención turca en el norte de Irak para controlar a los kurdos y las nuevas piezas a cobrar, pero todo ello hace el conflicto incalculable en el tiempo y en sus consecuencias.

En el diseño conocido de la estrategia estadounidense se plantea la modificación de los mapas de la región, además del cambio de régimen, aunque ni lo uno ni lo otro tengan que ver con los mandatos del Consejo de Seguridad. También aparece el compromiso indirecto de la OTAN, que, a partir de este momento, se habrá definido como un Pacto Militar frente a un enemigo diferente, de carácter «civilizatorio», según la teoría de Huntington[2]. ¿Quién se atreve a predecir las consecuencias de este conflicto en una región como la del Próximo y Medio Oriente?

Para tranquilizar a los países árabes y, por extensión, a los musulmanes, se introduce la promesa de un Estado palestino posterior a la derrota de Sadam Husein. Lo proclama con mayor insistencia el señor Aznar que la Administración republicana —más conocedora de las implicaciones—, sin tener en cuenta la opinión de Sharon y su Gobierno, recientemente elegidos en Israel, cuyo programa va en la dirección contraria a las pretensiones que se anuncian.

Salvo que se trate de un acuerdo que incluya la modificación de las fronteras establecidas en las resoluciones del Consejo de Seguridad y los palestinos sean desplazados hacia nuevos espacios más allá del Jordán, es imposible imaginar a este Gobierno israelí aceptando ser moneda de cambio ante el mundo árabe.

Sharon rechazará, si no lo ha hecho ya, cualquier propuesta que contradiga sus propósitos y el programa de su Gobierno. Sabe que los argumentos de incumplimientos reiterados de las resoluciones de Naciones Unidas aplicados a Irak o a Libia no son de igual uso en el caso de Israel. También lo debiera saber el presidente del Gobierno de España, aunque en su desmesura crea que está investido de una misión universal.

Y todo esto, con perdón, me parece un disparate, un despropósito que no nos conducirá a la reducción de las amenazas reales sino a la confrontación generalizada y difusa. Caminamos hacia la inseguridad internacional, con un gran país, Estados Unidos, gobernado por una Administración que cree que puede transformar su indudable potencia militar en hegemonía sin respuesta y sin respeto a las reglas del multilateralismo.

---

[2] Samuel Huntington, *The crash of civilizations*, 1996.

A propósito de los terribles atentados del 11 de septiembre, he mantenido que la cooperación en la lucha contra el terrorismo internacional es un deber de todos los Estados, empezando por los europeos. Esta colaboración es lógica frente a una amenaza que lo es para todos, no sólo para Estados Unidos en su territorio ni sólo para los estadounidenses en cualquier rincón del mundo. Así reaccionó Europa, como aliado amigo, incrementando la cooperación, con una decidida actuación contra los grupos terroristas, y apoyando la intervención en Afganistán, hasta que la estrategia de la Administración Bush afloró en los términos descritos.

También me he extendido en consideraciones sobre la naturaleza de las amenazas y sobre los medios para combatirla. No lo reiteraré en esta introducción, salvo para recordar que la decisión de fondo de la Administración republicana me parece errónea para sus propios objetivos y liquida el multilateralismo sin que la sustitución por su propia potencia garantice ningún resultado frente al terror que se pretende combatir. Tal vez ocurra lo contrario.

La proliferación de armas de destrucción masiva debe tenerse en cuenta como un factor grave de inseguridad, sobre todo a partir de la implosión de la Unión Soviética y los excedentes de capacidad que centrifugó en esta materia. Pero la presión para su control y disminución tendría más sentido si se propone desde el multilateralismo, desde la aceptación de tratados de no proliferación o de prohibición que incluya a países centrales y desde la disminución de arsenales nucleares sin sustitución por escudos espaciales que generen nuevos desequilibrios.

Tendría sentido si, como decía Bush padre, tras la caída de la URSS y la guerra de 1991 contra Irak, el mundo estuviera a las puertas de una era de «dividendos de la paz» y no de nuevo rearme y ruptura definitiva del orden multilateral que debe garantizar Naciones Unidas.

Venimos de esa década de anomia y crecimientos económicos que parecían permanentes en Estados Unidos y Europa. El cambio «civilizatorio» producido por la vertiginosa revolución tecnológica se vendía como la respuesta a todos los problemas. Las teorías del «todo mercado», «pensamiento único» y «fin de la historia» dominaron la comunicación global, ocultando los efectos negativos del modelo. La política como función, como responsabilidad sobre el espacio público compartido en todos los niveles, desde el local al global, fue sepultada paulatinamente por el dios del mercado, porque la acción política se consideraba un estorbo para el desarrollo de las pretendidas potencialidades.

Las crisis regionales sucesivas se subestimaban en la seguridad de que los países centrales estaban a salvo de las sacudidas y los contagios.

Los conversos de la extinta URSS y una buena parte de su zona de influencia cayeron en esta nueva filosofía fundamentalista del mercado, perdiendo una parte sustancial de sus productos brutos. A pesar de su nivel educativo, perdieron renta y esperanza de vida, aunque se sacudieran el nefasto yugo del totalitarismo. El patrimonio estatal pasó a manos de grupos mafiosos de poder mientras la población se empobrecía y los patrones de la política cooperaban con los nuevos amos de la economía.

A la crisis mexicana de 1994 y 1995, con sus consecuencias internas y regionales, siguió la del sureste asiático en 1997 y 1998, que terminó por contagiar a la región entera —salvo China— y se extendió a Rusia, primero, y a Brasil después. Pasó por Turquía, por Argentina y otros países. Finalmente, la epidemia contagió a los países centrales, en Europa y Norteamérica, para instalarse como crisis global desde la primavera de 2000.

En todo el mundo dominó la idea de un crecimiento sin distribución del ingreso, defendida por los neoliberales fundamentalistas. Era natural que se concentrara la riqueza, según sus tesis, para llegar más tarde —por filtración— a los excluidos. Pero el horizonte de la filtración, del reparto de los frutos del crecimiento, se alejaba siempre en la bonanza y se hacía imposible en las épocas de ajuste.

Junto a la calificación moral o ética del modelo, lo más destacable de la crisis que se empezó a manifestar en abril de 2000 ha sido el fracaso de la propuesta. Hoy es difícil dudar de los errores implícitos en esa política de concentración de riqueza, de exclusión de las mayorías sociales y de regiones enteras del planeta. Hoy es más fácil que antes denunciar la insostenibilidad del nuevo paradigma neoliberal y, por tanto, más urgente que nunca la articulación de respuestas alternativas incluyentes y, por eso, sostenibles en el tiempo.

Al tiempo que se dibujaba en el horizonte esta deriva histórica, aumentaba la ola de protesta en todos los rincones de la tierra, hasta convertirse en una gran marea humana, como si los ciudadanos intuyeran que se les conducía a un desastre que no desean. Al rechazo de los efectos de una globalización económica y financiera, acompañada de una información homogeneizadora y engañosa, se suma el grito contra la guerra, que lo es también contra la estrategia que la sustenta.

Nada hacía prever en los comienzos de esta nueva era, que situamos en la caída del Muro de Berlín, que el siglo XXI se abriría con una crisis económica global, acompañada de la sensación generalizada de una amenaza terrorista internacional a la que no escapa nadie y de una respuesta errática —en palabras de Clinton— protagonizada por la Administración republicana del presidente Bush.

La evolución descrita en la última década del siglo XX empezó a movilizar a los grupos llamados «antiglobalización», tronando a las puertas de los que consideraban responsables del mundo, que miraban con asombro la imposibilidad de encontrar rincones tranquilos para reunirse.

Durante los últimos años, tras una larga experiencia de poder y oposición, dediqué un esfuerzo considerable a aprehender la nueva etapa que hemos dado en llamar globalización. Me acompañó como preocupación en la fase final de mi responsabilidad como gobernante, pero, a partir de 1996, encontré el espacio y la oportunidad de acercarme al fenómeno de cambio «civilizatorio» que estaba produciendo la revolución tecnológica en curso.

El lector podrá observar que casi toda la serie de artículos está impregnada de la preocupación por los efectos de la globalización. Incluso la reflexión sobre las aspiraciones de los movimientos nacionalistas hacia la constitución de Estados nacionales como error ahistórico, porque se plantea en un momento de crisis del Estado-nación. Tanto si se fijan en los trabajos dedicados a nuestro espacio público compartido como españoles, o en los referidos a la Unión Europea, o los que atañen a América Latina, como los específicamente centrados en la globalización, todos rezuman preocupación por el fenómeno, sus efectos y las respuestas necesarias.

Pero hasta el 11 de septiembre, a pesar de algunas reflexiones previas sobre el «escudo espacial» recuperado por Bush, o los cambios en la OTAN, no pude imaginar que el terror y la inseguridad se globalizarían como la información, la economía o los flujos financieros. Eso explica mi sorpresa en esa fecha y las referencias posteriores a la globalización del terror.

A partir de ese momento, todos los trabajos publicados, amén de todos los seminarios y conferencias en los que he participado, están influidos por ese nuevo componente del escenario global. Y, sobre esa plantilla, verán una preocupación creciente por las respuestas a la nueva amenaza, que he creído y creo erróneas en sus objetivos y en sus métodos.

Al principio, es decir, allá por los años que van de 1996 a 1999, cuando hablaba de la globalización y sus efectos, fui considerado por propios y extraños como un extravagante que se preocupaba de cosas que no estaban en la agenda. En nuestro propio país resultaba increíble el anuncio anticipado de que nos estábamos equivocando de ruta cuando advertía que los «ahorros eran virtuales y las deudas reales»; o que las privatizaciones que el Gobierno del PP había puesto en marcha no nos conducirían por el camino de la liberalización y el incremento de la competencia, sino por el del control de la economía, las finanzas y los medios de comunicación; o que estábamos perdiendo productividad por persona ocupada por el descuido con que se trataban las nuevas tecnologías.

Pero no era sólo una reacción española. En Europa, en noviembre de 1999, cuando presenté los resultados de la investigación sobre la llamada globalización, proponiendo respuestas políticas fuertes y alternativas más sostenibles y solidarias, los dirigentes políticos de la Internacional Socialista reunidos en el Congreso de París no parecían sentirse concernidos por los desafíos que comportaba el cambio «civilizatorio».

Y conviene recordar que eran mayoritarios en los Gobiernos de la UE. O tal vez haya que decir que no se sentían concernidos por esa razón, porque los votos defensivos frente a la agresión del neoliberalismo les daban la razón sin tener que cambiar.

Sólo cuando empieza la ola social de protesta contra ese tipo de globalización y las reuniones de los líderes se hacen difíciles o incluso imposibles, fueran cuales fueran los foros convocados, surge el desconcierto y la preocupación. Ni el Fondo Monetario Internacional ni la Organización Mundial de Comercio ni las cumbres europeas escapan a las manifestaciones de los movimientos antiglobalización que van cristalizando en el Foro Social de Porto Alegre, como una especie de anti-Davos.

Crecientes contingentes de fuerzas de seguridad, incluidas las fuerzas armadas en misiones de protección, configuran un marco de asedio de la multitud a las cumbres de los responsables políticos. La ola de protesta estaba creciendo incontenible, antes de que la crisis hubiera tocado seriamente a las economías centrales. La paradoja aparente era que las manifestaciones de rechazo tenían más fuerza en las sociedades desarrolladas que en las de los países emergentes o marginados.

Sin embargo, se veía venir. Al menos, se veía venir el fracaso del modelo, aunque fuera más difícil imaginar el movimiento de respuesta en sociedades que parecían adormecidas tras la desaparición de uno de los bloques en pugna y el aparente triunfo del «todo mercado».

Ahora, lo que resulta preocupante es la distancia creciente entre la marea humana desencadenada y la orientación de los líderes políticos del mundo. Insensibles ante el estado de ánimo de este nuevo poder en forma de opinión pública global, se encierran en su propia percepción de la realidad, disfrazándola de responsabilidad.

Ahora, lo urgente es la respuesta a esas inquietudes multitudinarias que rebasan las fronteras de los Estados nacionales, que mezclan generaciones y clases sociales e intuyen que otro mundo es posible.

La conexión entre la política y los movimientos sociales que emergen en nuevas formas organizativas no será fácil, por las recíprocas desconfianzas de fondo, pero es inexorable para que no se frustre la marea humana de rechazo a la estupidez de un modelo económico excluyente e ineficaz, o de repulsa a la estrategia de imposición de una seguridad dependiente de un solo centro de poder.

En nuestro propio país, la acción del Gobierno del señor Aznar ha liquidado de un golpe nuestra autonomía en política exterior, nuestra prioridad europea, nuestras relaciones de vecindad con el Mediterráneo sur y los vínculos de confianza con Iberoamérica. Vale decir que ha liquidado toda la política exterior de la democracia. Y lo hace en contra de la opinión pública mayoritaria, en contra del cuidadoso consenso que presidía la etapa de la transición y consolidación de la democracia en los temas de seguridad, defensa y política exterior.

Son precisamente la seguridad, la defensa y la política exterior las primeras víctimas de esta deriva hacia la sumisión respecto al que se considera el árbitro del mundo y el único poder global. Estas actitudes constituyen un retroceso a tiempos pasados de incalculable trascendencia. No se ha ofrecido ninguna explicación seria. Todo es descalificación hacia el que se opone y banalidad en las afirmaciones. Se ha provocado una inundación de chapapote en nuestra política exterior, sin accidente previo que la explique.

Si, como dice el presidente Bush, la primera obligación del gobernante es mantener la cohesión de la opinión pública de su país, es posible que, por el momento, él lo esté consiguiendo, pero los que lo siguen sumisamente presumen de no tener en cuenta esa necesaria cohesión nacional.

Siempre he respetado a los que nadan contra corriente cuando es necesario, porque ese coraje a veces está implícito en la naturaleza de un proyecto histórico. Pero siempre he considerado estúpido empecinarse en un error evidente que pone en cuestión lo conseguido durante décadas de esfuerzo.

«¿A cambio de qué?», se preguntan los ciudadanos, sean o no votantes del PP. Las respuestas no son creíbles y no merecemos la constatación de los resultados del error.

¿Cómo vamos a recomponer el proyecto de Unión Política de Europa tras el destrozo provocado?

¿Cómo vamos a recuperar la confianza de los países árabes en nuestra vecindad mediterránea?

¿Cómo van a entender en la América hispana el papel de recaderos del presidente Bush, con la intención de achicarles el espacio de su propia y difícil autonomía en lugar de ayudarles a ensancharlo?

¿Cómo vamos a recuperar un vínculo atlántico que se base en la amistad y la confianza recíprocas y no en el inútil sometimiento?

Y, como trasfondo, no estamos siendo leales con Estados Unidos, sino serviles con la estrategia de esta Administración republicana. Porque Estados Unidos es mucho más que lo que estamos viendo y la amistad que se confunde con sumisión no sirve a nadie, ni siquiera a quienes la reciben.

4 de marzo de 2003

Ausencia

Nos va la vida, la del Estado, que necesitamos,
y la nuestra individual, porque cada vez que matan
a un hombre en la calle (y esto no es una metáfora,
como diría el cartero de Neruda) nos matan un poco
a cada uno de nosotros.

FRANCISCO TOMÁS Y VALIENTE
El País, 15 de febrero de 1996

Era el eco de su voz al día siguiente de su asesinato. Era su mensaje a todos los ciudadanos amantes de la paz y de la libertad. El diario *El País* publicó esas líneas una semana después de la muerte a manos de ETA de Fernando Múgica, que había sido, hasta el día anterior, la última víctima de la locura criminal[1].

He necesitado dos años para recordar a Paco Tomás sólo con dolor, superada la rabia. Dolor de ausencia del amigo porque, hasta el aliento final, nos dejaste tu pensamiento, tu palabra de hombre de Estado, de demócrata, de persona de bien.

---

[1] En este artículo, publicado en *El País* el 12 de febrero de 1998, advertía que los crímenes habían continuado y que ni siquiera me atrevía a recordar que las últimas víctimas, hasta esa fecha, habían sido el concejal sevillano Alberto Jiménez-Becerril Barrio (concejal del Partido Popular en Sevilla) y su esposa Ascensión García Ortiz, asesinados el 30 de enero de 1998. La siguiente víctima de ETA fue Tomás Caballero Pastor, portavoz de UPN en Pamplona, asesinado el 6 de mayo de 1998.

Para su familia, para sus próximos en la amistad o en el afecto, la pérdida del ser querido es única, inconfundible, insustituible. Tomás y Valiente era capaz de sentir que la muerte de un hombre en la calle, de cualquier hombre, nos mata un poco a cada uno de nosotros. Esto es lo que ha calado en nuestra sociedad. Cientos de miles de ciudadanos salieron de sus casas para gritar contra ETA, tras su muerte. Su voz llegó al País Vasco: «ETA no, vascos sí». También ellos decidieron desde entonces ocupar ese espacio más allá del miedo. Algunos no lo entendieron entonces y siguen sin entenderlo ahora. Sin embargo, es la mejor oportunidad social y política para hacer las cosas bien. Sólo habría que seguir la estela de su tribuna en *El País* para rendirle el tributo que se merece y enderezar el camino que se torció por pasiones mediáticas y electorales.

Porque, aunque cueste trabajo decirlo y creerlo, tal como se perciben las cosas, ETA sigue estando débil. Sus epígonos lo notan, se dividen y se enfrentan entre ellos. Son conscientes de su locura sin fin, sin objetivo alcanzable. Se refuerzan por nuestra torpeza, por la publicidad que les hacemos, por nuestra división como demócratas que perdemos el sentido del Estado. Matan, sí. Lo llevan haciendo décadas. Como decía Adolfo Suárez, matar es lo más fácil. Esto no supone fortaleza.

Después de las detenciones de la cúpula dirigente en Bidart, en 1992, su fuerza se convirtió en su debilidad. Su estructura interna, vertical, dictatorial, que ellos llaman «militar», fue penetrada y descubierta por las Fuerzas de Seguridad del Estado en coordinación con las francesas. Su estrategia para el año 92 les falló. Creían, en su locura, que la desaparición de las fronteras, más los acontecimientos de ese año, pondrían al Gobierno en situación de doblar la rodilla y ceder a su chantaje. Pensaban que los países de la Unión Europea sentirían la necesidad de «apretarnos» para resolver, como fuera, la situación de violencia que ellos generaban. Su apuesta criminal era dura y concreta. Pero no sólo no lo lograron, sino que retrocedieron.

Como tenemos la memoria frágil, muchos comentaristas creen que estoy hablando en clave cuando recuerdo estas circunstancias, que hicieron del año siguiente, 1993, un año propicio para avanzar en la erradicación de esta plaga. Ellos, los terroristas, lo sabían (recuerden, como muestra, la carta de Urrusolo)[2] y la sociedad española sentía que podían ser superados. Entonces no fue posible, y en el artículo póstumo de Francisco Tomás se apuntan algunas de las razones. Pero hoy lo es. Los socialistas estamos en la oposición y podemos facilitar la tarea, porque nunca haremos de este tema de Estado pasto de luchas partidistas. Como tampoco lo han hecho los convergentes.

Éste es el sentido de mis palabras de estos días, que vuelven a ser aciagos para todos, en los que crece el sentimiento cívico de que no podemos con ellos, en que se tiene la tentación de ceder al chantaje, con propuestas disparatadas para el Estado democrático.

Cuando oigo al ministro del Interior[3] afirmar que no hay atajos en esta lucha contra el terror, creo que tiene razón. Ningún atajo nos llevará a la salida, en particular los que proponen reformas de las reglas que nos hemos dado los demócratas para que «quepan» los terroristas en ellas. Ni ETA ni HB aceptarán nunca normas democráticas. Han tenido, y tienen, multitud de ocasiones para hacerlo. ¿Alguien puede dar una sola razón, democrática, para que tengamos que aceptar sus pretensiones?

En el funeral por el asesinato del Magistrado del Tribunal Supremo Martínez Emperador —otro hombre de bien, además de hombre de Estado— pedí al señor Mayor Oreja que dejáramos —todos— de decir que cuando cesaran los asesinatos todo sería posible, o se podría hablar de diálogo con los vio-

---

[2] José Luis Urrusolo Sistiaga, durante su estancia en la cárcel, remitió una carta a los medios de comunicación tras el secuestro y asesinato de Miguel Ángel Blanco (12 de julio de 1997). En ella repudiaba los métodos de la banda terrorista.

[3] En el momento en el que se publicó el artículo era ministro de Interior Jaime Mayor Oreja.

lentos. Lo único que puede decirse con sentido es que nuestra esperanza, la de todos los que queremos vivir en paz y en libertad, es que ellos pierdan la esperanza de obtener ventajas políticas con sus acciones. Pero, unos y otros, seguimos insistiendo en abrir «vías» que sólo entienden como señales de debilidad. Y, lo que es más grave, los asesinos y sus socios sólo interpretan estas posibilidades como ofertas de impunidad.

En sus manos está, piensan, cómo y cuándo deciden dejarlo. Mientras tanto, siguen matando, extorsionando, dividiendo a los demócratas, abriendo grietas en los pactos antiterroristas y en las instituciones. Consiguen, incluso, desmoralizar a los que dan la cara, en primera línea, en la lucha contra el terror. Creen estar en posesión de las llaves de la cárcel, como mínimo, cuando dejen sus acciones. Es el mensaje equivocado que reciben de nosotros.

Sin embargo, en recuerdo de Paco Tomás, hoy, y en recuerdo de miles de familias afectadas por el terror, siempre, constantemente, quiero decir a los ciudadanos que recuperen la esperanza, que podemos erradicarlos. Ahora, mejor que antes, con más posibilidades. Como diría mi profesor de Derecho Romano, lo afirmo «*cognita causa*». Sobre todo, los terroristas saben que lo que digo es verdad. Lástima que sea uno de ellos, Soares Gamboa[4], quien nos lo recuerde, desde la cárcel y desde su conocimiento del fondo del problema.

Hagamos que pierdan toda esperanza. Recuperaremos la nuestra.

El País, 12 de febrero de 1998

Éste fue el primer artículo publicado tras mi salida de La Moncloa, en mayo de 1996. Habían pasado dos años desde el asesinato de Paco Tomás y Valiente, sin que pudiera expresar mis sentimientos por su pérdida. Ni entonces, ni ahora, he podido olvidar la dimensión humana, la talla jurídica y su calado de hombre de Estado.

---

[4] Juan Manuel Soares Gamboa, etarra arrepentido, condenado a 299 años de cárcel.

Todo había sido estremecedor en torno a su muerte. La socie-dad se conmovió como nunca y saltó a la calle, desde la universidad a los barrios más humildes, en un grito que aún hoy resuena: ETA no, vascos sí.

El comentario que hice sobre el fenómeno terrorista sigue es-tando vigente en los términos expresados, pero entonces no dije que acababa de recibir información sobre conversaciones entre el PNV y ETA/HB, que meses más tarde desembocarían en el Pacto de Li-zarra y la tregua.

Quería anticipar mi opinión sobre la imposibilidad de acep-tar condiciones políticas de los violentos y desarrollé esta idea, con propuestas sobre lo que se podría hacer, en un documento interno de partido al que titulé «La llave». Por eso hay una referencia en el artículo a la sensación de los terroristas de estar en posesión de la lla-ve de la cárcel.

La predicción sobre el comportamiento de los socialistas en la oposición se ha cumplido con creces. Su lealtad al Estado democráti-co en la relación con el Gobierno ha sido poco o nada comprendida por el Gobierno de Aznar, que sigue utilizando de manera parti-dista el grave problema del terrorismo.

Confieso ahora cuánto me costó contenerme para no citar la imputación de responsabilidad que me hizo el señor Aznar, du-rante la manifestación de protesta y rechazo que produjo la muer-te de Paco Tomás. Incluso en este momento me resisto a citar sus irresponsables palabras de aquel día.

Primarias, una reflexión personal

El Partido Socialista está viviendo una magnífica experiencia con estas elecciones primarias en las que vamos a elegir al candidato a la Presidencia del Gobierno de España. Como toda experiencia nueva, está llena de oportunidades; una de ellas es corregir sobre la marcha los fallos que, por falta de experiencia, vamos cometiendo en el recorrido.

Cuando, durante años, tuve la ocasión y la obligación de formar equipos para trabajar en las tareas de gobierno y en las del Partido Socialista, conté con Joaquín Almunia y con José Borrell. Los dos han ocupado responsabilidades ministeriales y parlamentarias a lo largo de estos años de transición y consolidación democrática. Los dos han formado parte de la dirección en el Partido, y, en el caso de Joaquín, también en la UGT. Los dos han sido colaboradores valiosos en las tareas encomendadas, porque los dos han sido eficaces en su servicio al Estado, pero, además, porque los dos han sido leales, leales a un proyecto más que a una persona, y, sin embargo, leales también en lo personal. Así que, si tuviera de nuevo la responsabilidad de formar un equipo, contaría una vez más con los dos. Sin embargo, para mí ya pasó el tiempo de tomar ese tipo de decisiones. Las circunstancias han cambiado y cualquiera puede comprender que si manifiesto preferencia por uno de los dos como candidato, no me estoy oponiendo al otro. Estoy convencido, además, de que los dos pueden ganar.

Durante 23 años me hice cargo de la secretaría general del PSOE, lo que, de hecho, significa encabezar la lista del

Partido Socialista en las elecciones generales o, lo que es lo mismo, la candidatura para presidir el Gobierno. Y fui el candidato desde 1977 a 1996 y el presidente entre 1982 y 1996. Hace diez meses, creí llegado el momento de dejar paso a un nuevo secretario general. Con el apoyo y el afecto de muchos compañeros y compañeras, de muchos ciudadanos, dejé esas responsabilidades que podríamos llamar externas. Pero no dejé las internas: es imposible, porque esas responsabilidades son las que le acompañan a uno, junto a sus convicciones, de por vida. Por eso sigo preocupándome de mi país y de mi Partido. Por ese orden, como siempre, y como de sobra saben todos los que me conocen.

En el último congreso del Partido Socialista participé en la elección de un nuevo secretario general. Apoyé con mi voto a Joaquín Almunia. Y participé en la elección de una nueva dirección ejecutiva: apoyé a José Borrell. Creí y creo que fue una decisión correcta, que me llenó de satisfacción por la confianza que me inspiran Joaquín Almunia como coordinador del equipo y José Borrell como miembro del mismo.

Con ocasión del debate que ha suscitado la celebración de estas primarias, oigo valoraciones sobre la proximidad o la lejanía de cada uno de los dos respecto a eso que llaman «el aparato». Son valoraciones que me producen una cierta confusión, como me la produce el uso del término «aparato» como arma política (¿arrojadiza?). Desde luego, en lo que yo recuerdo, ninguno de los dos ha sido militante del aparato, si por ello se entiende una especie de «escaladores» en el seno del Partido. En realidad, sucede justo al contrario: los dos han alcanzado su mayor proyección en las organizaciones socialistas como consecuencia de sus tareas de servicio a la sociedad. Tampoco alcanzo a comprender la disputa sobre la mayor o menor dosis de «felipismo» de cada candidato. Si la memoria no me falla, ninguno de los dos ha sido «felipista», precisamente porque los dos han sido leales al proyecto que transformó la realidad interior de España y su proyección internacional. Definir una época como «felipismo» es una maniobra irracional e injusta de los de siempre. Una maniobra de poco calado, la verdad, porque sus autores, sin pretender favorecernos en su intención, lo hacen en su torpeza, como van demostrando los hechos y como se verá con más nitidez cuando se tenga una mayor perspectiva sobre este singular período de la vida de España.

Así las cosas, cuando a principios de este año decidí que lo más conveniente era no concurrir como candidato del Partido a las elecciones generales, declaré que apoyaba la candidatura de Joaquín Almunia a la Presidencia del Gobierno como la mejor alternativa a la derecha en el poder. Las dos razones básicas que me movieron a declararlo así son las que ahora mantengo. La primera, y sin duda principal, es la consideración de su valía, de su experiencia, de su serenidad y sentido de Estado, imprescindibles para ejercer esa alta responsabilidad. La segunda, menos trascendente, nace de mi experiencia dentro y fuera de España. Una experiencia que me lleva a la convicción de que hacer coincidir el liderazgo institucional, y por lo tanto social, con el liderazgo del Partido es la fórmula más operativa, la más útil a los intereses generales en caso de aspirar a la Presidencia del Gobierno. Esta reflexión no es sólo consecuencia de mi experiencia personal, sino de la de otros gobernantes, como el ex canciller alemán Helmut Schmidt, que en alguna ocasión me confió las dificultades que suponía el hecho de que dos personas distintas se ocuparan de esas responsabilidades y hasta qué punto valoraba un modelo de liderazgo unificado.

Hace algunas semanas a Joaquín Almunia se le ocurrió aplicar el método de primarias también a quien encabezara a los socialistas en las próximas elecciones generales. Lo hizo aunque no estaba obligado a ello, pues el último congreso del Partido había limitado la exigencia de aplicación de este sistema a otras candidaturas.

Debo reconocer que Joaquín me sorprendió. Que se trata de una sorpresa positiva no me oculta que, en realidad, después de tantos años de trabajos y amistad compartidos, no conocía a Joaquín tanto como creía. Desde el primer momento, percibí que todo eran ventajas en su propuesta, aunque, como toda propuesta nueva, genere márgenes de incertidumbre. Pero justamente ésa es la grandeza de la democracia y del voto.

Lo único que me incomoda de estas primarias y que me parece anómalo es que todo el mundo pueda opinar y explicar sus razones, tanto desde dentro como desde fuera de nuestras filas, y que, al mismo tiempo, haya quien ponga pegas y reparos a que alguno de nosotros las expresemos. No lo entiendo, no lo acepto y, por ello, quiero cumplir con mi derecho, y con mi deber, de opinar. La verdad es que resulta un poco ridículo que muchos compañeros y compañeras me pregunten qué voy a hacer y por qué en estas primarias y, sin embargo, mi opinión se dé a conocer a través de declaraciones de terceros.

Y lo que quiero decir es que mi estima personal y política por Joaquín Almunia ha crecido con su propuesta de primarias. De modo que mi opinión sobre lo adecuado de su candidatura se refuerza. Y esa opinión es compatible con el hecho de que también haya crecido estos días mi estima por José Borrell, porque creo que ha hecho muy bien presentándose, aprovechando el espacio de libertad que ha abierto esta propuesta y dando una batalla leal en la competencia democrática.

Joaquín Almunia nos ha dado una buena lección de generosidad, espíritu abierto a la participación democrática y capacidad para abrir un nuevo espacio en el cerrado mundo de la política española. Joaquín asume el riesgo de perder, cuando no tenía ninguna necesidad de correr el riesgo, y eso muestra su talante más que mil explicaciones. Pero gana en todo lo demás, y aún más si gana: legitimación propia, liderazgo en el Partido y en la sociedad. Ocurra lo que ocurra, como decía don Quijote a Sancho: «Nadie podrá negarle la nobleza del empeño». Con su gesto y con su actitud, también gana Borrell, quien, más allá del resultado, se convierte en una referencia que se corresponde con su valía personal y política. En cierto modo, es lo que decía a voces un grupo de jóvenes en Sevilla: «Almunia, Borrell, juntos al poder», en una curiosa síntesis que recorre la mente de muchos afiliados y simpatizantes.

Estoy convencido de las ventajas de estos dos candidatos sobre sus competidores, sean éstos los que sean cuando se celebren las esperadas primarias del PP. Pero si no se atrevieran a realizarlas, como creo que será el caso, más convencido estoy aún de su ventaja si enfrente encuentran la candidatura de José María Aznar. La propuesta de Joaquín Almunia de someterse a primarias nos da el derecho a elegir con nuestro voto entre él y José Borrell. Yo voy a mantener mi posición de apoyo a la candidatura de Joaquín. Como en tantas otras ocasiones, me mueve, ante todo, el razonamiento de lo que será mejor para España, pero también de lo que más beneficiará al partido al que pertenezco.

El caso es que los dos pueden ganar estas primarias. En eso consiste la grandeza de la democracia. Y ambos pueden ganar las elecciones generales. Y, tal como se están haciendo las cosas, los dos saldrán reforzados, tanto como el Partido Socialista. Votaré a Joaquín y, sea cual sea el resultado, seguiré a disposición de mi Partido.

El País, 23 de abril de 1998

Es de sobra conocido que ganó Borrell y poco tiempo después dimitió de su candidatura. En el recorrido hubo un desgaste innecesario para las posibilidades del Partido Socialista, que contribuyó a la severa derrota de 2000.

El sistema de primarias, cuando sólo se realiza en un partido de los que compiten en el juego democrático, genera un desequilibrio contra quien lo practica, favoreciendo netamente al adversario político. Por esta razón de razonable igualdad de oportunidades, he sido contrario a la continuación de este método de selección de candidatos, aunque se mantiene en los estatutos del Partido.

¿Se imaginan ustedes lo que serían unas primarias en la actual situación del PP?

Pues no hagan el esfuerzo, porque no ocurrirá.

El euro lleva
a la unión política

Europa vive sin alegría un acontecimiento de dimensiones históricas: la entrada en vigor del euro. Es de temer que pocos estén evaluando positivamente, y en toda su dimensión, el paso que se está dando en la construcción de Europa. Los más se mueven entre la indiferencia y el rechazo, pasando por la *malaise*.

Los que creemos en ese proyecto, los que queremos más Europa y menos nacionalismo rampante, tenemos el deber de explicar, de corregir defectos y errores, de avanzar en la definición de los pasos que tenemos que dar, inexorablemente, para conseguir nuevos objetivos, para evitar una regresión a las zonas de influencias, a las divisiones que desgarraron el continente destruyendo la paz, liquidando la prosperidad, dos veces en este siglo.

La moneda única es la mayor cesión de soberanía desde la fundación de la Unión Europea, si por tal entendemos el Tratado de Roma. Ceder para compartir, no ceder para someterse, como ha ocurrido durante siglos. Cuando se afirma que este paso nos debe llevar a la unión política, se dice algo coherente y se olvida algo elemental. Coherente, porque será imposible dejarlo ahí, sin dar otros pasos. Se olvida, no obstante, la naturaleza política esencial de la decisión, la cesión de uno de los elementos de soberanía que definen nuestros Estados-nación.

Monnet[1], uno de los fundadores más citados y apreciados, tal vez porque no ostentaba representación alguna, vería fascinado y preocupado este momento. Su visión premonitoria, que le llevó a utilizar el ejemplo del *Sputnik*, tan de moda en la época, para explicar adónde querían llegar, se vería satisfecha con la segunda fase de la trayectoria de lo que él imaginó como el gran misil de la unidad europea. Primero, unión aduanera. Segundo, unión monetaria. Tercero, unión política. Su preocupación surgiría en la actualidad de la observación de la *malaise* de sus propios compatriotas, del surgimiento de nacionalismos antieuropeos, en un momento perfecto para avanzar, respondiendo a la oportunidad de integrar a los países del centro y del este, viejos pueblos europeos largos años sometidos a la opresión. Se incrementaría viendo que hoy, más que ayer, es necesaria la unión política de este Viejo Continente para afrontar con más posibilidades los desafíos de la globalidad, para que el papel de Europa en el mundo de la posguerra fría no se diluya por el arrastre de viejos hábitos que nos debilitan como europeos.

Las razones del malestar en esta fecha histórica son comprensibles, pero ninguna alegación seria puede atribuirse al paso que está dando Europa.

La coincidencia con el Primero de Mayo ha puesto de relieve la más importante: el paro. Ha servido para quejarse de que se anteponga la preocupación por la moneda a la preocupación por el problema social y económico más importante de nuestras sociedades; incluso ha molestado la elección de la fecha para comenzar el Consejo Europeo que debe decidir.

---

[1] Jean Monnet (1888-1979), uno de los padres fundadores de la que hoy es la Unión Europea. Estaba convencido de que había que organizar y unificar Europa, al menos en lo económico. En 1940 propuso a Churchill el proyecto de unión franco-británica pero esta idea no prosperó, de modo que cambió de estrategia y se acercó a la República Federal de Alemania. Junto a Schuman y Adenauer propuso una unión económica, de donde nació el Plan Schuman. Monnet dirigió las negociaciones que concluyeron con la firma del Tratado de la CECA el 18 de abril de 1951. La última propuesta importante de Monnet fue la institución del Consejo Europeo.

Es comprensible, porque en la tarde del Día de los Trabajadores, que se manifiestan en todas partes recordando que hay 18 millones de ciudadanos europeos sin empleo, la imagen dramatizada de un debate sobre el nombre del que presidirá el Banco Central Europeo distancia a los representantes de los representados. Pero no hay razón para contraponer desempleo y euro. Sorprende, sin embargo, tanta preocupación por la imagen que dan los dirigentes y tal falta de sensibilidad en la escenificación.

Antes del euro teníamos y tenemos el problema del paro. El desempleo no se puede achacar al euro y sus causas están en otra parte. Es cierto que el euro, como todas las políticas instrumentales, debe servir para utilizarlo en la economía globalizada que estamos viviendo, abierta a la competitividad, forzada a permanente reestructuración por el impacto de la revolución tecnológica. Si no, ¿para qué querríamos una moneda única? También lo es que, para que la política monetaria pueda mantenerse por encima de las crisis que inevitablemente seguiremos conociendo, con sus posibles choques asimétricos en las distintas regiones de Europa, lo que importa no es el tan reclamado «control democrático» del Banco Central, que no practicamos en nuestros países, sino la estrecha cooperación en las políticas económicas de los Quince. No se puede olvidar que el Tratado nace como Unión Económica y Monetaria, aunque se haya quedado por el momento en unión monetaria, cojo de una pata imprescindible para el equilibrio de la andadura europea.

Los ciudadanos han de saber que el euro cambiará los equilibrios financieros mundiales, afectará a los mercados de cambio, reforzando las posibilidades de la moneda europea, la de todos nosotros, frente al dólar y al yen. Esto significa que dispondremos de un instrumento más fuerte, más acorde con la dimensión de la economía europea, que debe servirnos para avanzar en las posiciones de todos nuestros países en la economía abierta, para ayudar a hacer más previsibles, más transparentes, los movimientos de capital. Estaremos en condiciones de superar la dependencia excesiva de la moneda de referencia, el dólar, fortaleciendo el euro como moneda de reserva, de intercambios. Padeceremos menos, si lo hacemos razonablemente, los desequilibrios que plantean en nuestras economías, en nuestras empresas, es decir, en nuestras posibilidades de empleo, las decisiones unilaterales de la Reserva Federal estadounidense. Nos deberán tener más en cuenta, americanos y japoneses, en el proceso de toma de decisiones. El Fondo Monetario y el Banco Mundial también notarán más el peso del Banco Central Europeo, que sustituirá, objetivamente, a la Reserva Federal norteamericana en el primer puesto.

Pero todo será más frágil si no sacamos todas las consecuencias, con coherencia, del espacio que estamos abriendo para Europa, no para cada uno de nosotros, enfrentados por el falso dilema del «interés nacional *versus* interés europeo». Por eso se hará imprescindible avanzar en la armonización de la fiscalidad europea, justo en la dirección opuesta a la desarmonización que practica el Gobierno de España a nivel interno. Armonización de los impuestos básicos que afecten a la competencia, en un mercado único, con una moneda única. Orientar en todos nuestros países, es decir, en toda Europa, las reformas fiscales hacia objetivos claros de empleo y competitividad, con una distribución justa de las cargas, dará coherencia y sentido histórico al nacimiento del euro. Si no se hace, generará frustración, convirtiéndose en el chivo expiatorio de las demagogias nacionalistas.

Es más comprensible, por coherente, la postura de rechazo frontal de los nacionalistas antieuropeos que la indecisión y las contradicciones de los europeístas. Por eso avanzan en Europa, porque no nos atrevemos a decir con claridad y a poner en práctica con decisión lo que queremos cuando defendemos la unión política de Europa, incluso como la consecuencia lógica de la unión monetaria. No nos atrevemos a decir claramente que la unión que queremos es la de la pluralidad cultural de Europa, que queremos defenderla y reforzarla, conociéndola mejor, como una riqueza compartida de las naciones y de las regiones de esta Europa nuestra. No pretendemos la homogeneización de identidades diversas, porque son éstas las que nos definen como europeos que pertenecemos a una misma civilización, ni mejor ni peor que otras, pero que es la nuestra. Los antieuropeos yerran en su apreciación del proceso, porque temen perder identidad nacional o porque no renuncian a viejas pretensiones hegemónicas arrumbadas en la Historia. Se equivocan porque no comprenden el cambio mundial que se está produciendo, que nos sitúa, como pueblos de Europa, ante un dilema fantástico: o débiles en la dispersión y el enfrentamiento, o fuertes en la unión.

El Tratado que llamamos de la Unión Europea apunta el camino, aunque tibiamente, como con temor. No sólo decidimos ampliar el pilar común con una unión económica y monetaria. Decidimos algunas cosas más, trascendentales pero asumidas con temor.

Recordemos que afirmamos querer una Política Exterior y de Seguridad Común, es decir, que vemos claro, aunque sin fuerza para ponerlo en práctica, que es insostenible ser «un gigante económico comercial» en el mundo y un «enano político». Bueno, insostenible no es, porque lo somos y podemos seguir así. Es, sencillamente, incoherente, rayano en la irresponsabilidad ante los ciudadanos de Europa.

Recordemos que decidimos poner en marcha una especie de Europol, aunque avancemos a paso de tortuga, cuando no de cangrejo, en algo tan sensible para todo el mundo como la seguridad interior en la zona libre de fronteras que hemos creado. Los ciudadanos no pueden entender, con razón, que la libertad creada para todos no esté garantizada para todos con instrumentos comunes de lucha contra los liberticidas, bandas criminales organizadas que no conocen fronteras pero saben aprovecharlas para escapar a la policía y a la justicia.

Recordemos que decidimos en ese tratado los primeros pasos de una ciudadanía europea como un plus de la ciudadanía de cada uno de nosotros como nacionales de los quince miembros de la Unión. La «ciudadanía europea» es un verdadero elemento de cohesión que expresa bien lo que algunos de nosotros pretendíamos cuando introdujimos el concepto, lamentablemente interpretado de manera reduccionista. Ser europeo es ser ciudadano francés, alemán, británico, italiano, español, de todos y cada uno de los países de la Unión, plenamente, con todos sus derechos y su peso de identidad, al tiempo que se tienen derechos complementarios y compartidos como ciudadanos de la Unión Europea. ¡Lástima que incomprensibles recelos nacionalistas nos impidan ver lo que supone de cohesión, para compartir consciente y libremente el proyecto europeo, esta ciudadanía añadida!

Recordemos, en fin, que habíamos aprobado una Carta Social Europea, de la que sólo se autoexcluyeron los conservadores británicos. Era y es un mínimo que expresa la vocación europea y su modelo civilizatorio para mostrarse como sociedad integrada capaz de respetar e impulsar la libertad de iniciativa en la empresa y en la cultura, defensora del individuo como persona portadora de derechos inalienables y, a la vez, preocupada por el desarrollo de un sistema solidario que permita dar más a los que pueden menos.

Necesitamos esa Europa unida para entrar en el siglo XXI, limitando las incertidumbres propias de esta época y aprovechando las oportunidades inmensas que se abren. En beneficio de los europeos y también de un nuevo orden mundial más equilibrado y solidario.

Necesitamos recordar que el euro es un instrumento para este proyecto, una herramienta, no un fin en sí mismo, y menos un becerro de oro.

El País, 3 de mayo de 1998

Creo en la vigencia de esta reflexión en los momentos presentes, a pesar de la grave crisis por la que atraviesa la Unión Europea, fracturada frente a la estrategia de la Administración Bush en relación con Irak.

En la Convención se está discutiendo el futuro de la UE. Su "Constitución", al tiempo que se dan pasos importantes en la incor-

poración de nuevos socios. Cuando este libro vea la luz, es probable que los diez países candidatos hayan estampado su firma en el Acuerdo de Adhesión.

En los últimos días, millones de ciudadanos europeos se han lanzado a las calles, en manifestaciones sin precedentes, para reclamar una política distinta a la propuesta por el presidente Bush. La conciencia europea contra las guerras preventivas y las acciones unilaterales se unen al rechazo a las políticas de alineamiento incondicional.

Se reclama una política europea activa a favor de la paz, de un nuevo orden internacional, pero en la Unión Europea no parece haber masa crítica para responder a esa demanda.

La amenaza terrorista

Cada asesinato de ETA aumenta la rabia y la sensación de impotencia de la sociedad española en general y de la vasca en particular. Cada muerte violenta reabre el debate sobre la unidad de las fuerzas políticas, sobre su incapacidad para representar el sentir de los ciudadanos que salen a las calles. ¿Cómo es posible el desacuerdo entre los representantes demócratas de los ciudadanos? Parece la pregunta sin respuesta que sigue a los funerales, más allá de las habituales declaraciones de condena y condolencia, o de las subidas de tono de quienes se ven arrastrados por la emoción, cuando no por la proximidad de elecciones.

Desprestigio de la política y de los que la ejercen. Desesperanza de los ciudadanos que desprecian los electoralismos de vía estrecha ante la amenaza del terror. Uso de la violencia para echarse en cara unos a otros la falta de unidad. A pesar de la debilidad de ETA, los terroristas están ganando su criminal batalla. Los votos y las razones les importan poco. Su estrategia no es conseguir una mayoría de voluntades sino aterrorizar a la mayoría para someterlas.

Mantenemos un debate absurdo que les hace el juego de manera dramática. No hemos aprendido nada del sufrimiento, de la experiencia de tantos años ni del sacrificio de tanta gente. A veces una frase que se escapa en un momento crucial refleja más lo que piensan los políticos que los discursos preparados para impactar a la opinión y recoger votos. ¿Recuerdan lo que dijo Iturgaiz hace meses? «Nos están

41

matando como a gorriones». Ésa es la verdad, también la de las Fuerzas de Seguridad, la de las gentes sencillas, la de todos los que se sienten amenazados. El Partido Socialista ha dado un paso adelante para intentar que la confusión acabe y que ordenemos las ideas en un frente de defensa del Estado democrático, que tiene vocación de consenso, pero que no debe frustrarse si algunos grupos no lo comparten. Su valor es contribuir a sacarnos de un debate confuso, cargado de oportunismo, que pasa de la amenaza a la oferta de generosidad, y marcar una línea clara, que conduzca a los violentos y a los que los utilizan o se aprovechan de ellos a perder la esperanza de obtener ventaja alguna, ni personal ni política, con lo que hacen. Ése es el verdadero principio del fin de la violencia.

Hace tiempo que insisto, con poca fortuna, en una línea de razonamiento que me parece tan lógica, tan elemental, que sólo la ofuscación que produce el terror impide que las personas de buena fe puedan verla. Para los que practican el terror no hay diferencia alguna entre los que dicen que están dispuestos a dialogar, incluso si continúan los asesinatos, las extorsiones o los secuestros, y los que dicen que, si dejan de matar, todo será posible y el diálogo se abrirá sin restricciones y con generosidad. Estos desalmados perciben ambos mensajes como lo que son: una oferta de impunidad para sus crímenes (oferta que ellos administran) y un reconocimiento de legitimidad política de los «supuestos motivos de su lucha». Por eso es un debate falso entre demócratas. Un debate sin salida. Por eso vi con esperanza el nacimiento del Foro de Ermua, que introducía claridad y determinación en la orientación de la lucha por la paz.

Imaginen ustedes que en los próximos meses, cerca de las elecciones vascas[1], deciden unilateralmente o de forma acordada con los que ellos quieran, plantear una «tregua» de dos o tres meses. Veremos cómo los defensores del «Diálogo ya» colocan la pelota en el tejado del Gobierno, diciendo que su

---

[1] Las elecciones al Parlamento vasco tuvieron lugar el 25 de octubre de 1998.

estrategia es válida y que el Gobierno tiene que responder. Como no hay respuesta posible políticamente, o, mejor dicho, como sólo se les puede ofrecer lo que a los demás ciudadanos de Euskadi y de toda España, a continuación los terroristas recargarán sus armas y los cínicos de HB dirán que la culpa es del Gobierno, porque ellos y ETA ya lo han intentado. Por desgracia, no serán los únicos que lo digan. A unos y otros, defensores de una oferta de diálogo, antes, durante o después de que dejen de matar, cabría hacerles una sola pregunta. ¿Qué podremos ofrecerles a cambio de dejarlo? ¿Podemos darles algo que no damos a quienes no matan? ¿Sus armas pesan más que las voluntades libres? Los demás usamos la palabra y la razón, y ellos tienen las palabras y las armas para matar a los que no están de acuerdo.

Algunos menosprecian que digamos que el Estado democrático no puede ceder al chantaje, porque interpretan de manera torticera la *razón de Estado*. Pero hay una premisa profunda e insalvable si queremos vivir en libertad: el único instrumento legítimo es la palabra y la única manera de obtener algo es mediante el voto, mediante la voluntad de los ciudadanos, expresada con libertad.

¿Podemos ofrecerles la democracia, como han hecho en el Ulster? Claro que sí. El problema es que ya lo hicimos hace veinte años. No a ellos solamente, sino a todos por igual, llegando mucho más lejos en las instituciones representativas de la identidad vasca que lo acordado en Irlanda del Norte. El problema es que los terroristas no quieren convencer, sino vencer por la violencia y el miedo, como los nazis y los totalitarios de toda laya.

No hacen falta propuestas para endurecer las leyes, como tantas veces, demagógicamente, hemos oído en el pasado. No hace falta tampoco cambiar las leyes para que quepan los terroristas, abriéndoles un hueco para premiar sus crímenes. No estoy a favor de lo primero, por inútil, ni de lo segundo porque no someto mi libertad al terror, legitimando cualquier forma de violencia pasada o futura cuando se vive en democracia.

La democracia lo ha intentado todo: amnistía, con el Gobierno de Suárez, pensando en borrar el pasado, imaginando que el terrorismo era una respuesta a la dictadura, y no una apuesta por la dictadura de un nacionalismo totalitario y excluyente. Negociación, con el Gobierno Calvo Sotelo. Diálogo, con mi Gobierno, durante las conversaciones de Argel y el nuevo intento en 1993. Indultos, siempre, a los que abandonaban, siguiendo el espíritu de la Constitución. Todo, durante veinte años de esfuerzos democráticos. Durante una década de Pacto de Ajuria Enea, con su artículo 10 incluido, que también han interpretado como oferta de impunidad, olvidando ellos y otros su artículo 1[2].

¿Podemos estar de acuerdo ya en que no les vamos a dar ninguna ventaja política por aterrorizar? Tienen todo lo que los demás ciudadanos vascos tienen. Además, matan. ¿Cabe premiarlos por ello? Es muy importante que los demócratas estemos de acuerdo, pero no lo es menos en qué tenemos que estar de acuerdo. José Antonio Ardanza[3] sabe que una etapa

---

[2] Éste es el texto íntegro de los dos artículos citados: «1. El Estado democrático de derecho tiene su pilar básico en la soberanía de la voluntad popular, expresado mediante el sistema de sufragio libre. Este Parlamento rechaza, en consecuencia, la utilización de la violencia tal y como viene produciéndose en Euskadi por entender que, además de constituir una práctica éticamente execrable y de acarrear desastrosas consecuencias de todo orden para nuestro pueblo, representa la expresión más dramática de la intolerancia, el máximo desprecio de la voluntad popular y un importante obstáculo para la satisfacción de las aspiraciones de los ciudadanos vascos.

»En tal sentido, nos reafirmamos íntegramente en la Resolución unánime sobre la violencia, aprobada por este Parlamento el 14 de marzo de 1985, insistiendo una vez más en la falta de legitimidad de los violentos para expresar la voluntad del pueblo vasco, así como en el rechazo de su pretensión de negociar problemas políticos, negociación que sólo debe producirse entre los representantes legítimos de la voluntad popular».

«10. Si se producen las condiciones adecuadas para un final dialogado de la violencia, fundamentadas en una clara voluntad de poner fin a la misma y en actitudes inequívocas que puedan conducir a esa convicción, apoyamos procesos de diálogo entre los poderes competentes del Estado y quienes decidan abandonar la violencia, respetando en todo momento el principio democrático irrenunciable de que las cuestiones políticas deben resolverse únicamente a través de los representantes legítimos de la voluntad popular».

[3] José Antonio Ardanza fue *lehendakari* desde 1985 hasta enero de 1999.

está agotada. Tiene razón, pero su propuesta va, a mi juicio, en la dirección equivocada: no respeta el espíritu y la letra que hizo posible el Pacto de Ajuria Enea. Merece una respuesta a su esfuerzo, desde el respeto, pero también desde la experiencia que hemos compartido con ellos, para conseguir objetivos que compartimos todos los demócratas.

Algunos hablan de guerra. Incluso los dirigentes de HB responden con cinismo, en tono de amenaza, que las declaraciones inoportunas del señor Aznar en Vitoria son una declaración de guerra. ¡Es increíble! La única guerra declarada es la de los violentos. La democracia sólo les ha declarado la paz. No hay guerra porque no hay muertes más que de una parte. Es también la diferencia, entre muchas, con el Ulster. Aquí una parte mata, la otra muere. Extraña guerra ésta. Ellos no han aceptado la oferta de paz del Estado democrático ni con la amnistía ni con los indultos. Al contrario: matan también a algunos de los que aceptan la paz y se reinsertan, como Yoyes[4] y algunos más.

Hay quienes hablan de la autodeterminación del País Vasco como solución. La autodeterminación es uno de los derechos interpretables, mientras que el derecho a la vida no lo es en nuestra Constitución y en la convicción de muchos demócratas. Para mí, la autodeterminación es un derecho de todos los españoles y no cambiaré mi opinión a tiros. Respeto a los que piensan de otra forma, salvo a los que matan, que dicen querer la autodeterminación y no respetan un derecho fundamental: el derecho a vivir. Los respeto pero no comparto su idea de la autodeterminación. Si tienen votos para cambiar las reglas no hay puertas que cerrar. Si no los tienen, que acepten la voluntad de la mayoría o que no se llamen demócratas. Para mí, la integridad territorial de España no está en juego y la defiendo democráticamente. Si alguien no es de la misma opinión, que defienda la suya democráticamente o que acepte las consecuencias de romper el juego de la palabra y el voto.

La autodeterminación la ejercimos hace veinte años al marcar las reglas del juego de todos a través de una Consti-

---

[4] María Dolores González Catarain, *Yoyes*, fue asesinada por ETA en 1986.

45

tución capaz de recoger la identidad plural de España. La continuamos ejerciendo en cada proceso electoral, general o autonómico, optando por los programas e ideas que más nos gustan o convienen. De nuevo lo harán en el País Vasco en octubre, para decidir quiénes les gobiernan, quiénes representan mejor lo que son y sus aspiraciones. Los que no estén de acuerdo con las competencias del Estatuto, en más o en menos, que lo cambien mediante las urnas. Los que quieran modificar la Constitución, porque no les parezca suficiente o por lo contrario, que intenten cambiarla democráticamente, con las propias reglas de modificación que la misma establece, porque somos muchos los que no cedemos a la fuerza, ni permitiremos que decidan por nosotros.

Los que brindan con champán en las cárceles, tras la muerte de ciudadanos a manos de ETA, lo hacen porque sienten que tienen la llave para salir, no sólo porque sean unos asesinos sin piedad. Interpretan que las ofertas de diálogo, como mínimo, significan que, cuando quieran, cuando decidan dejar de acumular muertos inocentes, se abrirán ellos mismos las puertas de la prisión. El chantaje está ganando, a pesar del inmenso sacrificio de las Fuerzas de Seguridad y de muchos ciudadanos en el País Vasco y en toda España.

Los demócratas, los que queremos vivir en paz y en libertad, los que creemos que el Estado democrático es la garantía para ello, tenemos el deber de recuperar la llave. Una vez más, lo reitero. Nuestra esperanza es que pierdan toda esperanza de obtener algo de sus crímenes. Ésta es nuestra oferta de paz. No repitamos nunca más «cuando dejen de matar...». Que pierdan toda esperanza los que matan.

El País, 18 de mayo de 1998

En esta reflexión hice más explícita la información sobre la negociación que se estaba produciendo. Estaba convencido de que el Gobierno de la nación disponía de la misma y me preocupaba que no hubiera una reacción para anticiparse a los hechos. Insistí, por ello, en la necesidad de un Pacto Democrático frente a la amenaza terrorista. A pesar de que el Pacto de Ajuria Enea hubiera sido liquidado, era tan evidente como ahora que se necesitaba una nueva plataforma de entendimiento entre los demócratas.

Más extraño aún me parecía que en el momento en que se producían esos acontecimientos, la relación entre el PP y el PNV era de coalición parlamentaria. Incluso se reiteraba que el PNV era un factor de gobernabilidad imprescindible para el Gobierno del PP.

Cuando se produce el anuncio de la tregua, cuatro meses más tarde, el Gobierno aparece sorprendido y afirmando desconocer la existencia de esas negociaciones entre el PNV y ETA/HB. A los interlocutores del Partido Socialista —a los que yo había dado detalles de contenido y fechas— les dicen en el Ministerio del Interior que nuestras informaciones estaban intoxicadas y que no se les podía dar ningún crédito. Eso ocurría el día antes del anuncio público de la tregua.

A estas alturas me resulta imposible creer que la información que me llegaba por varios conductos seguros no estuviera a disposición del Gobierno, aunque fuera verdad que el Ministerio del Interior no estuviera al tanto. ¿Cuánto habrá que esperar para saber la verdad sobre esto?

Recuperar memoria histórica

He oído decir tantas barbaridades sobre los acontecimientos de finales de 1983, que me he visto en la necesidad de acudir a mis datos, más allá de la memoria que normalmente se puede esperar después de transcurridos quince años. Siempre he pensado y he defendido la tesis contraria a la que muchos analistas sostienen respecto a los efectos de la llamada «guerra sucia» contra ETA, por mi propia experiencia personal en las relaciones con Francia.

Conservo el recuerdo del primer encuentro con François Mitterrand, pero no podría situarlo en la fecha exacta. Creía que había tenido lugar a primeros de diciembre de 1983. Sí me acuerdo, perfectamente, del contenido y del resultado, de las conversaciones en torno a los dos temas básicos de nuestra relación con Francia: la cooperación en la lucha contra el terrorismo y las negociaciones de España con la CEE.

Como se ha mantenido hasta la saciedad la estúpida tesis de que el Estado francés decide cooperar con España a consecuencia de los atentados de los GAL, a pesar de que he expresado con insistencia que esta teoría era falsa y contraria a la experiencia que he vivido, he revisado algunas notas de esos meses y he consultado la agenda de actividades. Si se tiene un mínimo de buena fe, cosa dudosa en este asunto, se verá con claridad lo que ocurría. Ni antes de 1983 ni a partir de ese momento, la actitud de Francia cambia en función de otra cosa que no fueran los propios intereses del Estado francés en relación con España y Europa.

Primero. Desde nuestra llegada al Gobierno trabajamos, como lo habían hecho los Gobiernos anteriores, aunque sin resultado, para conseguir un cambio en la actitud francesa ante los dos grandes temas de interés para España. Se organizaron las relaciones mediante encuentros interministeriales y se celebraron dos de ellos durante el año 1983. Decidí no entrevistarme con el presidente francés hasta no tener la razonable seguridad de una respuesta positiva. La colaboración del embajador francés en Madrid fue muy importante. Había sido designado como hombre de confianza del Gobierno francés para la relación con el nuevo Gobierno de España.

Por esa razón no viajé a París hasta el 20 de diciembre de 1983, un año después de mi llegada a la Presidencia, a pesar de mantener relaciones con Mitterrand desde comienzos de los años setenta.

Los documentos y la agenda me han ayudado a reconstruir ese período en lo que respecta a mí como presidente del Gobierno.

Durante el secuestro del capitán Martín Barrios[1], se produce un intento fallido de obtener información mediante la detención en Francia de Larrechea[2]. Los policías son detenidos y al día siguiente se descubre el cadáver del capitán, muerto con anterioridad.

El ministro del Interior, José Barrionuevo, asume la responsabilidad de la operación ante el Parlamento, en nombre del Gobierno. Yo le di, con toda seguridad, la autorización para hacer esta comparecencia, aunque ahora no lo recuerdo. Creo que fue la única ocasión en que el propio Consejo de Ministros oyó la explicación de los hechos y, tras el Consejo, me parece recordar que el portavoz, Eduardo Sotillos, informó a la prensa.

---

[1] El capitán de farmacia Alberto Martín Barrios fue secuestrado y posteriormente asesinado en Galdácano el 18 de octubre de 1983.

[2] José María Larrechea, miembro de ETA, fue secuestrado en Hendaya el 18 de octubre de 1983. Murió en Cuba en 1996.

Tampoco recordaba haber participado en las gestiones con Francia para la liberación de los policías. Sin embargo, tengo una nota registrada en el Gabinete Telegráfico el 19 de noviembre, recogiendo una conversación telefónica con Mitterrand, en que aparece el tema y su compromiso de hacer lo posible por la liberación. Además, se refleja su cambio de actitud en relación con los temas de cooperación en la lucha contra el terrorismo y con el ingreso de España en la CEE. Este cambio de actitud era el requisito previo para visitar París. Me referiré a ello más tarde.

El 21 de noviembre, el fiscal acepta la petición de libertad de los policías españoles, que, al parecer, se retrasa un par de semanas por cuestiones formales. Era una señal clara de la disposición de las autoridades francesas, incluso para los que no conocieran las gestiones a las que me he referido.

Es necesario, en este punto, hacer dos consideraciones sobre estos hechos.

Es imposible que las personas que secuestraron al señor Marey[3] pensaran que ayudaban a la libertad de los policías españoles, sino que actuaban con un desconocimiento absoluto de estos hechos. Por si fuera poco, es inimaginable que un juez francés se prestara a hacer un canje. Tampoco tiene sentido pensarlo de las autoridades políticas. En consecuencia, un hecho y otro nada tienen que ver. Más bien se contradicen. Los que han intentado relacionarlos en algún momento no tienen razón, como no la tenían los que vinculaban este secuestro con la liberación de Martín Barrios, asesinado bastante antes. Es una explicación absurda.

Por otra parte, desde el punto de vista de la cooperación que se pretendía de las autoridades francesas para luchar contra el llamado santuario de ETA en el sur de Francia, toda acción violenta perjudicaba ese propósito. En particular, en ese momento, se corría el grave riesgo de arruinar todos nuestros esfuerzos para modificar esa actitud. Yo había acordado con

---

[3] Segundo Marey fue secuestrado por los GAL el 4 de diciembre de 1983 y liberado nueve días después.

Mitterrand, en aquella conversación telefónica, que buscaríamos una fecha para encontrarnos. Debíamos esperar que pasara la cumbre en Grecia[4] y anticiparnos al comienzo de la Presidencia francesa, a partir del primero de enero. Tenía datos para pensar, razonablemente, que Francia estaba cambiando de actitud. Así, el encuentro previsto se consolidó definitivamente el 20 de diciembre. No obstante, cuando vi a la prensa en la embajada, no hice ningún comentario. Era parte del acuerdo, ya sugerida en la nota de 19 de noviembre. Por eso tuve que soportar las críticas de la prensa, muy sensibilizada en aquellos momentos contra la actitud que había mantenido Francia durante años. Esta situación cambió pocos días después, a comienzos de 1984, cuando empiezan las redadas de miembros de ETA, los confinamientos y las expulsiones. Todo puede explicarse por el contenido del encuentro con el presidente francés, del que el precedente es la nota de 19 de noviembre, absolutamente expresiva de la disposición de Mitterrand, que llega pedirme la lista de los miembros de ETA que queremos que sean expulsados.

Para cualquiera que conozca mínimamente el funcionamiento de la República Francesa es fácil entender que sólo su Presidente puede cambiar el rumbo de la política exterior, atribuida constitucionalmente al mismo. Es cierto que, incluso con esa decisión que cambia el rumbo de los acontecimientos, el aparato policial tarda más en cambiar los hábitos de muchos años en su tratamiento del problema. También es fácil de entender para cualquiera que conozca el funcionamiento del Estado. Recuerdo la incredulidad de Mitterrand cuando puse sobre su mesa la lista de asesinatos de ETA después de que se les concediera la amnistía. También recuerdo sus comentarios, que callo por discreción, y sus palabras de compromiso finales: «Esto va a cambiar radicalmente. Daré las instrucciones necesarias. Mantengamos la discreción para evitar problemas de opinión. Tú y yo no nos vamos a

---

[4] La Cumbre de Grecia se celebró en Atenas durante los días 4, 5 y 6 de diciembre de 1983.

ocupar de este asunto más que cuando haya una dificultad insuperable entre los Ministerios. Entonces, no dudes en llamarme».

Toda la teoría, sin fundamento alguno, de que las acciones violentas en el sur de Francia cambiaron la voluntad de las autoridades, a lo que se añade que estas acciones desaparecen cuando Francia coopera, no resisten un análisis medianamente riguroso.

A finales de 1983, el presidente de la República Francesa se compromete a cambiar la actitud de su país. Esto empieza a producirse pocos días más tarde, incluso antes de que nosotros tuviéramos resuelto el problema de los países de acogida para los expulsados de Francia y se va incrementando progresivamente, con el paso decisivo de las primeras extradiciones, ya en 1984. En el 86, por razones fáciles de entender, se incrementa aún más. España era ya parte de la Comunidad Europea, se sentaba en el mismo Consejo. Había resuelto el referéndum de la OTAN. Era, en fin, un socio y un aliado al que no se podía seguir tratando como en el pasado. El propio aparato de seguridad francés había ido cambiando su actitud y mejorando la cooperación con las Fuerzas de Seguridad españolas.

En estas circunstancias, se apagaron los brotes de violencia antiterrorista y los involucionistas. Lo único que permaneció fue la violencia terrorista de ETA. Algún día esta verdad histórica prevalecerá, con todo lujo de detalles, desmintiendo las campañas erróneas o interesadas que han desdibujado el devenir de los acontecimientos.

Los responsables del Gobierno, conscientes de esta realidad, eran los primeros interesados en que no se produjeran actos ilegales que pudieran perturbar este proceso, más allá de las convicciones democráticas de sus miembros.

La experiencia había mostrado, como era lógico esperar, que la actitud de Francia no cambiaba por atentados en su territorio, sino por la consideración de sus intereses de Estado. Es ocioso, por ello, atribuirse méritos como Gobierno en este cambio de actitud, que seguramente se hubiera producido también de haber continuado el Gobierno anterior con la tarea de defender los intereses de España.

Segundo. El señor Damborenea y sus imputaciones[5].

Este señor no conocía, creo yo, esta situación. Su relación política conmigo era muy escasa, como ocurría con otros secretarios provinciales. En 1983, por ejemplo, recibí en varias ocasiones a dirigentes del País Vasco, incluidos los del PNV, pero nunca al señor García Damborenea. En 1984, lo recibí, según la agenda, el día 15 de marzo a las 12 de la mañana. El siguiente visitante era Enrique Iglesias, a la 1.

Recuerdo su gesto de sacar la pistola, cuando se sentó en el despacho. No me fiaba de él y, desde luego, no tenía la probabilidad de hablarme de un tema como los GAL, aparecido en el 83.

En 1990, cuando se fue del Partido y pactó con el señor Murillo el uso de unas siglas que tenía registradas, su primera actuación en Andalucía fue convencer a dos militantes socialistas de Córdoba para que descabalgaran, mediante una moción de censura, al alcalde de Lucena, en beneficio del PP.

Cuando en 1995 (el 20 de julio, creo) cambia sus declaraciones ante el juez instructor, haciendo una explosiva conferencia de prensa, recibí una carta de Fernando Múgica, seis meses después asesinado por ETA, que conservo en mi poder. Me llamaba la atención sobre las declaraciones de Aznar en el diario *El Norte de Castilla*, de 11 de septiembre de 1994, afirmando su amistad y confianza con el señor Damborenea, su colaboración en el asesoramiento de la posición de aquél en materia de lucha antiterrorista, además de su militancia, desde hacía años, en el PP. Me extrañó que una entrevista para el Grupo Correo contuviera estas afirmaciones, que, pensaba, podían ser mal recibidas en el País Vasco, así que contrasté el periódico citado con lo publicado en el *Correo* y pude comprobar que, para los lectores del País Vasco, había un añadido que, sin negar la relación, tomaba alguna distancia

---

[5] Ricardo García Damborenea llegó a declarar ante el juez Garzón que los GAL fueron una iniciativa del presidente del Gobierno de España.

haciendo bromas. Es una situación difícilmente calificable pero que ayuda a comprender las cosas que después ocurrieron, incluida la entrevista previa entre los señores Aznar y García Damborenea antes de la declaración ante el juez instructor. Llevaba años trabajando contra mí y mi Gobierno, y en relación con el señor Aznar. La carta del *Poto* (Francisco Múgica) lleva fecha del 21 de julio.

Tercero. La actitud de Baltasar Garzón[6].

Después de su salida de Interior, no he visto a Garzón más que en una ocasión: cuando me visitó en Moncloa como representante de una ONG indigenista. No me he referido a él personalmente, tratando de respetarlo cuando me preguntaban por sus actuaciones.

Se preocupó, como otros cargos de Interior, del indulto para Amedo y Domínguez. Mostraba una actitud crítica desmedida respecto de sus compañeros de Interior, Rafael Vera y José Luis Corcuera[7]. Después, respecto de Juan Alberto Belloch. Nunca la percibí respecto de mí, ni para mí era frecuente que dentro de un equipo, aunque hubiera discrepancias, se manifestaran tan duramente. Nunca comprendí cómo podía hacerse cargo de instruir unas diligencias afectando a personas que habían estado en su propio Departamento, pero nunca lo manifesté. La reforma de la Ley Orgánica del Poder Judicial impide que pueda producirse una situación semejante.

Cuarto. Secuestro de Marey[8].

También oigo barbaridades en torno a este asunto, grave y desgraciado, a la vez que sacado de su contexto. Por ejemplo, yo me enteré de que había estado en España más de una

---

[6] Baltasar Garzón, juez de la Audiencia Nacional, concurrió a las elecciones generales de 1993 en las listas del PSOE y asumió la Dirección General del Plan Nacional sobre Drogas con el Gobierno socialista.

[7] José Amedo Fouce y Michel Domínguez, policías, fueron los principales imputados en el caso GAL. Rafael Vera, secretario de Estado para la Seguridad. José Luis Corcuera fue ministro de Interior entre 1989 y 1993; Juan Alberto Belloch ocupó el Ministerio entre 1994 y 1996. Era ministro de Justicia desde 1993.

[8] Véase nota 3.

década después de haberse producido el secuestro. No recuerdo siquiera si tuve información de lo sucedido, ni he podido encontrar una nota que me lo indique. Sí he visto que estuve en la República Argentina en esos días.

He visto que la prensa recoge preguntas de incredulidad de algunos abogados que afirman la imposibilidad de que Interior no supiera dónde estaba. Hemos vivido muchos secuestros, de muchos meses, incluso de años, sin poder saber dónde estaban los secuestrados. Hubiera sido una excepción que las Fuerzas de Seguridad hubieran resuelto el tema en diez días.

También oigo preguntar una y otra vez qué ordenes se dieron para aclarar este o cualquier otro asunto relacionado con un hecho delictivo. Jamás me he visto en la necesidad de dar órdenes a las Fuerzas de Seguridad en la investigación de los delitos. Ni en los peores atentados terroristas. No es ése el funcionamiento ni en un Gobierno ni en un Estado.

Una nota final. El disparate de los atentados antiterroristas era tan negativo para nuestros intereses en relación con Francia que pensé en intereses oscuros muchas veces, ligados a movimientos involucionistas, en particular cuando coincidían acciones violentas con una visita a Francia. Ocurrió la noche del 19 de diciembre de 1983 y volvió a producirse el día antes de la siguiente visita en el 84. Lo comenté públicamente en esta segunda ocasión. Creo que lo reflejó la prensa.

Francia no había cambiado su actitud en el tratamiento de los temas del terrorismo, desde que se inició la transición democrática, ni, por supuesto, antes, a pesar de los que defienden la tesis de que las acciones violentas en su territorio los obligarían a hacerlo. Esto era así durante la Presidencia de Giscard y durante dos años de la Presidencia de Mitterrand. Esto era así, a pesar de los denodados esfuerzos políticos y diplomáticos, durante los Gobiernos de Adolfo Suárez, Calvo Sotelo y el primer año de mi Gobierno. El cambio de actitud de Francia va madurando en 1983 y se afirma cuando la actividad violenta de los GAL aún no tiene la significación que adquirió en 1984 y 1985.

La negociación para nuestro ingreso en la CEE, que duraba desde la solicitud hecha en 1977, se aceleró en 1984 y firmamos el Tratado en 1985.

Nunca considerábamos suficiente la cooperación. Era lógico. Aún hoy tengo ese sentimiento, a pesar de que mejoramos progresivamente durante los años ochenta y noventa. Era lógico, digo, porque siempre ocurre en la tarea política, más allá de las declaraciones, que uno vive sus propios problemas con más angustia y prioridad que los que no los padecen directamente.

El País, 24 de junio de 1998

Por este asunto fueron condenados Barrionuevo, Vera y otros, como parte de una operación de acoso perfectamente organizada. La justicia y la verdad no coincidieron, como en otras ocasiones, por lo que gente inocente tiene que pagar lo que no hicieron.

También me afirmo en el peligro que representa la politización de la justicia o la judicialización de la política.

En el Alcázar

Reconstrucción, ruina, reconstrucción, ruina... Historia. Mil setecientos años: romanos, visigodos, musulmanes, judíos, cristianos. Armas y letras. Todo en torno a estos muros de piedra. Piedras que nos cubren y nos soportan generación tras generación. Nos sobreviven y están a nuestra merced para desordenarlas, quemarlas, volverlas a ordenar. A merced de la voluntad del hombre y más allá de ella. Reflejan afectos y desafectos, pasiones encontradas y convivencia tolerante.

El peligro de que lo inmediato oculte lo pasado remoto, como una foto sin profundidad de campo, está siendo conjurado hoy, con esta biblioteca, con incunables al rescate de la memoria. Los incunables conviven en paz con las piezas de artillería del imperio. Que nadie se inquiete.

Me gusta Toledo. La he visto más veces desde el aire que desde abajo, con la perspectiva de intrincadas callejuelas plenas de memoria colectiva, o de olvido. El Alcázar, imponente, estorba la mirada al conjunto de casas arremolinadas en torno a la colina, abrazadas por el Tajo, más que cercadas por la muralla. Hasta la catedral parece humilde junto a la impresionante mole de este castillo, como si, por una vez, el poder temporal se hubiera impuesto al poder espiritual en las viejas ciudades castellanas.

Desde un alto balcón contemplo la perspectiva serena de la ciudad, con su increíble juego de tejados, rota sólo por una nota discordante de modernidad en medio de un sueño de siglos: una azotea invadida por sillas de plástico de colores chillones, a la espera de la estridencia musical de la noche. No será el órgano de la catedral que uno espera, sino la heterodoxia de la guitarra eléctrica.

Nuestra memoria colectiva, corta y dolorosa, se detiene en los episodios más recientes. La Guerra Civil, el asedio, el dolor del desgarramiento de una lucha entre hermanos. Los libros devuelven la Historia multisecular de este entorno. Toledo está lleno de turistas extasiados, asombrados, los más cultos, por la presencia viva de la Historia. Añoranza de judíos y musulmanes. Toledo historia y Toledo símbolo de convivencia entre las culturas, las religiones del libro. Toledo representación de la primera escuela de traductores, gran corriente cultural, única en la época, que agrupó a gentes de todas las procedencias. Imperial y abandonada, lo ha sido todo, tal vez lo sea todo, aunque no sepamos verlo.

Símbolo de lo que somos, nosotros, contingentes criaturas convocadas aquí para un acto inaugural que nos desborda, nos trasciende, porque más que inauguración es recuperación, más que innovación es demostración de lo poco que significamos con nuestras pequeñas disputas: ante el peso milenario de letras, armas, piedras y el Tajo, seguimos peleando identidades.

Tomé la palabra tras Leopoldo Calvo Sotelo, recordando a Adolfo Suárez, los tres que formamos la tríada de presidentes de Gobierno cubriendo un instante de la Historia que nos contempla: veinte años. Lo que llamamos la transición, hoy tal vez primera transición, porque siempre se transita, sólo permanece la piedra. Estamos, una vez más, perdidos en la búsqueda de una identidad que no queremos ver, aunque la tengamos ante nuestros ojos.

No sabemos si hemos presidido una vieja nación, a veces imperio, o una comunidad de afectos y desafectos sin mayor significación. Corremos el riesgo de devenir apátridas, incapaces de señalar el casillero del pasaporte en que figura la nacionalidad. Experimentamos una especie de inversión térmica constitucional. Lo que definíamos nacionalidad, deviene nación; el resto, que creíamos nación, deviene nacionalidad a los solos efectos de rellenar ese hueco en nuestro pasaporte.

Vanidad o vacuidad, haber recorrido el mundo, buena parte del que fuera territorio ligado a España, hoy naciones soberanas y fraternas, creyendo representar a la vieja nación española, recogida sobre sí misma en sus fronteras de hace cinco siglos, pero deseosa de abrirse al mundo, eliminando fronteras de aislamiento, sin darnos cuenta de que representábamos algo mal nominado, inexistente al decir de nuestro honorable amigo Pujol.

Sevillano de nación como soy, pero sólo en el sentido cervantino, me siento español. España es, aunque cuesta decirlo en esta disputa que vivimos, mi patria. No me siento nacionalista. Aún más, cada vez me siento más lejano de los nacionalismos, sean centrales o periféricos. No me gusta su vis excluyente, homogeneizadora, que niega la otredad. No la veo en estos libros, no la veo en la Escuela de Traductores, ni en El Greco, aunque sé que estuvo en la Inquisición y en la «Guerra Incivil». Más bien veo mestizaje y pluriculturalidad, tolerancia y apertura al otro, al diferente. ¿Me estaré quedando sin espacio? Si no deseo una España de nacionalismo excluyente, ni tampoco una Cataluña, un País Vasco o una Galicia de nacionalismos igualmente excluyentes, ¿qué soy?, ¿a qué pertenezco?

Desde el afecto, apelo a la razón, al conocimiento de lo que somos y de lo que podemos ser en los umbrales de un nuevo milenio. Desde el respeto a lo que hay debajo de estas piedras, y, aún más, de lo que está por venir en forma de nuevas generaciones, deseo que se me entienda.

Desde una vieja Nación, desde una ciudad milenaria, cargada de historia y de historias, quiero recordar que hicimos hace veinte años un pacto constitutivo para un nuevo proyecto, que suponía un giro histórico trascendental en nuestro reciente devenir y también en el más lejano: recuperar las libertades individuales y reconocernos en la diversidad de identidades que siempre han compuesto el mosaico de España.

La nación moderna surge de un impulso homogeneizador, por eso excluye al diferente, en sus creencias o en su lengua.

Hoy se trata de la nación incluyente, la de ciudadanos, no la nación étnica ni étnico-cultural. Un marco de convivencia que acepta la diversidad de individuos y de comunidades, igualándolos en su ciudadanía. España era y es una nación, también comunidad de sentimientos, incluso encontrados, porque es una realidad de seres humanos. El intento, tal vez baldío, es llevarla al futuro como nación incluyente, alternativa al nacionalismo excluyente que nos ha acompañado y martirizado en no pocos tramos del camino. Puede ser Nación de naciones, de nacionalidades o regiones, pero no debería ser Nación de nacionalismos enfrentados por excluyentes entre sí.

Tengo instinto sedentario, tal vez porque piense que todo se puede encontrar aquí, en el espacio de esta ciudad, como don Quijote y Sancho mostraron el universo sin salir de su pequeño mundo. Pero vivo como un trotamundos desgarrado por ese apego a la tierra. Encuentro por casi todas partes a los que, como yo, se sienten españoles. Desperdigados, pero no perdidos. Son más nosotros en América que en nuestra propia tierra. Me gustaría viajar con mi identidad por los caminos de la globalización. No quiero ser apátrida en la realidad virtual de la sociedad de la información, aunque me guste ser ciudadano del mundo. Si fuera inevitable, espero que mi amigo Pujol me dé nacionalidad para rellenar el casillero, aunque sólo fuera por el respeto que siento a la personalidad diferenciada de Cataluña. Tal como están las cosas, mi otrora amigo Arzalluz no me lo concedería por mor de la otredad inaceptable que represento para él. Pero, a decir verdad, prefiero que España siga siendo como es, sobre todo ahora que comprende a gentes como yo, y los comprende, a cada uno, en su identidad diferente y en la común que siglos de Historia nos han hecho compartir. Pido respeto a lo que hemos sido, multisecularmente, para respetarnos hoy y en el futuro. No quiero una visión estática, sino dinámica, de nuestra Historia colectiva, pero menos aún quiero una visión *ahistórica* o *antihistórica* que nos lleve a desgarramiento. En realidad, lo que deseo es un sólido Estado democrático, una nación cuya soberanía se defina por la ciudadanía, conviviendo en su seno nacionalidades y regiones de identidad rica por plural. Para colmo, es la mejor fórmula para vivir en la globalización imparable de esta nueva era que nos ha tocado vivir.

El País, 18 de octubre de 1998

Sólo me resta añadir, como Cervantes cuando entierra a don Quijote: «Vale».

Europa: la frontera de nuestra ambición

Europa, para mi generación, a principios de los setenta, se convirtió en bandera de libertad contra la dictadura, en deseo de homologación de instituciones democráticas, en espacio político con reglas de juego que nos servían de referencia. Fue entonces cuando decidí aceptar responsabilidades de dirección en el Partido Socialista. La dictadura cumplía 30 años y el horizonte de la libertad parecía todavía lejano. Esto me hace comprender fácilmente algo que es difícil de explicar a los ciudadanos de la UE que han nacido y vivido en democracia, en la zona más desarrollada y socialmente cohesionada de este mundo globalizado: la angustia de los países del centro y del este de Europa llamando a las puertas de la Unión, que no siente prisa por incorporarlos. «¿Qué buscan?», se preguntan los europeos escépticos. Homologarse, después de haber disfrutado de un equívoco «paraíso comunista». No sólo aspiran al bienestar material, hoy cuestionado en la UE. Buscan asegurar que no habrá marcha atrás. Su aspiración básica es la libertad y la paz.

Vivimos momentos de incertidumbre respecto a lo que queremos hacer como europeos. Es necesario volver a reflexionar y marcar las líneas del proyecto en la sociedad de la información, de la revolución tecnológica, de la globalización económica y financiera. El proyecto europeo nace como respuesta al *pathos* de la guerra y de la destrucción que vive Europa a lo largo del siglo XX. El *ethos* del Tratado de Roma es el de la paz, el de la reconstrucción de naciones libres y sin conflictos. Monnet aprovechó el lanzamiento del *Sputnik* soviético, con el que se abría la carrera espacial, para explicar el proyecto europeo como un misil con tres fases de desarrollo: unión aduanera, unión monetaria y unión política.

El último cuarto de este siglo nos ha conducido de la unión aduanera al Acta Única y al Tratado de Maastricht, que incluye la unión económica y monetaria y añadió dos pilares más a la construcción europea para intentar responder a dos necesidades elementales: ¿qué podemos hacer juntos en política exterior y cómo podemos ofrecer seguridad interior al espacio sin fronteras que hoy es Europa? El Tratado de la Unión introdujo la idea de la «ciudadanía europea», algo que suele olvidarse, como valor añadido a la ciudadanía de cada una de las naciones, para crear un elemento de cohesión entre nosotros, y la «carta social», como sello de civilización europea que puede identificarnos con unos valores sociales compartidos.

Hoy es imprescindible un *ethos* para la Europa del siglo XXI, un proyecto que conecte con las mayorías de este continente pequeño que teme el futuro incierto de la sociedad global que destruye empleo y cuestiona las bases mismas del Estado de bienestar. La socialdemocracia europea está ante una gran oportunidad y una grave responsabilidad histórica: gobernar en trece de los quince países de la Unión no es igual a gobernar Europa. Tenemos la oportunidad de definir con claridad el proyecto para entrar en el nuevo siglo. Europa será lo que los socialdemócratas queramos que sea, buscando incluso la transversalidad con las formaciones europeístas de centro-derecha.

La segunda revolución industrial está siendo sustituida rápidamente por la revolución tecnológica cuyas características son la sociedad de la información, la biotecnología y los cambios provocados en la estructura productiva del mundo. La economía, como consecuencia de esto y de la desaparición de barreras al comercio de bienes y servicios y a la inversión, se globaliza aceleradamente, con consecuencias que influyen en las empresas y el empleo. La globalización afecta más aún a los movimientos de capital, convirtiendo el sistema en una fuente de oportunidades y de riesgos incontrolables como los que vivimos hoy. Ante esta realidad nueva debemos preguntarnos: ¿para qué y cuánta Europa queremos? La mundialización deja pocas dudas de que, separados, país a país, nuestra capacidad para actuar con peso y eficacia sería mínima respecto a las posibilidades que tendríamos actuando unidos.

La cuestión clave hoy es cómo repartir el poder para conseguir mayor eficacia sin merma de la identidad y la cohesión. Sin lugar a duda, la integración, la Unión Europea profundizada es el futuro, el siglo XXI; los nacionalismos disgregadores —a la vista tenemos la experiencia de la antigua Yugoslavia— son el pasado, el siglo XIX. El Estado nación se ha transformado cediendo poderes hacia fuera y hacia dentro, de forma que el poder democrático en nuestro espacio se reparte en cuatro niveles: poder local, poder regional interno, poder nacional y poder regional externo o europeo. Más allá del debate sobre la soberanía, que previsiblemente seguirá radicado en el Estado nación, la distribución de poderes en estos niveles se plantea en torno al «principio de subsidiariedad». Este principio debe regirse por dos criterios complementarios e ineludibles en el reparto del poder para que sea aceptable: la identidad y la cohesión. La identidad hace referencia a la diversidad cultural de Europa, lingüística e histórica. La cohesión va más allá de las políticas redistributivas hoy cuestionadas porque no se han sabido defender razonablemente. La ciudadanía europea debe ser entendida como un elemento de cohesión. Los europeos debemos percibir que compartimos un mismo proyecto. En el ámbito económico disponemos del euro, la moneda común, pero falta la Unión Económica, y hemos de tender a ella con urgencia. Las políticas económicas y fiscales deberán converger tanto por razones de competitividad como de cohesión social. Si hablamos de seguridad interna, es urgente establecer, frente a la desaparición de las fronteras, una cooperación en el mismo nivel entre las policías y los jueces para la lucha contra la criminalidad organizada. Y si esto ocurre, si garantizamos libertad y seguridad en el espacio interior común, nuestra relación con el exterior debería ser coherente con esta dimensión de la Unión Europea. Somos la primera potencia económica y comercial del mundo, pero para pagar facturas, no para ser decisivos en la toma de decisiones. Somos un gigante comercial y un enano político, porque no tenemos una política exterior común: cada uno busca su propio interés. Así ocurre en la antigua Yugoslavia o en Oriente Medio. Estados Unidos toma las decisiones clave y la Unión Europea paga las facturas comerciales y de cooperación.

La forma de superar este déficit podría ser poner en marcha las «acciones comunes» con un responsable coordinador de todos los instrumentos disponibles. Se podría crear una Fuerza Europea de Paz que enmarcara a los contingentes de todos los miembros que, en estos momentos, ya están en diferentes misiones. Esto mejoraría nuestra eficacia y nuestra autonomía en política exterior y crearía un acervo común.

El último paso sería la reforma de las instituciones europeas que surgiría como una necesidad apoyada por los ciudadanos. De esta forma sería más aceptable la introducción de la regla de la mayoría, con ponderación adecuada en las decisiones fundamentales. Hay que responder a las necesidades de los ciudadanos.

El País, 29 de enero de 1999

La reflexión condensa la exposición que había hecho en la Universidad de Toulouse, acompañado de Lionel Jospin, primer ministro de Francia en ese momento, y de un grupo de españoles, hijos y nietos de exiliados, además de la comunidad universitaria.

En la plaza roja de esta ciudad había iniciado, casi dos décadas antes, mis primeros contactos con ese exilio. El destino Europa se configuraba como una aspiración para todos los que queríamos superar la vergüenza de la dictadura.

El análisis y las propuestas que contiene siguen estando vigentes. Algunos tímidos pasos se han dado, pero los retrocesos, como la fractura en la Política Exterior y de Seguridad Común respecto de la crisis con Irak y la nueva estrategia de la Administración Bush, nos han hecho retroceder gravemente.

Milosevic: la estrategia de un superviviente

Durante una década, Milosevic ha estado en el origen y en la *solución* de todas las dramáticas crisis que han arruinado a la antigua República Federal de Yugoslavia. Es el primer responsable, aunque no el único, porque ha estado bien acompañado por el nacionalismo exacerbado de otros dirigentes conocidos, croatas o musulmanes. Él es el principal responsable de la tragedia de su propia comunidad serbia, arrastrada a la locura de la guerra en Bosnia o en Kosovo.

Ha aprendido a convertir las derrotas en nuevos plazos para sobrevivir, a costa de lo que sea. Ha comprendido que provocando una crisis grave tras otra puede aparecer ante la comunidad internacional como el interlocutor válido para salir de cada una de ellas. Cuando el comunismo no fue rentable, cambió de discurso hacia el nacionalismo homogeneizador y excluyente, aplastando al tiempo cualquier intento de democracia entre los serbios.

Después de una década, todavía no queremos decir con claridad que el problema es Milosevic y que la solución no puede seguir pasando por él.

Veo las declaraciones de Kofi Annan[1] y no tengo más remedio que coincidir plenamente con su postura. Pero me asaltan dos dudas, o mejor, dos convicciones nacidas de la experiencia: Milosevic aceptará la propuesta si ello le permite

---

[1] Kofi Annan (Ghana, 1938) es secretario general de las Naciones Unidas desde 1996.

sobrevivir otra temporada convirtiéndose en el interlocutor, o la rechazará si ello le conduce al mismo resultado: durar.

Comprendo al secretario general de la ONU y su esfuerzo por encontrar una salida —o un comienzo de salida— que incorpore a los rusos, tan hartos de Milosevic como el resto del mundo. Como yo no tengo sus obligaciones y sus limitaciones, empezaré por traducir al *román paladino* su propuesta.

«Estoy profundamente afligido por la tragedia que tiene lugar en este momento en Kosovo y en la región. Una tragedia a la que hay que poner fin. Los sufrimientos que padecen los civiles inocentes no pueden ser prolongados. En este espíritu, lanzo un llamamiento urgente a las autoridades yugoslavas para que asuman los compromisos siguientes».

Kofi Annan quiere decir que hace un llamamiento, concretamente, a Milosevic.

«Poner fin inmediatamente a la campaña de intimidación y expulsión de la población civil». Es decir, que Milosevic ordene que se detenga la operación de deportación masiva de la población albanokosovar, que intenta cambiar la demografía de Kosovo mediante el terror.

«Hacer cesar todas las actividades de las fuerzas militares y paramilitares en Kosovo y retirar sus fuerzas».

Es decir, que Milosevic no utilice a las fuerzas armadas, apoyadas por profesionales del crimen, que han venido entrenándose en Bosnia con decenas de miles de víctimas, para mantenerse en el poder agitando el fantasma del nacionalismo irredento, aunque sea a costa de seguir destrozando lo que queda de su país.

«Aceptar incondicionalmente el regreso a sus hogares de los refugiados y de todas las personas desplazadas».

Es decir, que Milosevic permita a los ciudadanos de Kosovo, que durante siglos han vivido en ese hogar, recuperar sus casas —aunque las encuentren destruidas—, enterrar a sus muertos dignamente —sacándolos de las fosas comunes que tardarán en encontrar— y educar a sus hijos en la reconciliación y no en el odio.

«Aceptar el despliegue de una fuerza militar internacional para garantizar que el regreso de los refugiados se hará en condiciones de seguridad y que la ayuda humanitaria será distribuida libremente».

Es decir, que nadie puede confiar al pirómano Milosevic la tarea de apagar el fuego que él mismo ha provocado. Nadie puede dejar en manos del verdugo a sus propias víctimas.

«Permitir a la comunidad internacional verificar que estos compromisos son respetados».

El secretario general de la ONU sugiere que sería inimaginable confiar en Milosevic como garante de cualquier acuerdo; y que sólo la comunidad internacional, incluida Rusia, puede dar un mínimo de seguridad a los deportados para que vuelvan. Esto significa que la protección a los deportados y refugiados continuará en tanto continúe en el poder Milosevic.

A partir de aquí se iniciaría el proceso de una solución política, mediante negociaciones entre todas las partes, que recomienda encarecidamente el secretario general de la ONU.

Si Milosevic continúa con su estrategia de supervivencia personal como prioridad fundamental de sus actos, ¿cómo va a reaccionar ante la propuesta que, aun coincidente con la de los países europeos y de América del Norte, tiene el mérito de haber sido endosada por Moscú?

Conocí a Milosevic en la firma de la paz de Dayton, cuando yo era el presidente de turno de la Unión Europea. Las bases de aquel acuerdo eran europeas, pero la autoridad para llevarlo a cabo fue americana. Milosevic firmó, como protagonista principal y como interlocutor válido de la comunidad internacional, una paz de un país que no era el suyo, como resultado de una guerra que sí era la suya (y la de Tudjman, por ejemplo). Se convirtió en la clave de la solución del problema que había creado en Bosnia. Me temo que también sigue desarrollando un papel clave en la incierta situación de la República Sprska[2].

---

[2] Denominación de la República Serbobosnia.

Lo encontré en Belgrado, cuatro días antes de la Navidad de 1996, para hablar de un nuevo conflicto creado por él: el de los estudiantes y clases medias urbanas, que invadieron durante semanas las calles de la capital, con el objetivo de que devolviera los municipios perdidos por su partido a los verdaderos ganadores de los comicios de noviembre de ese año.

El 28 de diciembre de 1996 tuve ocasión de presentar dos documentos: el primero, referido a la constatación del fraude electoral, que habían comprobado todos los miembros de la delegación que me acompañaba, entre los que se encontraban representantes rusos, americanos, canadienses y europeos de la UE y ajenos a la Unión. El segundo, para mí de mayor calado e interés, eran las *Recomendaciones para la democratización de la República Federal de Yugoslavia*, esenciales para la pacificación y para el respeto de los derechos de las distintas comunidades minoritarias en el conjunto del territorio y del autogobierno descentralizado.

Milosevic terminó aceptando el primero, y devolvió las alcaldías que había arrebatado a los ganadores, para maniobrar inmediatamente desmontando la alcaldía de Belgrado. Con ello logró descargar la tensión en la calle, desactivó la movilización más peligrosa que había vivido su régimen y —maravilla de su estrategia— aprovechó el documento de las *Recomendaciones para la democratización*, con la intención de hacer lo contrario.

La OSCE, el Grupo de Contacto y la Unión Europea asumieron unánimemente ambos documentos, pero cuando en las cadenas de televisión dejaron de aparecer las protestas y las manifestaciones en Belgrado, bajaron la guardia y Milosevic tuvo tiempo para maniobrar de cara a las elecciones generales y presidenciales de Serbia del año 1997. En sus operaciones entraba también el fantasma de Seselij, al que incorporó al Gobierno en el momento en que el Grupo de Contacto se reunía en Bonn. Sabíamos que las elecciones presidenciales de Serbia, aun repetidas por falta de representación suficiente, se celebraban en condiciones no democráticas.

Así llegamos a 1998. El Grupo de Contacto y la OSCE decidieron reanudar la misión con el objetivo de impulsar la democratización, a cambio de la incorporación de la República Federal de Yugoslavia a la comunidad internacional.

Milosevic intervino en Kosovo, causando el primer centenar de muertos. Toda la atención de esa comunidad internacional se centró en la nueva crisis, pasando a segundo plano la exigencia de democratización. En la reunión del Grupo de Contacto en Londres, en marzo de ese año, la resolución constituía una auténtica *arrancada de caballo*, con un plazo de quince días para que Milosevic cumpliera las exigencias que hoy [abril de 1999] se le siguen demandando, varios miles de muertos después, varios cientos de miles de deportados después, varias decenas de pueblos destruidos después. A los quince días se volvió a reunir el Grupo de Contacto en Bonn, y su resolución se transformó en una *parada de burro*. Milosevic había vuelto a tomar la medida de la verdadera determinación de la comunidad internacional.

Rechazó el nombramiento de la OSCE, que volvía a encargarme la misión pendiente, e incluso convocó un referéndum para que su pueblo se pronunciara sobre la *injerencia* en el asunto de Kosovo. Ganó por el resultado que quiso, como no podía ser menos, con el argumento insostenible de que era un asunto interno de Serbia, mientras que aceptaba discutir la democratización, que, al parecer, no le resultaba tan «interno».

En mayo pasado, ante el Consejo de Asuntos Generales de la Unión Europea, tuve ocasión de decir que la limpieza étnica había comenzado y que la película nos resultaba conocida porque era una copia mimética de la que habíamos visto en Bosnia. No había lugar al engaño ni a la sorpresa. Estamos donde era previsible hace un año que estuviéramos si el estratega de la supervivencia seguía con sus planes.

Comprendo al pueblo serbio, que no es responsable, sino una víctima más de la locura nacionalista de Milosevic. Un pueblo que no puede ser indiferente a los daños ocasionados en su patria por las bombas, un pueblo que, aunque desprecia al dictador, quiere a su tierra.

El secretario general de la ONU puede avanzar en su propuesta de llamamiento, pero también prever las consecuencias de una negativa. La comunidad internacional, con la participación decisiva de Rusia, debe recomponer la cohesión y la firmeza necesarias para garantizar la paz, una paz con libertad, no la paz de los cementerios. No habrá paz si no hay democracia en toda Yugoslavia. No habrá un tratamiento serio de los derechos de las minorías si no hay democracia en toda Yugoslavia. No habrá democracia, ni paz, ni respeto a las minorías mientras Milosevic siga siendo el dictador que provoca la guerra y la limpieza étnica, para después ofrecerse como interlocutor de sus víctimas y de la comunidad internacional.

El País, 15 de abril de 1999

En este artículo se pone de manifiesto el estado de ánimo que provocaba en mí la pasividad de la comunidad internacional ante el genocidio puesto en marcha por el dictador serbio en Kosovo.

En una carta a Helmut Kohl, al final de su mandato, le hacía una reflexión de la misma naturaleza. Él era un hombre profundamente comprometido y sinceramente conmovido por la tragedia yugoslava.

Kofi Annan había hecho declaraciones sobre el proceso que verán los lectores entrecomilladas, para facilitar la comprensión de las respuestas que se contienen en el trabajo.

Por fin se produjo el final de la escapada, pero los humeantes rescoldos de la tragedia durarán mucho tiempo.

A la búsqueda de la verdad perdida

Ahora, en Kosovo, el crimen se encuentra en pleno triunfo. El mundo conoce tan sólo la punta del iceberg. Pronto se estremecerá al tener acceso a la entera verdad. Ésta no tardará en llegar, y entonces serán muchas las personas que no podrán dormir tranquilas.
ISMAÍL KADARÉ, «El infierno está en Kosovo», *El País*, viernes 30 de abril de 1999.

¿Han oído ese grito? ¿O estará destinado a perderse como un eco más en la barahúnda de voces que atruenan nuestros oídos cada día ante la guerra de Kosovo?

Vivimos llenos de escudos protectores. «¡No nos dicen toda la verdad!»; como si eso fuera posible, como si existiera toda la verdad. «¡No tenemos toda la información!»; como si alguien la tuviera. «¡Se practica una doble moral!»; como si existiera una ética de lo absoluto. Queremos dormir tranquilos hoy, salvando nuestra distanciada responsabilidad, y mañana, cuando la verdad esencial del horror se nos revele en su plenitud y digamos que nadie nos advirtió. Temo que no estemos escuchando, aunque oigamos; que no miremos, aunque veamos, las columnas interminables de refugiados, deportados, expulsados de sus hogares de siempre, con una extraña composición demográfica: muchas mujeres, ancianos y, sobre todo, niños. Pero faltan muchos hombres. Se ve, si se mira con atención; se escucha, si se oye con compromiso. Hay un iceberg del horror.

Es esta verdad en forma de grito, previa a la reflexión, la que me ha golpeado. No comparto todo lo que dice Kadaré —por ejemplo, cuando responsabiliza a todos los serbios—, pero tampoco lo necesito, porque comparto lo esencial: la solidaridad, la compasión ante una injusticia que no necesita ser explicada para sentirla, para rebelarse contra ella: se está exterminando a una población. ¿Qué explicación necesitamos para reaccionar a tiempo, si es que estamos a tiempo, para que no soportemos un llegar más tarde todavía?

No se detengan en los argumentos impresentables, que colocan a Milosevic como víctima de la OTAN por ser de izquierdas. Es una indigna justificación, a toro pasado, de los crímenes de Stalin, en nada diferentes a los de Hitler. Como si fueran de derechas los miles de albaneses de Kosovo masacrados o los centenares de miles de deportados. Es una estúpida clasificación, llena de peligros, entre derecha e izquierda, digna de los fundamentalismos ideológicos que han destrozado este siglo.

Otros de más enjundia, como el que afirma que aquí se interviene y en otros lugares no, o como el que dice que Rusia se va a sentir humillada y amenazada, merecen más atención. También la merecen los que piensan, de buena fe, que fue la intervención de la OTAN la que provocó el desastre humano que estamos contemplando, o en la crisis implícita del orden internacional representado por la ONU, o que no se debía haber permitido a Milosevic llegar tan lejos.

Pero, después de atenderlos todos, resuelvan, porque Kadaré nos transmite la verdad esencial, aunque haya muchas más verdades parciales que nos llenen de incertidumbre. Nos transmite aquella verdad que se anticipa a la necesidad de razonar, de reflexionar, porque pone ante nuestros ojos un valor o un interés previo, profundamente humano. Si lo hacen, si se atreven a hacerlo, llegarán al compromiso ético básico, no absoluto, de que hay que detener el genocidio.

Comprendo las dudas, como las de Umberto Eco, como las de Manuel Castell, como las de tantos y tantos amigos en España, en Europa, en América Latina, confusos ante los perfiles de esta guerra, frente a las certidumbres inconmovibles de los que disponen de un código de señales fijo, que les permite una posición segura y previa, porque —creyentes o no— se sienten en posesión de la verdad absoluta. Yo también pienso que no se interviene en otros lugares, pero eso no justifica que no se haga aquí, aunque haya —¡que no es fácil!— situaciones comparables. Se actúa aquí que no hay petróleo, aquí que no hay riqueza, aquí que no hay grandes intereses estratégicos, aquí que se podría haber mirado para otro lado, con el argumento despectivo de que los Balcanes son así desde hace siglos. Porque «si es en el Golfo, ya se sabe lo que buscan los americanos, o los europeos», dicen los biempensantes. Todavía resulta increíble que se diga que no se busca ni petróleo, ni dinero ni defensa de la religión (no es santa esta guerra, como ninguna lo ha sido, ni lo será); resulta increíble que pueda ser la primera guerra de este terrible siglo XX, ya casi fenecido, que se produce por vergüenza. Vergüenza de seguir contemplando, impasibles o impotentes, el comportamiento del sátrapa con mayor responsabilidad en el desastre humano de la implosión yugoslava.

Yo también pienso que a Rusia se le ha planteado un problema con esta intervención, por mucho que haya compartido, desde el primer momento, la necesidad de detener a Milosevic. Pero me gustaría recordar que el pueblo ruso, como todos los pueblos de la antigua URSS, conoce bien lo que significa la existencia de personajes capaces de hacer deportaciones masivas y operaciones de exterminio de poblaciones enteras. ¿Por qué los rusos habrían de sentirse humillados por una intervención que trata de impedir un comportamiento semejante al que Hitler, primero, y Stalin, después, tuvo con ellos? Para Rusia, después de la caída de la Unión, el problema más serio, la humillación más profunda, se relaciona con la pérdida de las fronteras de Pedro el Grande y sus salidas al mar, por el norte y por el sur, y no con Yugoslavia, que contemplaron bajo el paraguas de la OTAN desde los tiempos de Tito y de Breznev. Yo he vivido el hartazgo de los representantes rusos ante un Milosevic que ha despreciado, una y otra vez, las resoluciones de Naciones Unidas, de la OSCE y del Grupo de Contacto, en las que, como protagonistas, participaron los representantes rusos.

Yo también creo que la intervención precipitó los acontecimientos. Es más, ya los precipitó la retirada de los observadores de la OSCE, cuando Milosevic se negó a firmar un acuerdo de autonomía respetuoso de la identidad de los albanokosovares, que les fue arrebatado arbitrariamente en 1989, cuando empezó todo. Aquellos observadores no debieron desplegarse desarmados y convertidos en rehenes internacionales, en una más de las cesiones a la intransigencia de Milosevic. Pero no es posible, logísticamente, provocar tan enorme desplazamiento de población, con la perfección salvaje de la limpieza étnica, en un plazo como el que hemos visto, sin una preparación previa concebida desde mucho tiempo atrás. En mayo del pasado año, cuando comparecí ante el Consejo de Asuntos Generales de la Unión Europea, ya tenía —creo que teníamos— la certidumbre de que la película del horror había empezado y se repetía la que habíamos visto en Bosnia, entre 1992 y 1995.

Yo también creo que la ONU debería haber rematado la faena que comenzó con sus contundentes resoluciones frente a Milosevic y que aparece cuestionada porque la cobertura de la intervención es insuficiente o discutible. Pero es más cierto que el veto, como anacronismo que explica otra época, impide que la ONU pueda ejercer con coherencia la representación de la comunidad internacional.

El propio secretario general ha hecho una propuesta de cinco puntos, coherente con las resoluciones del Consejo de Seguridad que le sirven de antecedente y de sustento. Si Milosevic la rechaza y, llevándola al Consejo alguien con derecho a veto impide su aprobación, el sátrapa de los Balcanes se seguirá burlando de todos. Es este tipo de personajes, más el trasnochado sistema de funcionamiento, el que pone de manifiesto la crisis de Naciones Unidas, a pesar de ello imprescindible para todos.

Yo también pienso que se ha actuado tarde y con fallos, sobre todo garantizando a Milosevic que no habría intervención por tierra, es decir, que no se llegaría hasta el final. Pero no puede servirnos de justificación elusiva para que se retrase aún más o definitivamente. Decía Azaña que si cada español opinara de lo que sabe, y sólo de lo que sabe, se haría un gran silencio que podríamos aprovechar para el estudio. El valor de su reflexión, me temo, traspasa nuestras fronteras, pero hay acontecimientos, como el que estamos viendo sin querer mirarlo, que no necesitan un grado de información, de estudio, como el que pretendía Azaña. Son aquellos que afectan a valores, a intereses humanos, como los contenidos en el grito de Kadaré. Acontecimientos que nos exigen un compromiso, aquí y ahora, con lo concreto, aunque nos inquiete hoy, para que podamos conciliar el sueño mañana, cuando se nos muestre la totalidad del iceberg. ¿Quién no tiene dudas, salvo los sectarios o los fundamentalistas que disponen de una ética de lo absoluto? Pero estas dudas no pueden servir de escudo para seguir manteniendo el relativismo descomprometido de los que miran para otro lado o exhiben su sabiduría racionalista distanciada, cargando contra tirios y troyanos; ni sirven para contemplar la batalla desde arriba, contabilizar las bajas y seguir culpando a los demás, sin que nadie merezca ser salvado de la hoguera de su agudeza crítica.

Me duele porque son mis amigos, me duele porque comprendo y comparto algunas o muchas de sus críticas, aunque me las reserve para mejor ocasión. Pero me duele, sobre todo, porque mañana vamos a tener que seguir buscando explicaciones a nuestro tibio compromiso o a nuestra falta de compromiso, con más y más argumentos brillantes que nos permitan conciliar el sueño ante el horror. Me quedo con la verdad humana de ese grito, más que con las sesudas razones que nos ayudan a escapar de ella.

Y, en el fondo, lo que más me duele es pensar que, una vez más, el responsable de esta situación llegue a firmar la «paz», gane tiempo como especialista en supervivencia y... comience de nuevo.

El País, 9 de mayo de 1999

Cuatro años después de haber escrito esto, no tengo nada que añadir en lo sustancial. Estábamos en la oposición y el Gobierno de Aznar recibió todo nuestro apoyo, porque se trataba de detener un genocidio en marcha que exigía la intervención inmediata. Lo lamentable fue el retraso que permitió a Milosevic consumar el crimen programado.

En plena crisis con Irak, se atreven a establecer comparaciones con este caso, cuando la realidad es que nadie puede creer en la amenaza de este país, más allá de la repugnante dictadura que representa Sadam Husein.

Más que nunca, necesitamos Europa

Algunos responsables políticos emergentes no se sienten comprometidos con lo hecho hasta ahora en la construcción europea y parecen dispuestos a inventarlo todo. Otros sacralizan el acervo comunitario, como un intangible en todas y cada una de sus manifestaciones. Frente a ambos, los nacionalismos de vía estrecha rechazan la idea de Europa enfrentando interés nacional e interés europeo.

Los que creemos que Europa es la solución y no el problema queremos ofrecer un proyecto que conecte con el *ethos* de la Europa surgida tras la caída del Muro de Berlín, de la superación de la política de bloques y del fin de las políticas que sustentaban el equilibrio del terror. Proponemos un discurso capaz de explicar nuestro papel en el mundo interdependiente que surge de la revolución tecnológica, en particular de la información pero también de la biotecnología. Un discurso que ofrezca salidas a los cambios en los sistemas de producción, que disminuyen el empleo industrial y deslocalizan inversiones. Un discurso que responda a la globalización económica y financiera. Un discurso, en fin, que aporte seguridad buscando nuevos equilibrios internacionales, más allá de los tradicionales enfrentamientos de bloques ideológicos.

Recuperemos la memoria sin detenernos en ella. Repensemos Europa, aprovechando la experiencia de estos años y respondiendo a preguntas sencillas. ¿Qué queremos poner en común para que exista un «nosotros» europeo? ¿Entre qué países? ¿Cómo ofrecemos seguridad en el espacio de libertad que hemos creado? ¿Cómo garantizamos un papel político, de cooperación y de seguridad en la globalización? ¿Qué instituciones y qué medios necesitamos para realizar las tareas que nos propongamos?

LA DÉCADA DE LA «GALOPADA» EUROPEA

En 1985, saliendo de una de las más prolongadas etapas de «europesimismo» (1975-1985), coincidente con el final del período keinesiano de crecimiento y pleno empleo y la emergencia del neoliberalismo fundamentalista, nos planteamos una reforma de los tratados. Nació un proyecto que denominamos Acta Única. Al edificio se le llamó Comunidad Europea. La criatura se desarrolló entre 1986 y 1992 en forma de mercado interior sin fronteras. Mientras se desarrollaba el mercado interior, pactamos un crecimiento importante de los fondos estructurales para facilitar la aproximación en los niveles de desarrollo entre las distintas regiones de Europa.

Entretanto, apareció Gorbachov y el escenario mundial empezó a cambiar. En 1989 cayó el muro y desapareció el Pacto de Varsovia. Aunque las preguntas sobre la lucha contra la injusticia siguieran vigentes, como decía Octavio Paz, era evidente que la respuesta comunista había fracasado.

Los países ricos del centro y del norte de Europa, como Austria, Suecia y Finlandia, querían entrar en la Comunidad, aun con dudas casi metafísicas sobre si debían o no hacerlo. Los países empobrecidos por el «milagro comunista» empezaron a llamar a las puertas sin dudar ni por un momento que dentro se estaría mejor.

El Mercado Interior nos llevó de forma irresistible a Maastricht, a profundizar en la construcción y a prepararnos para la ampliación, atisbando el desafío que comportaba la vertiginosa revolución tecnológica. Avanzamos en cuatro frentes: la Unión Económica y Monetaria (sólo monetaria hasta ahora) la colocamos en el apartado de las políticas comunes, y la definimos como primer pilar. Ahora que la moneda es una realidad irreversible y esperanzadora, volverá a cobrar fuerza la necesidad de una política económica de la Unión. Si no, perderemos fuerza frente al dólar y no crearemos empleo.

La Política Exterior y de Seguridad Común (PESC) seguiría siendo intergubernamental y, por eso, configuramos un segundo pilar fuera de las políticas comunes, a pesar de su denominación. Reconocíamos que la dispersión de las políticas exteriores de los distintos países era nuestra gran debilidad. Pero no existía la madurez suficiente para dar un paso decisivo, más allá de una simple y titubeante coordinación entre gobiernos.

La política de Justicia y asuntos de Interior surge de la necesidad de un entendimiento mucho más intenso entre los gobiernos europeos que debíamos combatir con eficacia la criminalidad, que no sólo no conoce fronteras, sino que aprovecha la desaparición de las comunitarias para sus fines. Éramos conscientes de la preocupación de los ciudadanos, pero no fuimos capaces de ir más allá de una tímida cooperación intergubernamental. Así colocamos el tercer pilar.

La «ciudadanía europea» fue una propuesta que intentaba hacer comprender a hombres y mujeres de Europa que lo que hacíamos sólo tenía sentido si se trataba de una Europa de los ciudadanos. Era una idea compatible con las identidades nacionales, con la ciudadanía de origen de cada europeo. Ser ciudadano de Europa constituía un valor adicional, nacido de la condición de europeos que comparten, como tales, un proyecto histórico, pero de nuevo nos encontramos con recelos o miedos alimentados por nacionalismos trasnochados.

Introdujimos la cohesión como un principio de la construcción europea, y como un criterio transversal para todas las políticas de la Unión.

Añadimos una Carta Social como elemento de identidad civilizatoria, que fue rechazada por los conservadores británicos y recuperada por el Nuevo Laborismo.

Era el inicio de una nueva etapa llena de sugerentes objetivos. Lo que nacía, con sus insuficiencias para unos y sus excesos para otros, era algo distinto de la Comunidad Europea, aunque la comprendiera. Había necesidad de bautizar a la criatura. La llamamos Unión Europea, como Unión de Pueblos. Me parece un hallazgo muy útil. Entre federalistas, confederalistas, antifederalistas o partidarios de una zona de libre cambio sin más, resultaba difícil comprender que estábamos creando algo nuevo, diferente, que nos costaba definir porque escapaba al código de señales al que estábamos habituados en nuestro lenguaje político e, incluso, no se sometía a las teorías jurídicas clásicas.

LOS DESAFÍOS DE LA MUNDIALIZACIÓN

La globalización de la economía, los movimientos de capital creciendo rápidamente en una especie de casino financiero internacional, la revolución tecnológica, en particular la de la información, generando y acelerando lo anterior, alterando las relaciones industriales, creando paro industrial masivo y forzando una permanente reestructuración empresarial, han creado una nueva frontera, un nuevo mundo, una era distinta que ya es, aunque el pasado siga presente y muestre su peso. La complejidad, la profundidad y amplitud de la Unión de quince países hacen imposible mantener los procedimientos tradicionales de toma de decisión. Están fallando valores y reglas sustanciales en la democracia representativa, en esta evolución supranacional de nuestros Estados-nación. El método para tomar decisiones será aún más insostenible cuando pasemos de quince a veinticinco países, tras una ampliación que comprendemos imprescindible.

Hay que estudiar un proyecto para Europa que dé cuerpo a la Unión Europea como el «nosotros» incluyente de la diversidad, que nos permita encarar el siglo XXI optimizando las ventajas de estar unidos frente a los retos de la globalización.

En diciembre de 1995 la Cumbre de Madrid puso nombre a la moneda y lanzó la Agenda 2000. Después se puso en marcha el euro, se ha replanteado la agenda de ampliación, se ha discutido un presupuesto que puede ser insuficiente y se afronta el conflicto de Kosovo como un dramático recordatorio de la ausencia de una verdadera PESC.

Veo insuficiencias incluso si se trabajara con la Agenda 2000 como un paquete. En el fondo, la insatisfacción nace de la falta de respuesta a la pregunta fundamental. La suma de las partes no hace comprensible qué Europa queremos. Es decir, no produce una definición clara de un proyecto europeo.

Los tres elementos más relevantes de la globalización —que están interactuando y repercutiendo en todas las realidades nacionales y regionales, alterando modelos preestablecidos de realización del poder político— son, a mi juicio, la revolución de la información, la globalización de la economía y la mundialización del sistema financiero.

Estos tres elementos están teniendo efectos espectaculares en el ámbito de realización de la democracia representativa y de la soberanía, e influyendo necesariamente en el concepto que se tenía del Estado-nación.

1. Los márgenes de las políticas macroeconómicas se han estrechado espectacularmente. Se pueden discutir los componentes de ingresos y gastos para obtener un resultado razonable de equilibrio, pero es difícil rechazar la necesidad misma de este equilibrio. Los mercados de capitales se encargan de recordar que no confían en una política económica que no vigile la inflación o el déficit. La derecha o la izquierda en el poder se diferenciarán, sobre todo, por la mezcla de ingresos y gastos para obtener el resultado macroeconómico, no por el resultado mismo.

2. La estructura del Estado-nación está cambiando en dos direcciones fácilmente observables: a) hacia la supranacionalidad, como vemos en la Unión Europea o en Mercosur, buscando una respuesta más satisfactoria a los desafíos de la globalización, y b) hacia la «intranacionalidad» como nueva distribución interna del poder del Estado-nación. La nece-

sidad de adaptarse con flexibilidad y la reclamación de identidades más locales frente a la angustia que genera la amenaza homogeneizadora de la globalidad impulsan, con intensidad variable, este proceso.

En Europa, la resultante es la fijación de cuatro niveles de poder representativo: el local, el regional interno, el nacional clásico y el supranacional europeo. Fenómenos semejantes, con otros desarrollos, se observan en muchos lugares del planeta, como en la zona que ocupan los países pertenecientes a Mercosur.

3. Está cambiando el papel de la política en general, no sólo del poder central del Estado. Pocos añoran el casi fenecido Estado totalitario; incluso la mayoría rechaza el Estado «grasiento», lleno de intervencionismos clientelares o populistas. Al mismo tiempo, por razones de eficiencia no siempre demostrada, también se está generalizando una retirada del sector público de la actividad empresarial. En este ambiente, la discusión se agudiza entre unos y otros para determinar el papel de la política en la nueva realidad. El debate será decisivo para los ciudadanos y sus oportunidades, para las empresas y su futuro, para el que llamamos «Estado de bienestar» y para la sostenibilidad de un modelo de crecimiento y desarrollo económico en la nueva realidad de la revolución tecnológica.

Un Estado fuerte y «sin grasa» se contrapondrá a un Estado raquítico. La presión está creciendo hacia la retirada del Estado, tanto de su papel en el campo de la satisfacción de derechos universales, como educación o sanidad, cuanto en el de otros servicios públicos generadores de igualdad o desigualdad de oportunidades, como las telecomunicaciones o la energía.

La nueva situación definida nos lleva inexorablemente a plantearnos cómo se responde a los desafíos desde la comunidad internacional, sin caer en construcciones teóricas inalcanzables, como un «Gobierno Económico Global», que se piensa más bien en términos de un G-7 o un G-3, dominando la situación del 80 por ciento de la población no incluida en su ámbito de representación, por mucha fuerza económica que se represente.

Tras la liquidación de la bipolaridad y del equilibrio del terror, emergen de las ruinas nuevas teorías que, no sin fundamento, alimentan la caldera armamentista. Es fácil observar cómo surgen nacionalismos fundamentalistas, que multiplican los conflictos locales y regionales. Los dividendos de la paz, de los que hablaba George Bush[1], se hacen esperar. La estructura y funcionamiento de Naciones Unidas no satisface las nuevas necesidades y crece la frustración, el sentimiento de impotencia de cientos de millones de ciudadanos, informados en tiempo real de los múltiples problemas que salpican toda la geografía universal.

De la bipolaridad se ha pasado a un solo polo de poder. La seguridad internacional depende de esta nueva estructura, a la que acompaña una sola organización multilateral de seguridad creíble: la OTAN, que abarca en sus responsabilidades directas o indirectas todo el hemisferio norte, de Bering a Bering.

Es imprescindible una reestructuración de la composición del Consejo de Seguridad y de su funcionamiento. Es necesario buscar nuevos equilibrios internacionales, mediante el reforzamiento de ese fenómeno de regionalismo abierto que se está produciendo en diversos lugares del mundo y en el que la Unión Europea es el modelo más acabado.

Pero lo más visible de la nueva situación es el crecimiento de los movimientos de capital, circulando por el mundo en una especie de casino financiero internacional, sin reglas que lo hagan previsible y con sobresaltos cada vez más incontrolables.

La inestabilidad de fondo va en aumento, pero, a pesar del inmenso coste humano de la crisis asiática, rusa y latinoamericana, todavía no hay una corriente de opinión con fuerza para proponer reformas razonables en el plano internacional. Los llamados países centrales pueden esperar, de momento, con más tranquilidad, porque están cargando a los países emergentes el coste de la crisis. Pero esto no se sos-

---

[1] George Bush fue presidente de Estados Unidos desde 1988 hasta 1992. Su hijo, George W. Bush, accedió a la Presidencia estadounidense en enero de 2001.

tendrá indefinidamente. La epidemia se convertirá en pandemia en el mundo interdependiente de la globalización.

Es imprescindible encontrar fórmulas que hagan previsibles los movimientos de capital y, como consecuencia de ello, que permitan a los organismos financieros, como el FMI, tener mayor capacidad de seguimiento para prevenir las crisis y mayor capacidad de respuesta rápida para amortiguar las consecuencias cuando se produzcan. No sólo hay problemas nacionales o regionales. Hay problemas sistémicos.

Si la globalización está cambiando, como sostengo, la realidad del sistema productivo propio de la sociedad industrial, la realidad del poder político, nacional e internacional, y la propia realidad de las relaciones sociales y culturales, ¿qué hacemos con Europa y desde Europa?

MÁS QUE NUNCA, NECESITAMOS EUROPA

El Tratado de Amsterdam no cumple satisfactoriamente los objetivos de mejorar la eficacia del instrumento institucional, el proceso de toma de decisiones y la mejora del nivel de democracia de los poderes europeos.

La Unión Económica y Monetaria se ha quedado en monetaria y sin contenido de política económica, con lo que, a pesar del esperanzador arranque del euro, empezamos a notar el desgaste frente al dólar por la falta de una política de crecimiento y empleo.

La ampliación sigue planteándose más en el terreno de los principios que en el de la realidad. Nadie quiere responder a tres simples preguntas: respecto a los dieciséis candidatos, que pueden ser veinte, ¿quiénes van a entrar? ¿Cuándo van a entrar? ¿Cómo, en qué condiciones van a entrar? Se dice que todos y que no va a costar nada. Es decir: no se quiere responder en serio. La Política Exterior y de Seguridad Común sigue en la situación anterior. Es casi inexistente. No hay respuesta para la UEO ni desarrollo institucional alguno. Miremos a Kosovo.

El problema sigue siendo de definición de un discurso europeo. Antes de plantearnos una nueva reforma institucional, corta o larga, tenemos que reflexionar sobre lo que, cada cual, queremos poner en común. Hemos de decidir el «nosotros» europeo. Si necesitamos un ámbito de supranacionalidad para desarrollar nuestra personalidad, a la vez plural y común en el espacio europeo, si necesitamos ese espacio para responder a los retos de la globalidad, aclaremos la dimensión de la representación política que exige esta construcción.

Es imposible construir el futuro de Europa sin tener en cuenta el pasado, las instituciones resultantes y sus equilibrios, una parte sustancial de los avances en las políticas comunes y en los compromisos entre los Estados europeos. Pero esta convicción no puede ocultar la necesidad de repensar el proyecto europeo, decidiendo qué queremos poner en común para afrontar con éxito los desafíos de la globalización, ante los que cada uno de nuestros países, por separado, perdería peso y relevancia.

Les propongo cuatro elementos para sustentar el proyecto.

Primero. ¿Qué queremos poner en común desde el punto de vista económico, social y cultural? Una definición de esta apuesta común daría consistencia a las propuestas económicas generadoras de empleo y a la defensa de la identidad cultural del mosaico europeo. Nos llevaría a un análisis sereno y riguroso de las políticas contenidas en lo que hoy llamamos «primer pilar», tras una evolución de medio siglo, para saber lo que conviene añadir o quitar y para reenviarlo a cualquiera de los otros niveles de poder representativo.

Segundo. ¿Qué queremos poner en común en materia de seguridad y justicia para garantizar el disfrute del espacio de libertades que hemos creado?

A veces he puesto un ejemplo provocativo para explicar esta preocupación de los ciudadanos ante el fenómeno de la inseguridad. Sería inimaginable que el candidato a una alcaldía de 5.000 habitantes se presentara a sus electores renunciando a la policía local. Cada poder representativo en un área territorial de representación, que es al mismo tiempo un área de libertades, debe garantizar el disfrute de esas libertades, con una seguridad policial y judicial que pueda combatir el crimen con mayor eficacia.

Tercero. ¿Qué queremos poner en común en política exterior y de seguridad para garantizar un papel en el mundo acorde con lo que representamos económica, comercial y culturalmente? Somos débiles para decidir y fuertes para pagar las facturas de las decisiones que adoptan otros.

La técnica para avanzar en este campo debería ser la de la acumulación progresiva de un acervo, a través de sucesivas acciones comunes sobre áreas de interés, incluyendo una de carácter instrumental en materia de seguridad.

Cuarto. ¿Qué instituciones necesitamos para tener un instrumento eficaz, transparente y democrático al servicio de lo que hemos decidido poner en común?

La creciente dificultad del debate sobre las reformas institucionales necesarias nace del hecho de convertirlo en un debate en sí mismo, sin aclarar su carácter instrumental. Por eso, creo que sólo avanzaremos seriamente en las reformas institucionales cuando aclaremos los puntos anteriores del proyecto europeo. Si sabemos qué proyecto queremos desarrollar juntos, será más fácil decidir con qué instrumentos y con qué medios vamos a hacerlo.

Desde el momento en que discutíamos el Tratado de la Unión Europea se nos viene planteando reiteradamente el problema del reparto del poder, de la reforma institucional (recuerden la insatisfacción por el déficit democrático), y todo ello aumentado por la perspectiva de la ampliación.

Cuando hago la propuesta de repensar Europa, teniendo en cuenta lo hecho y nuestras necesidades en la globalización, trato de cambiar el enfoque al que estamos habituados, reordenando nuestras ideas para no discutir sobre instituciones y burocracia sin tener claro lo que queremos hacer juntos.

He asistido a infinidad de reuniones sobre el famoso principio de subsidiariedad para repartir las competencias sin resultado satisfactorio. Entre los Quince, el criterio de subsidiariedad no coincide casi nunca. Por eso sugiero que el debate sobre lo que queremos poner en común estudie simultáneamente, para repartir el poder en los distintos niveles, tres criterios: subsidiariedad, identidad y cohesión.

El respeto a la identidad y el mantenimiento de la cohesión en los conjuntos de poder representativos que se desarrollen facilitarán el entendimiento sobre la eficiencia y la eficacia propias de la subsidiariedad.

Hecha la atribución de competencias comunes, el debate sobre la reforma institucional cobrará un sentido diferente. No importa la cantidad de poder que se ejerce en cada instancia, sino calidad de dicho poder para cumplir los objetivos, para ser más eficaces (subsidiariedad), respetando la identidad y reforzando la cohesión para que todos nos sintamos parte de un proyecto común.

Si no lo hacemos, es muy difícil que nos aproximemos provechosamente al problema del empleo o al del medio ambiente o al de la cultura. Los ciudadanos quieren ver que hay dirigentes políticos con un proyecto para Europa. Demos contenido entre todos a lo que es una Unión Europea como Unión de Pueblos pensando en el siglo XXI. Habremos dado un paso de gigante en la construcción europea dentro de la globalidad.

El País, 9 de junio de 1999

En la fecha de publicación de este libro, el artículo suena a peligroso sarcasmo. La UE pasa por la más grave crisis de su historia, precisamente como consecuencia de la globalización, en sus aspectos de seguridad.

La Administración Bush, intencionadamente o por torpeza, ha roto el proceso de construcción de un poder europeo relevante en el escenario mundial. Su estrategia de guerras preventivas y decisiones unilaterales ha arrastrado a varios gobernantes de la UE rompiendo cualquier posibilidad de política exterior y de seguridad común. *El vínculo atlántico, que nadie ha puesto en cuestión, se ha debilitado por la sumisión incondicional de los responsables de Gobierno de España, Italia y Gran Bretaña.*

Una Europa relevante en la construcción de un nuevo orden mundial resulta una quimera. Sin ello, la Unión Europea no se puede hacer.

La paradoja que resulta de esta aventura es la que constituye el sarcasmo. Más que nunca necesitamos Europa, y algunos dirigentes se empeñan en liquidarla. El coste que pagaremos será altísimo.

«Un viejo que muere es una biblioteca que arde»

El debate abierto en la Unión Europea sobre las jubilaciones anticipadas o los despidos con indemnizaciones atractivas y largos períodos de cobertura, que devoran plantillas de mayores de 40 años, me ha traído a la memoria algunas reflexiones que ya había llevado al papel, en marzo de 1998. En aquella ocasión, tras la primera reunión de evaluación de la Comisión «Progreso Global», encargada por la Internacional Socialista de presentar una nueva plataforma de ideas para el Congreso de París de noviembre de 1999, las propuestas surgieron estimuladas por la frase que encabeza el artículo.

Pensé rehacerlas para adaptarlas al momento en que se está discutiendo este problema desde el punto de vista exclusivo de la sostenibilidad financiera del Estado de bienestar, pero he creído que tendría mayor valor respetar lo que había pensado en aquel momento. Las ofrezco ahora como la primera entrega de una serie de trabajos que van a resumir el debate abierto, en paralelo a la iniciativa conocida como «tercera vía», para analizar el fenómeno de la globalización y sus efectos.

Ibrahim Bubakar Keita irrumpió en el debate pasándome una nota con esta expresiva frase: «En mi cultura se dice que *un viejo que muere, es una biblioteca que arde*».

Discutíamos sobre los desafíos y oportunidades de la revolución tecnológica en curso con Martine Aubry, viceprimera ministra del Gobierno francés, intelectualmente inquieta, brillante en sus análisis; Rolando Araya, dirigente costarricense, preocupado por introducir los efectos de las nuevas tecnologías en nuestros proyectos educativos; Milos Zeman, representante de la nueva izquierda en Chequia, que busca el rumbo de los países del centro y del este de Europa, liberados del «paraíso comunista», que arrasó libertades e interrumpió su desarrollo potencial durante más de medio siglo; Bubakar Keita, presidente de Malí, uno de los países más castigados por la pobreza, por la deuda externa, que advierte sobre la necesidad de conocer y respetar las pautas culturales de África; Gro H. Brundtland, que fue primera ministra de Noruega y autora de un magnífico informe sobre desarrollo y medio ambiente; y Fatalá Ualalú, socialista marroquí, que pasó inmediatamente a ocuparse del Ministerio de Finanzas, entre otros miembros de la comisión.

Nuestra conversación nos condujo al análisis de los diferentes comportamientos de las sociedades occidentales, africanas y orientales, en relación con el trato a los mayores, como una de las expresiones de la solidaridad.

La globalización económica y financiera, su impacto en la reestructuración industrial, en la destrucción de empleo, en la sostenibilidad del Estado de bienestar, eran el telón de fondo de aquel primer encuentro, tal vez excesivamente eurocéntrico. Nos detuvimos en los cambios estructurales y de contenidos políticos que se estaban produciendo en el ámbito de realización de la democracia tal como la conocemos: el Estado-nación. Analizamos la necesidad de un nuevo orden internacional, en el terreno político y de seguridad, económico, financiero y medioambiental.

Se trata de un ejercicio complejo, cargado de dificultades en una organización que abarca a más de 140 formaciones políticas en los cuatro continentes, con prioridades distintas y pautas culturales muy diferentes. Debemos presentar una plataforma común, a la vez respetuosa de nuestras señas de identidad como socialdemócratas, progresistas, gentes de la izquierda plural, que contemple esas diferencias, y que sirva para ofrecer una alternativa eficaz al «pensamiento único», motor ideológico del fundamentalismo neoliberal, que coloca al mercado como valor absoluto. Se trata de globalizar el progreso social, acompañando a la globalización de la economía y de las finanzas.

Yo reflexionaba en voz alta sobre el respeto a los mayores en las sociedades de Extremo Oriente y sus efectos integradores. Por contraposición, me preocupaba la desconsideración de las sociedades occidentales, como un fenómeno que se agudiza, paradójicamente, con el incremento de la esperanza de vida, la caída de la natalidad y el paro de larga duración en los mayores de 40 o 45 años. Se trataba de analizar los enfoques de diferentes culturas en la solidaridad, en la capacidad de integración de la gente mayor.

Ahí irrumpió Bubakar Keita con la frase que podía convertirse en una «idea fuerza» para todos, porque significaba algo más que respeto por la tradición oral.

Un golpe serio, pensé, para la arrogancia exhibicionista occidental de modelos de solidaridad. Algo que va más lejos que el debate económico de la sociedad del bienestar y sus problemas de sostenibilidad. Me obligó a repensar nuestros comportamientos, incluso en las tareas de gobierno que habíamos desempeñado durante catorce años de esfuerzo para iniciar ese Estado de bienestar, que constituía nuestra referencia básica en política social. Recordé una frase de José María Maravall, cuando discutíamos con la derecha la Ley de Pensiones no Contributivas: «La dignidad de una sociedad», decía, «se mide por el trato que da a sus ancianos». Podríamos añadir: «por el trato que da a los más débiles, sean niños, viejos o gentes con dificultades físicas o psíquicas».

Pero el problema no es sólo económico, sino cultural, ético, que atañe a las estructuras de toda una civilización. La pensión para todos, como un mínimo garantizado que asegure la supervivencia, es, sin duda, necesaria y, si lo demás no se obtiene, se exige al menos esto, como refugio de autonomía en la soledad. Otras sociedades, africanas o asiáticas, no están en condiciones de asegurar una pensión, pero dan todo lo demás a los mayores: respeto creciente con la edad, consideración como «biblioteca viva», cargados como están de experiencia y sabiduría. Se les escucha y esto les estimula para seguir estando vivos, activos. No esperan la llegada de la muerte aparcados al borde del camino, sentados al sol. Viven, hasta el último aliento, con la dignidad de sentirse cada día más respetados, integrados en su entorno vital.

Miremos con atención hacia nuestro modelo de solidaridad y veamos lo que significa lo que llamamos con orgullo «Estado de bienestar» para los mayores. Pensemos, incluso, qué consideramos «ser mayor» en nuestras sociedades, porque el problema tiende a agudizarse.

En muchos casos, jubilación es lo contrario de júbilo, aunque se produzca rebasados los 65 años. Significa apartamiento de la sociedad, con frecuencia de la familia, aislamiento y espera. Significa pérdida de consciencia de utilidad para los demás, angustia porque lo que se aprendió durante toda la vida se convierte en algo que lo acompaña, pero que nadie recibe, porque no se aprecia. La jubilación es espera sin esperanza en las sociedades occidentales desarrolladas. La vejez se entiende como enfermedad, no como madurez. El efecto psicológico es devastador. Pero estamos acostumbrados a que la vejez es así, que no tiene remedio. Demasiadas veces «viejo» y «estorbo» significan la misma cosa para los otros. ¡Cuánto capital humano perdemos con nuestra ceguera! ¡Cuánto sufrimiento inútil infligimos a los mayores!

Exaltamos los valores de la juventud, pero también de manera contradictoria. Invertimos en formación, en educación, pero no fomentamos la iniciativa personal con riesgo, ni abrimos oportunidades de empleo.

El problema de los mayores tiende a agravarse desde la perspectiva financiera, no sólo por razones demográficas, sino porque el que pierde su empleo después de los 40 años corre el riesgo de ser considerado «mayor» y no volver a entrar en el mercado de trabajo. Pero estar o no estar en el mercado de trabajo parece significar lo mismo que estar o no estar en la sociedad, cada vez más saturada de viejos jóvenes.

Si esta situación se plantea después de los 50 años, sólo se piensa en la duración del seguro de desempleo y en conectar este período con la prejubilación. Con treinta años por delante de «esperanza de vida» se pierde algo más que renta, se plantea un problema más serio que el económico. Se pierde integración social y familiar. Se pierde el estatus de manera definitiva.

Conocí en Japón a un ejecutivo de una gran empresa que había cumplido 93 años. Se había jubilado, por decisión propia, unos años antes y trabajaba con un equipo interdisciplinar en la investigación de ¡la ciudad de los años 2020 a 2030! Era el año 1985. El hombre sabía que no conocería esa ciudad que estudiaban, pero ello no suponía ningún problema, porque se sentía realizado anticipando lo que creía un futuro mejor para los suyos. Fue este relato el que provocó la intervención de Bubakar Keita, reivindicando la cultura africana.

Toda la reflexión se enmarcaba en el impacto que produjo en mí su pequeña frase. La solidaridad nos obliga a redistribuir: bienes materiales, educación, asistencia sanitaria... Pero ¿cómo redistribuir valores? Y ¿en qué dirección?

La globalización, como revolución de la información que nos acerca a la aldea global, puede ayudarnos a ser menos arrogantes como occidentales. Hemos perdido ideas y actitudes importantes en nuestras sociedades, una mentalidad que otros, fuera de lo que consideramos mundo occidental, aún mantienen. Podemos desarrollar el diálogo buscando el *logos*, porque pueden darnos tanto o más como nosotros a ellos. Al menos, en lo que importa: la solidaridad entendida como algo más que redistribución de bienes materiales.

Aquí acabaron aquellas notas de marzo de 1998. El debate abierto en nuestra realidad del euro y del Plan de Estabilidad no puede cosificarse, por importante que sea el problema futuro de la sostenibilidad financiera. Observen, por ejemplo, que los responsables de los ajustes laborales suelen tener más edad de la que consideran límite para el mantenimiento de otros en las empresas. No se sienten humanamente concernidos por la acción de exterminio laboral que producen y trasladan al Estado, que repudian por intervencionista, las cargas que generan.

Nos urge reabrir una reflexión seria sobre las consecuencias a medio plazo de este modelo. ¿Qué sociedad nos espera en el siglo XXI? ¿Cómo entenderá la izquierda la solidaridad? ¿Cuál será el paradigma de la verdadera sostenibilidad en la economía de la revolución tecnológica en curso?

El País, 18 de julio de 1999

En medio de los debates sobre la sostenibilidad del sistema de pensiones en los países desarrollados, me había impresionado la reflexión de los dirigentes africanos.

Estábamos trabajando para preparar el Congreso de París, de la Internacional Socialista. La base del esfuerzo era la renovación del pensamiento y de la estrategia de la izquierda ante los desafíos de la globalización. El trabajo se presentó en noviembre de 1999. Comprendía un documento que anticipaba la crisis que estamos viviendo con carácter global.

El Congreso de París aprobó una declaración política de gran consistencia que, desgraciadamente, no fue tenida en cuenta en la acción política. Más tarde, cuando empezaron las protestas llamadas «antiglobalización», todo el movimiento socialdemócrata se sintió sorprendido.

Mercosur es la solución, no el problema

«Considerando que la ampliación de las actuales dimensiones de sus mercados nacionales, a través de la integración, constituye la condición fundamental para acelerar sus procesos de desarrollo económico con justicia social... Teniendo en cuenta la evolución de los acontecimientos internacionales, en especial la consolidación de grandes espacios económicos, y la importancia de lograr una adecuada inserción internacional para sus países... Reafirmando su voluntad política de dejar establecidas las bases para una *unión* cada vez más estrecha entre sus pueblos...». Tratado de Asunción, 26 de marzo de 1991.

En los últimos tiempos hemos presenciado, con preocupación creciente, cómo se han agudizado las tensiones comerciales entre Argentina y Brasil. No se trata de un incidente más entre países vecinos, sino de una guerra comercial que cuestiona los principios básicos sobre los cuales se firmó el Tratado de Asunción en 1991. Este hecho reviste una especial gravedad no sólo porque Argentina y Brasil son los países más fuertes de Mercosur, sino porque la disputa se produce en un momento en que la propia dinámica de la globalización económica requiere un gran esfuerzo de coordinación regional, que sería la mejor respuesta a las consecuencias negativas de una crisis que no es atribuible al Mercosur y en la que ambas partes tienen fundadas razones.

La aparición de problemas en el comercio intrarregional no es algo nuevo en Mercosur, como no lo ha sido en el Mer-

99

cado Común Europeo durante su larga historia. Desde el comienzo se aceptó que el proceso de integración regional traería consigo algunos problemas, no tanto por tratarse de países con distinto desarrollo económico, sino por los diferentes sistemas monetarios y arancelarios vigentes en los mismos.

¿Qué ha ocurrido ahora? ¿Por qué han surgido opiniones en Argentina y Brasil que cuestionan el propio Acuerdo de Mercosur? Se han ido acumulando desequilibrios porque no se han adoptado las medidas necesarias encaminadas a armonizar las políticas monetarias y fiscales, y la grave crisis financiera —que tiene su punto de partida en Asia, golpea duramente a Rusia y se contagia a Brasil— ha provocado una reacción proteccionista de los Gobiernos, presionados cada vez más por sus sectores productivos y de opinión.

Tras el «tequilazo» de 1995[1], el antecedente inmediato de la crisis actual lo encontramos en enero de este año, cuando Brasil, para hacer frente a la tormenta monetaria y mantener sus compromisos con el Fondo Monetario Internacional, tuvo que devaluar su moneda. Esto dio una clara ventaja a las exportaciones brasileñas frente a las argentinas: en el primer trimestre del año, las ventas brasileñas de carburantes a Argentina aumentaron un 460 por ciento en comparación con el mismo período de 1998; las de tabaco aumentaron un 91,6 por ciento; las de calzados, un 68,9 por ciento; las de coches, un 53,1 por ciento... Si bien es cierto que la devaluación era para Brasil la única solución para gestionar su propia crisis, también lo es que ésta ha tenido enormes consecuencias negativas en la economía argentina que, al mantener la paridad con el dólar, ha sufrido una caída del PIB mucho más fuerte que la de Brasil. Esta situación ha provocado que, desde Argentina, se empiece a cuestionar la bondad de una integración que causa tales inconvenientes, proponiendo, como alternativa, el objetivo menos ambicioso de crear una simple zona de libre comercio. También hay quienes, del lado brasileño, se

---

[1] Se denominó «tequilazo» al movimiento expansivo de la crisis económica generada en México a partir de 1994 y durante 1995.

preguntan sobre la eficacia de mantener un acuerdo cuyos compromisos se juzgan negativos para su economía. En los medios de ambos países aparece con profusión este tipo de planteamientos.

En ese ambiente, la decisión de Brasil de otorgar ventajas fiscales a la instalación de una fábrica de la Ford en el Estado de Bahía provocó la inmediata reacción de Argentina, que dispuso la aplicación de salvaguardias e introdujo cuotas a textiles brasileños, y, además, propició la aplicación de restricciones en el seno del Mercosur, fundándolas en decisiones de la Asociación Latinoamericana de Integración (ALADI).

Todos los analistas coinciden en señalar que se ha llegado a una situación de máximo riesgo para el Mercosur en la peor crisis que atraviesa desde su constitución. Pero ¿la gravedad de la situación no debería plantear reflexiones sobre cuáles han sido los fallos y qué elementos podrían ser útiles en el futuro?

Un breve recorrido de la historia del Mercosur nos conduce a afirmar que se han producido notables y constantes avances desde que se decidió caminar con firmeza en el proceso de integración. La economía de los países miembros ha ido creciendo a un ritmo sostenido, se han intensificado los intercambios comerciales y las inversiones entre los Estados miembros y se ha convertido en un importante actor político internacional. Aunque se manifiesten algunos desequilibrios comerciales, como en la experiencia europea, el último logro señalado debería ser motivo suficiente, por sí mismo, para que el Mercosur buscara soluciones a la crisis, teniendo en cuenta su voluntad constitutiva y sus ventajas ante el desafío de la globalización.

Ser un actor político le ha permitido evitar un intento de golpe de Estado en Paraguay[2], preservar el adecuado funcionamiento de las instituciones democráticas, o llevar a cabo

---

[2] El intento de golpe de Estado en Paraguay se produjo el 19 de mayo de 2000. Al frente de la asonada estaban los llamados oviedistas, partidarios del general Lino Oviedo.

un diseño diferente de seguridad y defensa en estos países. Pero también ha supuesto poder llegar a acuerdos comerciales con Estados Unidos desde una posición más fuerte que la que representaba una negociación de Estado a Estado.

El Mercosur es algo más que la suma de los países que lo integran, porque tiene entidad y peso por sí mismo. Sus posibilidades no se limitan al comercio intrarregional, ni siquiera al que se produzca en el conjunto latinoamericano, sino que ha sido capaz de llegar al primer Acuerdo de Cooperación interregional que ha suscrito la Unión Europea. Esta dimensión que ha ido consolidando con Europa y con otras áreas, ¿no debería darle la suficiente fuerza para emprender las acciones encaminadas a armonizar los sistemas monetarios y desarrollar mecanismos automáticos de arbitraje?

Desde Europa, y en particular desde España, el Mercosur es la solución y no el problema. También para los españoles, la solución estaba en la Comunidad Europea. Pero todo proceso de integración requiere períodos de acomodación, pasa momentos de euforia integradora y momentos de pesimismo, en un camino siempre abierto. Ahí radica su gran fuerza creadora. El saldo final, en la experiencia europea de cuatro décadas y en la del Mercosur en los noventa, es claramente positivo.

Se han necesitado cincuenta años para construir la Unión Europea que hoy tenemos y, afortunadamente, las crisis superadas desaparecen de la memoria colectiva. Los avances que se han producido en el ámbito del Mercosur en apenas diez años son espectaculares. Por eso, ahora es el momento de encontrar vías de solución y remediar las carencias que todo proceso de integración tiene que ir afrontando.

El primer elemento que debería ser revisado es el que afecta a los sistemas monetarios. Mientras Argentina mantenga la paridad con el dólar y Brasil persista en el sistema de flotación, en el momento en que haya una crisis financiera y cada uno adopte las medidas necesarias para atajarla se reproducirán los desequilibrios y, de nuevo, el proceso del Mercosur correrá peligro. Europa dio una respuesta a este problema mediante la creación de un sistema de fluctuación dentro de una banda pactada. La experiencia podría adaptarse a las necesidades del Mercosur, añadiendo las medidas de adecuación comercial cuando la banda se sobrepasa por uno de los socios. Pero también habría que buscar respuestas en el procedimiento de solución de las crisis que irán salpicando el proceso. Hasta el momento, cada vez que surge un conflicto, los presidentes de los países del Mercosur tratan, directamente, de dar una respuesta al mismo. Es muy arriesgado dejar la resolución de los problemas a una sola instancia, y aún más si se trata de la máxima representación del Estado. Todos los sistemas complejos requieren fusibles. Si falla el primero, siempre se puede activar el segundo o el tercero. Pues bien, el Mercosur necesita instancias intermedias que intenten llegar a acuerdos, permitiendo a los presidentes decidir, pero sólo como último recurso. La convocatoria de una reunión en Montevideo el día 4 de agosto de 1999, después de días de gran tensión y enfrentamiento, trata de cubrir este vacío. Las autoridades de Brasil y Argentina han intentado rebajar el tono de las críticas y los reproches mutuos aceptando la celebración de la reunión entre representantes de ambos países y, en el caso de que no se llegara a un acuerdo, la designación de tres árbitros cuya decisión será inapelable. El presidente argentino ha retirado las medidas arancelarias como gesto ante la negociación prevista, pero parece evidente que el mecanismo es excepcional y frágil.

Resultaría paradójico que los dos países que pusieron en marcha en 1986 el proceso de integración del Cono Sur a través del Programa de Integración y Cooperación entre Argentina y Brasil (PICAB) no pudieran ahora superar sus diferencias después de los enormes esfuerzos realizados. En aquel momento se habló del paso de la llamada «cooperación por necesidad» a la «cooperación por decisión». Hoy estamos ante una realidad nueva, con una mayor fuerza y peso políticos. Nos encontramos ante un desafío que merece la pena ganar: una región que tiene un enorme potencial de desarrollo en todos los ámbitos, como lo muestra el simple dato de representar el cuarto producto bruto del mundo. Merece la pena explorar todas las vías posibles que ofrezcan una salida a la crisis actual y prevean mecanismos de futuro para consolidar el más importante ejemplo de regionalismo abierto de la historia de América Latina.

El País, 2 de agosto de 1999

En aquel momento no puse de relieve la enorme responsabilidad del Fondo Monetario Internacional en el desencadenamiento de esta crisis. Sus exigencias a Brasil no sólo eran negativas para la estabilización y recuperación de ese país, sino que afectaban gravemente a Argentina, como hemos visto después.

En fechas recientes hemos visto a Lula defender el espacio de Mercosur como uno de los ejes de su política. Incluso ha sugerido la idea de una moneda común.

Si las elecciones de Argentina conducen a un liderazgo que comprenda la importancia de esta propuesta de fortalecimiento de Mercosur, otro destino para esa región empezará a alumbrarse.

Marruecos: una mirada desde la otra orilla

Tahar Ben Jelloun, en su artículo sobre la muerte de Hassan II y la subida al trono de su hijo Mohamed VI (*El País*, 26 de julio de 1999, «Una nueva era para Marruecos»), nos explicaba la reacción del pueblo marroquí, su emoción y su respeto en esos momentos cruciales de la vida del país. Era un mensaje para nosotros, españoles en particular y europeos en general, que tenemos dificultad para comprender la identidad profunda de ese pueblo. Puedo imaginar a Ben Jelloun en Le Mirage, el pequeño hotel encaramado sobre las Grutas de Hércules, tan próximo a la costa española y tan lejos de nuestra capacidad para entender la personalidad de nuestros vecinos.

Pocas semanas después, Juan Goytisolo, mezclando ironía y sarcasmo, nos describía desmemoriados y arrogantes en nuestra «tolerancia» cuando nos paseamos de turistas por Marraquech o «instruimos» a la servidumbre que nos llega en oleadas de dramáticas pateras.

Desde esta orilla, próxima y remota, sobre las pequeñas colinas que envuelven el asentamiento romano de Bolonia, miro la costa marroquí. Como en un escenario de teatro, aparece la Bahía de Tánger, en una esquina, y el Cabo Espartel de nuestras desdichas pesqueras, en la otra. Una foto, límpida de poniente, fue mi regalo y mi explicación de la «cosa» Magrebí a mis ex colegas del Consejo Europeo, cuando empezamos la discusión sobre la Política Mediterránea de la Unión.

Hace años que inicié una relación intensa con Marruecos, política y personal, intentando superar los prejuicios y las desconfianzas que me acompañaban, como a la inmensa mayoría de mis compatriotas. Se mezclaban en mi propósito la defensa de un interés de España, coherente con mi responsabilidad, y un deseo personal de aproximación a las raíces de Al-Andalus.

Siento por Marruecos creciente respeto y afecto, en la medida en que me acerco a su rica identidad cultural, a su sentido de la hospitalidad, a su capacidad de convivencia con el otro. Creo que es la personalidad más definida de lo que conozco en el mundo árabe musulmán, tal vez porque no llegó a su territorio el Imperio Otomano.

Ahora, la muerte de Hassan II[1] abre una nueva etapa histórica cuyos trazos ya habían sido atisbados por el rey fallecido. Una nueva «era», dice Ben Jelloun, marcada por el impulso de modernidad, desde el respeto a su identidad. La conjugación de estos elementos estaba simbolizada en la Corona, en una época especialmente compleja de construcción de la independencia, de cambios acelerados en Occidente, tecnológicos y políticos, y de turbulencias sin fin en el mundo árabe poscolonial. El Marruecos que he conocido en los últimos diez o quince años es el país más pluralista e incluyente del mundo árabe; el único en que los judíos, por serlo, no se han sentido excluidos de la convivencia. En muchas ocasiones, el fallecido rey me expresó su voluntad de facilitar la alternancia democrática, modernizar y abrir la economía de su país incorporando nuevas tecnologías, para legar a su heredero un reino que entrara en el siglo XXI al ritmo de los nuevos tiempos de la globalización. Hassan II, más allá de las críticas que se le han hecho en su largo reinado, era uno de los más lúcidos estrategas que he encontrado en mi vida política.

Su hijo, el rey Mohamed VI, al que conozco desde su adolescencia, fue preparado, como recuerda Ben Jelloun, para el «oficio de Rey» desde esa doble perspectiva: encarnar la tradición —identidad cultural y religiosa— y desarrollar la polí-

---

[1] El rey de Marruecos murió el día 23 de julio de 1999.

tica de modernización trazada por su padre. Conoce, como pocas gentes, la Unión Europea y el entramado de la ONU. Conecta generacionalmente con un pueblo extraordinariamente joven, fruto de la explosión demográfica de los últimos treinta años. Asume la Jefatura del Estado un par de años después de que llegara al Ejecutivo un resistente socialdemócrata, como manifestación clara de la alternancia democrática. La inmensa mayoría espera de él que produzca el «milagro» de saltar a la modernidad desde la identidad propia.

El desafío es apasionante: consolidar el pluralismo iniciado por su padre, con el primer ensayo de alternancia democrática en el poder; incorporar los avances de la revolución tecnológica para transitar hacia la nueva economía abierta, modernizando las estructuras políticas y sociales de su país; y hacerlo desde la plataforma de la identidad cultural de Marruecos.

Se equivocan los que piensan desde esta orilla que esa identidad y la modernidad son incompatibles, porque sólo ven la superficie de algunas luchas de poder, trufadas con frecuencia de apelaciones fanáticas de rechazo a la otredad como forma de mantener privilegios que poco o nada tienen que ver con la identidad cultural o religiosa, como nos recuerda lúcidamente Fátima Mernisi[2]. De esa identidad profunda nos llegaron, hace siglos, avances desconocidos en Occidente, sin los que hoy no podríamos explicar lo que somos, en las matemáticas, en la medicina, en la poesía y en la filosofía. A través de ellos conocimos Atenas y comprobamos la convivencia posible y respetuosa entre las religiones del Libro.

Al-Andalus fue la cumbre y el comienzo de la decadencia secular que permitió la sustitución de la primacía oriental por la hegemonía de Occidente. Por eso me preocupa la incomprensión de españoles y europeos. Porque la gran oportunidad, cargada, como todas, de riesgos, nos incumbe y nos implica directamente.

---

[2] La escritora Fátima Mernisi es autora de *El miedo a la modernidad. Islam y democracia*.

Si la teoría de Huntington sobre el Choque de Civilizaciones fuera cierta[3], y en gran medida lo es, después de la caída del Muro de Berlín y de la liquidación de la visión simplificada de dos modelos antagónicos, el Mediterráneo sería el tubo de ensayo más complejo y perfecto de la misma. En ningún lugar del planeta se concentran más diversidad cultural, más diferencias sociales, más problemas demográficos, que en torno a este pequeño mar interior que compartimos. Si dividimos el milenio que acaba en dos mitades, la primera era de hegemonía de aquella parte; la segunda, de ésta. ¿Cómo será en el futuro?

Para Huntington, sería necesario estar preparados para el enfrentamiento inevitable. Para mí, es necesario prepararse para la convivencia y la cooperación deseables y posibles. Así lo intenté con Marruecos durante mi etapa de Gobierno, cambiando incluso la concepción de la defensa, además de estimular inversiones y firmar un Tratado de Amistad y Cooperación. Así lo quise cuando presidía el Consejo Europeo y convocamos la Conferencia de Barcelona, o cuando peleé la financiación mediterránea con Helmut Kohl en el Consejo de Cannes, presidido por Chirac[4].

Todos esos procesos están ahora en una incomprensible parálisis. Ahora que Marruecos dispone de un Gobierno en sintonía con la mayoría de los de la Unión Europea, ahora que los marroquíes están empeñados en superar las trabas del aparato administrativo obsoleto, mal pagado e ineficiente o de una justicia lenta y sin leyes homologables, con el propósito de que funcione un Estado moderno. Ahora que están empeñados en reordenar la deuda que los agobia, consumiendo una parte del presupuesto imprescindible para mejorar el capital físico y el capital humano del país.

Marruecos es, en el mundo árabe y musulmán, la muestra más avanzada de identidad, pluralismo político y voluntad

---

[3] Samuel Huntington es autor del libro *The crash of civilizations*, 1996.

[4] El Consejo Europeo de Cannes se celebró durante los días 26 y 27 de junio de 1995.

de reforma. Es el país con mejores condiciones para avanzar en un proyecto de cooperación con Europa con resultados positivos para ambas partes.

No queda mucho tiempo, porque el Gobierno marroquí puede agotar su legislatura sin los avances sociales que lo legitimen para seguir progresando. Su reto es doble y contradictorio en el corto plazo. Si no mejora el instrumento para desarrollar políticas sociales eficientes, reformando el aparato institucional del Estado, no podrá satisfacer las demandas que le han dado legitimidad y le han hecho depositario de esperanzas considerables. Pero esto exige tiempo, recursos y superación de resistencias muy fuertes de viejos intereses creados. A su vez, este tiempo y estos recursos van a retrasar los objetivos finales de educación, sanidad, empleo, que son los que realmente percibirán los ciudadanos como un cambio de situación coherente con sus expectativas. Es fácil imaginar esta contradicción temporal, aprovechada por involucionistas agraviados por la pérdida de privilegios semifeudales. La agitación demagógica puede liquidar los márgenes de maniobra del Gobierno y conducirlos al fracaso.

En lo que he conocido de Marruecos, esta experiencia de alternancia y modernización del Estado, con políticas sociales más adecuadas, son el fruto de la convergencia de dos voluntades: la del propio rey fallecido, que ahora recogerá el nuevo rey, y la de la mayoría social de jóvenes que esperan los beneficios del cambio para despejar su incierto futuro. Sin esta convergencia, aunque cueste comprenderlo desde nuestra cultura política, el nuevo Gobierno hubiera sido imposible. Pero si los beneficiarios potenciales son muchos, los perjudicados reales son potentes y no se resignarán. En todo tránsito histórico, las fuerzas involutivas y las del cambio siempre estarán presentes, como bien sabemos los españoles. Si la ceguera arrogante, o el simple desconocimiento de lo que está en juego, continúa de esta parte del Mediterráneo, estaremos contribuyendo a debilitar el cambio y dando ocasión a la involución. Marruecos y el nuevo rey Mohamed VI merecen una apuesta de confianza expresada en cooperación decidida para superar los desafíos. Merecen que nos acerquemos a conocerlos como son, con su gran cultura, con su fuerte identidad y con sus deseos de modernidad. A ellos les va mucho en la apuesta. A nosotros, tanto o más. La estabilidad y el progreso de ese gran país magrebí condicionará a todos sus vecinos, para lo bueno, si ganan su desafío, o para lo malo, si lo pierden. Pero esa pieza del tablero mediterráneo, hoy día la más importante, condicionará también la estabilidad del norte, la nuestra. Aunque sólo fuera por egoísmo inteligente, deberíamos hacer algo. No digamos si hablamos de solidaridad.

El País, 12 de septiembre de 1999

Una de las prioridades de la política exterior de la democracia española ha sido su relación con los vecinos del Mediterráneo. Entre ellos, hace veinte años que insisto, Marruecos es el fundamental.

Sin embargo, en los últimos años nuestra relación bilateral se ha ido descomponiendo, hasta situarnos en los momentos más difíciles.

Ahora, parece que se recupera la normalidad perdida, lo que constituye una buena noticia para ambas partes.

Mi preocupación, cuando escribo esta nota, se centra en los efectos para la relación con el conjunto de los países árabes mediterráneos, de la política del Gobierno respecto de la estrategia de la Administración Bush. ¿Cuál será el efecto de un conflicto con Irak en las poblaciones del mundo árabe? ¿Cómo percibirán el alineamiento incondicional del Gobierno de España?

De Bariloche a Jalisco, España y América

La identidad es un laberinto apasionante. Por identidad se mata —como dice Amín Malouf[1]—, se rechaza la otredad, se afirma lo propio, sin saber muy bien qué es lo que lo diferencia ni lo que lo hace próximo. La identidad puede encerrarnos en lo local cegándonos a la diferencia o proyectarnos a lo universal. (Nada más universal que nuestro don Quijote, en su odisea manchega). La afirmación de la identidad puede ser excluyente o incluyente, conducir a la intolerancia o al diálogo con el diferente.

Mi descubrimiento de América ha sido mi identidad, al menos una parte decisiva de ella que me permite aprehender España. Me siento español en América, cargada, hasta Canadá, de toponimias españolas, de apellidos de todos los rincones de nuestra geografía.

En la celebración del centenario de la Sociedad General de Autores de España traté de explicar cómo había llegado a ese laberinto identitario. «Si hablo con un amigo alemán», les dije, «siento la diferencia entre el español que soy y el alemán. Si ambos hablamos con un japonés, me siento como europeo, conversando con alguien diferente. Pero si el interlocutor de ambos es latinoamericano, mi identidad más próxima está con él. No siento que dos europeos hablan con un latinoamericano, sino que dos hispanos hablan con un ale-

---

[1] Amín Malouf, escritor libanés, ganó el Premio Goncourt en 1993 y es autor de *Las identidades asesinas.*

mán». No lo pienso, como lo estoy haciendo ahora, lo siento. Es algo prerreflexivo, como casi todo lo que se refiere a la identidad.

«Es la lengua», me dicen algunos. «Es verdad y es mentira», pienso en mi fuero interno. La lengua aproxima y distancia, porque es más instrumento que identidad. Puede hacernos sensibles a la identidad del otro, pero también distanciarnos si la confundimos con la nuestra. Aproxima si se es sensible a las diferencias. Distancia si no se tienen en cuenta. No hablo sólo de españoles y latinoamericanos, porque también ocurre con los chilenos en relación con los peruanos, con los mexicanos y los argentinos, y así sucesivamente.

Desde Bariloche a Jalisco he tocado muchos rincones de la geografía humana de las Américas. Al presidente Sanguinetti[2], cuando proponía en el Círculo de Montevideo que discutiéramos de los Caminos de América Latina, le sugería que pusiéramos en plural no sólo «caminos», sino América Latina, porque las diferencias entre distintos pueblos del continente pueden ser grandes cuando de identidad se trata.

La patria no es la lengua, aunque a nuestros «trasterrados» les resultara vital para integrarse en este continente, o aunque los nacionalismos de vía estrecha nos lo quieran hacer creer. Por cierto, en tierras mexicanas he encontrado a viejos exiliados que se van agotando en estos pagos que los acogieron, pero que plantaron hijos y nietos que se me acercan para hablarme de sus raíces con orgullo y con afecto. Ninguno cree que hablar de ellos sea como «hablar de los vikingos», como afirman despectivamente los dirigentes del PP, a propósito del debate sobre el exilio, el golpe de Estado y la guerra incivil que padecimos. ¡Está tan próxima la tragedia que los trajo aquí...! ¿Por qué los ofenden, sin comprender siquiera la otredad de los que perdieron la contienda, tan españoles y tan actuales como ellos, como sus padres y sus abuelos?

---

[2] Julio María Sanguinetti fue presidente de Uruguay desde 1985 hasta 1990 y desde 1995 hasta 2000.

Este largo exordio sobre los problemas de la identidad es el fundamento de lo que me preocupa en nuestra relación con Iberoamérica.

Acabo de oír, en San Francisco, la resolución sobre la extradición a España de Pinochet, cuyo golpe de Estado es tan condenable como el de Franco. En 1973, cuando se produjo, en 1977, cuando visité Chile para sacar de la cárcel a algunos presos políticos, que fueron después amigos, en 1999, cuando se juzga a Pinochet, mi posición ha sido la misma: estoy con las víctimas, sin justificar a los victimarios; con los que creen en la democracia, frente a los violentos redentores. Nada tiene que ver mi posición con los que justifican o explican el comportamiento de los golpistas. A pesar de eso, he mantenido que Pinochet debe ser juzgado por los tribunales de su propio país, hoy democrático, o por un Tribunal Penal Internacional, con las garantías que los dictadores no dan a sus víctimas, y que nosotros no tenemos «derecho» a ser los juzgadores. Hoy, ante la resolución de la justicia británica, desearía no tener razón, que los acontecimientos por venir se la den completa a jueces y responsables políticos de mi país[3].

Mi respeto sigue siendo, sin embargo, para los que creo que tenían y tienen toda la razón al reclamar justicia: las víctimas. A ellos, específicamente a ellos, quiero pedirles excusas por si alguna vez no han entendido mis palabras. En otra dimensión del problema, me atengo a la solidaridad de siempre con los demócratas chilenos, que me parecen los únicos intérpretes legítimos para definir lo que sea el destino de su democracia. Si me equivoco, prefiero hacerlo con ellos, para no perder la sensibilidad a la identidad del otro. ¿Alguien está midiendo las consecuencias de lo que digo? De nuevo el problema de la identidad emerge para confundirnos. Hacemos con Chile lo que no osamos hacer con nosotros mismos. ¿Por qué?

---

[3] Jack Straw, en su condición de ministro del Interior, tenía potestad para decidir la suerte de Augusto Pinochet, detenido en el Reino Unido. Tras un largo proceso judicial, Straw concedió la libertad al dictador.

En los últimos tres años he viajado más de cuarenta veces al continente americano. La salida del Gobierno me ha permitido intensificar las visitas a Iberoamérica, que venía manteniendo, con interés creciente, durante más de un cuarto de siglo. Me empeño en un diálogo hispanoamericano que ocupe desde Río Grande a la Patagonia, pasando por el Caribe y por los hispanos de EE UU. No me resigno a lo que se presenta como inevitable: el diálogo euro-dólar. En ese triángulo Europa-América del Norte-Iberoamérica hay algo más, mucho más que lo monetario, y nosotros tenemos la obligación de darle valor.

Durante la gestión de mi Gobierno, quería que nuestra relación con el continente americano pasara de la retórica de tantas décadas, casi siempre vacía de contenido, a los compromisos reales con esa otra dimensión de nuestra identidad que es América. Ahora que nuestros compromisos son fuertes, que nuestra presencia afecta a las terminales sensibles de la vida cotidiana de millones de ciudadanos latinoamericanos, echo de menos la capacidad de entender y asumir las diferencias. Un poco de retórica machadiana.

Me gustaría que nuestra relación de intereses fuera acompañada no sólo del mutuo beneficio material, sino de una interacción cultural, en el sentido más profundo de la palabra. Un diálogo con el *logos* imprescindible para comprender la otredad de este mundo tan próximo y tan lejano a nosotros. Si no lo hacemos, los intereses, en esta «civilización del mercado», pueden separarnos en lugar de acercarnos, y la lengua, como territorio virtual de lo común, puede convertirse en instrumento que hiere, que distancia.

La España democrática y moderna, que pasó en veinte años de ser un país «emergente» a ser considerado como «central», que pasó del autoritarismo a la democracia, ha sido acogida con gran esperanza por los demócratas de América Latina. Nuestras empresas no deben olvidar que ésa ha sido la imagen de marca que facilitó la presencia real de nuestros intereses al otro lado del Atlántico.

«Si ha sido posible en España, que sólo sabía mandarnos "trasterrados" políticos o económicos, tiene que ser posible

114

aquí», he oído en todas partes. Pero les debemos tanto históricamente que tienen derecho a esperar que lleguemos como lo que somos, no como aguerridos ejecutivos de Wall Street, porque para ese viaje tienen alforjas mucho más próximas y apropiadas.

Pero, además, ante los desafíos de la globalización, ¿hay tanta distancia entre nuestros pesares y los suyos, vale decir entre nuestras carencias y las suyas? Creo que estamos más cerca de Iberoamérica de lo que imaginamos en España, en cuanto a riesgos y a oportunidades. Y si en el fondo no fuera así, estaríamos perdiendo el tiempo con inversiones de tanto fuste y tan vigiladas desde el Norte.

Nuestro futuro como españoles en Europa pasa, sin que sea un capricho de la geografía, por Iberoamérica, por nuestra capacidad de interacción con esta parte de nuestra identidad que no debemos confundir con nosotros. Cualquier fracaso de América Latina a la hora de afrontar los retos de la revolución tecnológica, de la economía y de las finanzas globales será también nuestro fracaso.

En América Latina hay déficit educativo cuando se habla de la sociedad del conocimiento. Hoy es mayor que en España, sin duda. Hay carencias de infraestructuras (capital físico), claves en los sistemas de comunicación en la globalización, también mayores que en nuestro país. A ello podemos añadir diferencias de rentas, de sistemas sanitarios, etcétera. Sin embargo, cuando se recorren las tierras de América, es fácil comprender que sus élites son semejantes a las nuestras, cuando no superiores, en letras, artes, ciencia, política o economía.

Me preocupa más el grado de evolución en la configuración institucional de un Estado moderno. En particular, me preocupa ese desarrollo en un momento histórico de crisis del Estado-nación como consecuencia del fenómeno de la globalización. Se trataría de resolver una crisis de adaptación antes de haber llegado a la plenitud de la conformación del propio Estado. Pero a los españoles no nos resulta ajeno este problema. Nuestras ventajas relativas se convierten en desventajas inapelables cuando nos perdemos en tensiones nacionalistas que incuban miniproyectos de Estados-nación, con los vicios del viejo Estado-nación, homogeneizador y excluyente.

Pero, sobre todo, compartimos una carencia que puede resultar decisiva ante los desafíos de la nueva era. Ésta sí, de la parte común de la identidad. Ni aceptamos el éxito ajeno, ni perdonamos el fracaso. En el fondo, nos falta espíritu emprendedor. Por eso no tenemos ni capital riesgo, ni emprendedores de riesgo. Mientras sigamos prefiriendo para nuestros hijos e hijas el sueldo seguro del funcionario público, o del empleado de una gran empresa establecida, no tendremos el «estado de ánimo» que está exigiendo la nueva era que emerge del fenómeno de la globalización. Y si esto es así, sería ridículo esperar algo distinto de nuestros sistemas educativos, que transmiten conocimiento pero no cambian las actitudes de fondo.

Sólo salvamos de la quema a los creadores culturales exitosos. A los que tienen dificultades también los arrojamos a la sima de los fracasados.

Y no estoy hablando de fomentar el individualismo mercenario competitivo, sino de premiar el espíritu emprendedor (capaz de crear, innovar, producir), añadiendo valor y, esencialmente, solidaridad en todos los campos: social, político, cultural y empresarial.

Es nuestro espacio de acción común con América Latina, que podemos desarrollar con el instrumento de la lengua, pero que exige diálogo para comprender al otro, que nos es próximo pero diferente.

El País, 14 de octubre de 1999

Siempre he visto a Iberoamérica como una de las principales prioridades de nuestra proyección exterior. Además, esa realidad compleja del continente nos ayuda a comprendernos a nosotros mismos como españoles.

La reflexión sobre la identidad, en medio de la confusión que vivimos en la realidad diversa de España, cobra cada día un sentido mayor para nuestra convivencia.

Los momentos actuales son extraordinariamente difíciles para todos, pero para esa región del mundo sumida en una crisis económica, social y política, lo son especialmente.

La esperanza despertada por el triunfo de Lula debería concentrar nuestra atención y solidaridad para que salga adelante.

La caída del Muro.
Izquierda y derecha una década después

En el empeño de ir construyendo unas memorias del futuro, en estos días me viene a la cabeza ese gran acontecimiento que bautizamos en falso y seguimos llamando la «caída» del Muro de Berlín. ¿Recuerdan que no se cayó, sino que lo derribaron miles de seres humanos que querían salir del «paraíso comunista»? Solo, sin ese impulso que mueve la Historia, hubiera durado más que la muralla china.

Es verdad que la historia anticipa lo que va a ocurrir, pero no cuenta con la ceguera de los que deberían atisbar estos signos, especialistas de servicios, avezados analistas o responsables políticos.

Aquella noche del jueves 9 de noviembre, alertado por el eficiente gabinete telegráfico de Moncloa, contemplé, asombrado y emocionado, la imagen de lo inimaginable: una marea incontenible arrasando la Bastilla del siglo XX, doscientos años después. Sentí la irreversibilidad del hecho histórico y, en la madrugada, llamé a dos amigos: H. Kohl y W. Brandt. No sabía qué decirles, salvo que quería compartir las emociones que estarían sintiendo. La historia estaba cambiando ante nuestros ojos. El caballo pasaba al galope, rompiendo la barrera que dividía Alemania y Europa, sin jinete, sin riendas, ante el estupor de unos, el miedo de otros y el desconcierto de todos.

Las construcciones de posturas previsoras que he oído o leído a posteriori fueron tan falsas como inútiles para los que vivimos los acontecimientos desde responsabilidades de poder.

Tan inútiles como las que se pusieron a calcular, dentro y fuera de Alemania, costes y beneficios de la unificación, frente a los saldos del mantenimiento de la división, sin ser capaces de comprender que no era una cuestión de razonamiento o de cálculo, sino de sensibilidad ante lo irreversible del acontecer histórico; de capacidad para captar el momento.

Todavía hace pocas semanas, en Francfort, pregunté a H. Kohl en qué minuto de aquella noche increíble había saltado al caballo desbocado que pasaba. No me interesaba el razonamiento, sino la percepción, porque, si de razonar se hubiera tratado, el caballo de la historia habría pasado de largo.

Al día siguiente, tras el Consejo de Ministros, no podía dejar de pensar en lo ocurrido y, ahora sí, en sus consecuencias. El sábado, muy temprano en la mañana, llamé al ministro Fernández Ordóñez (Paco para sus amigos, dentro y fuera de España). Olvidé que iniciaba un viaje con su colega francés R. Dumas a Túnez, representando a la troika comunitaria. Me lo pasaron en el aeropuerto de Barajas, esperando a Dumas para salir.

La conversación fue del siguiente tenor: «Ministro, no sé si has leído *Oración por Owen Meany*, de J. Irving». «No», me respondió. «Ya sé que vais a encontraros con Arafat». Empezó a reír, descifrando anticipadamente la broma. «Es una magnífica novela», le dije, «que te hubiera venido bien haber leído en este momento. El personaje, estudiante norteamericano, critica con acidez a su Gobierno por su intervención en Vietnam, repitiendo a lo largo de la obra y a medida que la implicación se hacía mayor: "Me parecía que íbamos en la dirección equivocada". Y por eso te llamo, porque me parece que vamos en la dirección equivocada. Parece que la cosa está en Berlín». Soltó la carcajada y me preguntó qué hacíamos.

«Dile al ministro francés que convenza a Mitterrand de la necesidad de convocar, inmediatamente, una Cumbre Extraordinaria. Yo no quiero llamarlo directamente porque sé lo que estará pasando por su cabeza. Se va a resistir, pero insístele al ministro». Tres horas más tarde, desde Túnez, recibía la respuesta negativa. «Dice Mitterrand», me comunicaron, «que estamos a un mes de la cumbre ordinaria y que le parece mejor esperar». «Insistan de nuevo», les respondí, «y si lo estimáis necesario yo le llamo».

Pero no fue necesario. En la tarde del sábado, Giscard d'Estaing saltó a la televisión, criticando a la Presidencia por no convocar el Consejo ante un hecho tan importante para Europa. Mitterrand reaccionó entonces con una *petit frase* tan habitual en su estilo. «Ya estamos estudiando la convocatoria inmediata entre los miembros de la troika».

Una semana más tarde nos reuníamos en el Elíseo, en un extraño Consejo Extraordinario-cena, en torno a una mesa exquisita, que me dio la impresión de estar convocado para cubrir el expediente y ganar tiempo para la respuesta. Aún hoy me parece pronto para hablar de los entresijos de aquel encuentro y del de diciembre en Estrasburgo, precedido por la visita de Mitterrand a Gorbachov en Kiev, que devolvieron a todos la memoria histórica adormecida, rompiendo algunos lazos políticos y personales y recreando o reforzando otros.

La década de los ochenta, presentada a bombo y platillo como la del «reaganismo» y del «thatcherismo», la del avance incontenible del nuevo conservadurismo, trufado por los neoliberales, iba a terminar con la caída del Muro y la derrota del comunismo. Era lógica la exaltada reacción de las derechas: ¡es el fin de la historia, el triunfo del pensamiento único, del modelo universal, que equipara democracia y mercado!

La socialdemocracia, desconcertada ante la avalancha arrogante del nuevo fundamentalismo, se puso a la defensiva, tratando de marcar distancias entre el modelo comunista, del llamado «socialismo real», y su identidad pluralista y libertaria. Como si fuera necesario demostrar lo evidente: el socialismo democrático había sido, desde la República de Weimar, la víctima principal de «los hermanos separados». Éramos los «socialtraidores», porque la defensa de la libertad hacía el juego a la burguesía.

Han pasado diez años. Ha comenzado una nueva era, de la que fue símbolo político la caída del Muro. La derecha ha pagado cara la interpretación simplista de la realidad, su agresiva arrogancia. El electorado se ha vuelto hacia los desconcertados, como los votantes mismos, hacia los que temían el arrasamiento de conquistas sociales, la confusión entre mercado y democracia. Pero no hemos salido del desconcierto. La incertidumbre continúa y los triunfos pueden ser efímeros.

La Tercera Vía corre el peligro de convertirse en el camarote de los hermanos Marx, al que suben en montón figuras descreídas o tan de derechas que dicen que no son ni de izquierdas ni de derechas. Vean al señor Aznar (o a sus nuevos amigos en América Latina), que proclamaba la muerte del socialismo democrático y ahora se reclama de la Tercera Vía, pasando sin transición de la pasión «thatcherista» a la «blairista». Esperando cambiar de nombre, de camisa, o de lo que haga falta, mañana. Hay profusión de terceristas. Guiddens debe pensar que el verdadero fin de la historia es la Tercera Vía, por la que circulan todos, sean cuales sean sus valores o sus objetivos.

Sin embargo, la Tercera Vía ha sido un esfuerzo a tener en cuenta seriamente frente a la resignación y a las actitudes defensivas. Es su mérito principal. Es más una propuesta de futuro que una defensa resignada del pasado. Pero su vocación universalista, que ha dado la imagen de panacea instrumental, ha creado la confusión, facilitando el viaje a todos los oportunistas sin convicciones.

El Muro fue derribado por la gente que atisba el futuro. El futuro que le negaba el sistema comunista. No sólo porque oprimía las libertades, despreciaba el ecosistema o discriminaba a los ciudadanos más que el peor capitalismo, sino porque era la apuesta perdedora en la competencia por la revolución tecnológica. Nadie lo explicó, pero la perestroika tuvo que acompañarse de la *glasnost*, y ese espejo les devolvía la imagen de su inmenso fracaso.

El error de la derecha neoconservadora fue su arrogancia simplificadora. Pensar, como lo hicieron, que las gentes se habían rebelado contra una sociedad igualitaria, cuando lo que percibían era el igualitarismo cuartelario para los más y el privilegio sin límites para la nomenclatura. Pensar, como lo hicieron, que la conversión era al dios del mercado y no al oxígeno de la democracia. Pero tardaron los dirigentes comunistas más jóvenes, tan descreídos como sus conciudadanos sobre su sistema, en cambiar su oferta frente a esta agresión del nuevo fundamentalismo, recuperando, por los votos, el apoyo que sabían que les faltaba por las botas.

El error de la izquierda socialdemócrata fue la confusión entre instrumentos y objetivos. La resistencia al cambio, producida por la ceguera interpretativa de los acontecimientos, que los puso a la defensiva. A pesar del desconcierto frente a la agresividad del neoconservadurismo, conectó con el estado de ánimo de los más, ante lo que percibían como amenaza al bienestar adquirido.

Pero ni lo uno ni lo otro puede durar.

La derecha aprende a camaleonizarse, disimulando la estupidez de confundir todo lo que añade valor para los ciudadanos con el mercado. «Todo necio confunde valor y precio». Confunden, como denuncia Jospin, economía de mercado con sociedad de mercado. Empiezan a reaccionar diciendo que los laboristas o los socialdemócratas en el poder son la confirmación de su triunfo, no de su fracaso.

La izquierda debe salir del desconcierto y de la actitud defensiva. El mercado está bien, digámoslo de una vez por todas, y recordemos que no hay democracia sin economía libre, sin propiedad privada. Pero recordemos a los desmemoriados que también hay mercado en la dictadura. Por tanto, mercado y democracia no son equiparables. Esa pareja funciona en una sola dirección, porque si al señor mercado no le salen las cuentas con la señora democracia, se busca a un Pinochet que le eche una mano.

Dejemos de estar a la defensiva porque el futuro ya llegó. Los instrumentos que nos sirvieron para avanzar hacia nuestros objetivos solidarios están cambiando. Hoy se puede ser solidario por Internet, si se quiere, por poner el ejemplo que

123

más se cuestiona. El problema de nuestro desafío no es de inteligencia sino de voluntad, porque si estamos abiertos a la comprensión de los cambios, si escuchamos con atención por dónde suenan los aires de la historia y no sólo los oímos como si lloviera, aferrados a nuestras interpretaciones previas, podemos avanzar en el diagnóstico, aprovechar los nuevos instrumentos. Para eso es para lo que reclamo voluntad.

De nuevo trato de jugar con la paradoja. Gramsci era «pesimista de la inteligencia y optimista de la voluntad», porque comprendía la épica voluntarista de la revolución imposible, pero lo mataba su comprensión de la realidad.

Hay una épica del reformismo, más suave, más humana, que permite, hoy, volver la reflexión por pasiva: «Se puede ser optimista de la inteligencia, porque se puede comprender y cambiar la realidad. Mejorando las condiciones de existencia de los seres humanos; no se puede ser optimista de la voluntad ante tanto mercenario descomprometido con la suerte de los demás».

La izquierda del siglo XXI tiene ante sí una tarea apasionante.

Octubre, 1999

Con este artículo se produjo una confusión y se entregó el texto que no había sido revisado. Como estaba incompleto, he sustituido el publicado en el periódico por el que debió aparecer, cuyo contenido expresa mejor la intención del momento.

El día de la publicación coincide con el del Congreso de la Internacional Socialista en París y yo pretendía introducir un claro mensaje a la izquierda sobre las posibilidades que había abierto la caída del Muro de Berlín. En la versión publicada faltaba, precisamente, ese mensaje final.

La confianza rota

En mayo de 1998 escribí en *El País:* «Imaginen ustedes que en los próximos meses, cerca de las elecciones vascas, deciden unilateralmente o de forma acordada con los que ellos quieran, una tregua de dos o tres meses [...]. Como no hay respuesta posible políticamente, o, mejor dicho, sólo se les puede ofrecer lo que a los demás ciudadanos de Euskadi y de toda España, a continuación los terroristas recargarán sus armas y los cínicos de HB dirán que la culpa es del Gobierno, porque ellos y ETA ya lo han intentado. Por desgracia no serán los únicos que lo digan»[1].

Reconozco mi error. La «tregua indefinida, pero no incondicional», ha durado catorce meses, no dos o tres. Llegó el 3 de diciembre, acompañada del mensaje del terror. El anuncio de los violentos domina los medios de comunicación y la agenda política nacional.

Mi memoria se retrotrae a diciembre de 1995. El sello de ETA en el terrible atentado del puente de Vallecas, antes del Consejo Europeo de Madrid, después de siete meses de lo que, en su argot militarista, llaman «parada técnica». Como un anuncio de su precampaña, que seguirían con el asesinato en febrero de Fernando Múgica en presencia de su hijo y, el día 14, de Francisco Tomás y Valiente, en su despacho de la Universidad Autónoma de Madrid. La indignación popu-

---

[1] El artículo «La amenaza terrorista» se publicó el día 18 de mayo de 1998, y se incluye también en esta recopilación.

lar era palpable en el ambiente, y estalló en el inmenso grito de protesta tras la muerte de Tomás y Valiente: «Vascos, sí; ETA, no».

En junio de 1995, ETA había acudido al argentino Adolfo Pérez Esquivel, premio Nobel de la Paz, para que hiciera llegar al Gobierno una oferta de diálogo. Decidimos comprobar si el mensaje provenía de los que mandaban en la banda e iniciamos algunos contactos para averiguar si estaban dispuestos a dejar de matar, como condición para hablar. Pero una vez más fue imposible. Volvieron a matar.

Las fuerzas democráticas, desde el PNV y EA, pasando por IU y los nacionalistas catalanes, estaban con el Gobierno frente a ETA, a pesar de la crispación provocada. El espacio político de ETA y su entorno seguía reduciéndose. El único pacto vigente para todos era el de Ajuria Enea. El grupo dirigente del PP, encabezado por Aznar, apoyaba formalmente el pacto, mientras criticaba con extremada dureza al Gobierno y a los nacionalistas. Su discurso conectaba con la indignación popular, cargando sobre el Gobierno la responsabilidad de la actividad terrorista, por ineficacia. Su programa era aún más duro, rompiendo los compromisos de los partidos democráticos en los pactos antiterroristas. En la manifestación que siguió al asesinato de Tomás y Valiente, Aznar llegó a decir que la gente salía a la calle, contra ETA, «y contra el Gobierno». Después, pasadas las elecciones, ni discurso ni programa se hicieron realidad. ¡Por fortuna!

Meses después, llegaron las horas dramáticas del secuestro y asesinato de Miguel Ángel Blanco, con demostraciones masivas de indignación y rechazo, pero nadie culpó al Gobierno de Aznar. Hubiera sido inconcebible una irresponsabilidad de esa magnitud. Las cosas habían cambiado, porque la oposición era otra y tenía claro de quién era la responsabilidad del terror. Pero algo iba naciendo en la sociedad, como el Foro de Ermua, Manos Blancas, etcétera, y algo se iba quebrando entre las fuerzas democráticas: la confianza.

Pasados cuatro años, la amenaza conmueve a la sociedad y las fuerzas políticas democráticas se mueven en círculo, más enfrentadas, más divididas que nunca en la transición española. Deberíamos preguntarnos: ¿cómo ha cambiado tanto el escenario político si la amenaza sigue siendo la misma? ¿Qué estamos haciendo mal para que se produzca esta división que sólo beneficia a ETA y a sus propósitos? ¿Cómo recuperar la confianza necesaria para restablecer el diálogo y el acuerdo entre los demócratas?

En lugar del diálogo, aumentan las descalificaciones, las comparaciones ofensivas y desproporcionadas. De esta forma, la amenaza de ETA, aun sin matar, ya ha cumplido una parte de sus propósitos. Si, como es de temer, asesinan o secuestran, ¿a qué punto de ruptura de la política democrática nos van a llevar?

Deberíamos reconocer la situación tal como es, aunque nos cueste, como punto de partida para avanzar.

Los pactos antiterroristas de las fuerzas democráticas —de Ajuria Enea y Madrid— han dejado de existir y es inútil tratar de convocarlos. Más inútil aún es la atribución recíproca de responsabilidades. Sólo queda la solución de recomponer la confianza, mediante el diálogo de todos los que prefieran la palabra a la pistola. Nos jugamos algo más que votos, aunque la última palabra siempre sea la que se expresa con los votos. Si es cierto que PNV y EA, además de IU, se separaron del Pacto de Ajuria Enea, también lo es que el PP lo había hecho antes, incluso en su programa electoral. Ahora no tiene objeto entrar en esa discusión.

También ha dejado de existir el Pacto de Estella o Lizarra. La demostración de ETA, con sus comunicados, exhibiendo quién dirige ese pacto, quién decide su contenido y su futuro, es insoportable para cualquier demócrata, y la mayoría de los firmantes lo son. Los meses sin atentados mortales, que abrieron esperanzas sobre el fin de la violencia, los negoció el PNV y, desde otro ángulo, los forzaron iniciativas como la de Ermua y la respuesta social de rechazo. Reconocer esto, aunque no aceptáramos ni las condiciones del acuerdo para la tregua ni la permanencia de la violencia callejera, es necesario para que cada uno tenga lo suyo. Pero resulta absurdo, descubierta la realidad de fondo, tratar de mantener la ficción de Estella, y el PNV, que es un partido serio, conocedor de Europa, lo sabe.

También es cierto que ésta ha sido la ocasión con menos dificultades para avanzar hacia la paz. O, dicho de otra forma, la oportunidad en que el Gobierno de España ha tenido más espacio para hacerlo. Pero esto no significa, necesariamente, que no se haya hecho lo debido o que la debamos considerar como una ocasión perdida. No es hora de reproches inútiles que aumenten la desconfianza.

Lo que pedía ETA al Gobierno era inaceptable de fondo y forma. Como lo que exigía al PNV.

Cuando en mayo de 1998 escribí que la banda terrorista se preparaba para una tregua, sabía que había negociaciones entre el PNV y los representantes de ETA y creía que había cosas que hacer. El Gobierno no lo creyó, ni siquiera el día antes del anuncio de la tregua, porque los dominaba la desconfianza o la animadversión hacia lo que representaba. Puedo entenderlo, pero hubiera parecido razonable que escucharan a los dirigentes socialistas, porque representan a la fuerza política más importante en la articulación del Estado democrático. Este error debe corregirse y, hasta ahora, no se ha intentado siquiera.

Los meses vividos sin atentados, aunque no sin amenazas, han sido un respiro para la sociedad y algo, que aún no conocemos, ha podido cambiar en la misma, en el País Vasco y en el conjunto de España. Pero la relación entre las fuerzas democráticas ha ido a peor. El escenario de diciembre de 1999 es, en este aspecto, peor que el de diciembre de 1995. Es urgente cambiarlo.

Es tan delicada la situación política, que el proyecto de una España incluyente de la diversidad, no sólo de opiniones sino de identidades, se puede estar frustrando. Si lo observan con detenimiento, sólo el Partido Socialista apoya clara y solidariamente al Gobierno, a pesar de su continuo desprecio y hostigamiento. Es un esfuerzo que sólo puede mantenerse si el Gobierno cambia su actitud. Joaquín

Almunia[2], por responsabilidad democrática y por talante, lo intenta una y otra vez, golpeándose de frente con la barrera de la desconfianza impuesta por Aznar.

Atacar ahora al PNV, por próximas que estén las elecciones[3], cuando se le ha tenido de socio en la «gobernabilidad de España», nada menos, durante todo este período, incluido el de la tregua y el Pacto de Estella, no conduce a nada, más que a aumentar la desconfianza. Para Pujol será más difícil tomar posición entre el Gobierno y el PNV, si este clima se mantiene.

Para HB la situación se hace mucho más complicada. Nunca entendí lo que significaba aquella propuesta de aislamiento social, cuando se trata de decenas de miles de personas. La ruptura de relaciones políticas, como existía durante la vigencia de los acuerdos entre las fuerzas democráticas, sí es comprensible y, por ello, era parte del Pacto de Ajuria Enea, así como la oferta de hablar con quienes aceptasen las reglas del juego vigentes, sin amenazas ni coacciones, sin servirse de la violencia. No pocos del entorno político de ETA estarán reflexionando, porque son ellos los que más han ganado cuando ETA ha dejado de matar, aunque sea en las condiciones en que lo ha hecho. Más gente ha creído su apuesta por la paz y les ha respondido en las urnas. ¿Qué sucederá ahora? ¿De nuevo se marginarán, humillados por la dependencia de las botas etarras?

Cuatro años después no sólo se rompieron los pactos, sino que ETA lee comunicados y el presidente del Gobierno contesta institucionalmente. Los líderes europeos se suman a las declaraciones públicas, convirtiendo a ETA en objeto de atención y tensión, dentro y fuera de nuestras fronteras. Nunca lo hubieran imaginado los violentos, ni en los peores momentos del terror.

Tenemos que romper el círculo, que parece cerco, en el que nos han encerrado un grupo de encapuchados dispuestos a matar. Sin reproches, ni siquiera los que se me están esca-

[2] Joaquín Almunia, secretario general del PSOE entre junio de 1997 y el 12 de marzo de 2000.

[3] Las elecciones generales tuvieron lugar el 12 de marzo de 2000.

pando mientras escribo. Se puede y se debe hablar, pero para entenderse hay que intentar recuperar la confianza perdida. Las reuniones bilaterales, por sí solas, no sirven: hay que recuperar un espacio de consenso común, para definir la respuesta mínima, democrática, a la violencia. Es necesario dejar claro a los violentos lo que se juega con el retorno a la acción terrorista. Ésa sería la base de un nuevo entendimiento entre demócratas. Por el momento, bajo la amenaza inminente, no hay otra, ni se debe pretender. Un acuerdo sencillo, más allá de las discrepancias sobre la concepción que unos u otros tengan del futuro del País Vasco y de España. No es hora de discutir programas máximos, pero la sociedad tiene derecho a saber qué compartimos como base de la convivencia libre y pacífica.

La proximidad de las elecciones no puede ser un obstáculo, porque los ciudadanos no lo comprenderán. Nadie con sentido común está dispuesto a soportar que un problema de esta naturaleza se convierta en disputa de votos. Por eso hay que huir de la tentación electoralista y trabajar como si las elecciones fueran dentro de cuatro años. Y en este trabajo está incluido el diálogo con los dirigentes llamados radicales, mientras se pueda. Es decir, mientras ETA no actúe, o después, si lo rechazan y condenan. Es ridículo sentarse con ETA y despotricar contra el diálogo con HB.

ETA y su entorno no están tan unidos como algunos piensan. Pero tampoco son tan débiles como otros pregonan irresponsablemente. Entre ellos, los hay que quieren que las gentes voten con libertad, sin someterse al chantaje del miedo. Muchos saben que es un error no participar y que es imposible que un partido clave para el País Vasco, como el PNV, deje de presentarse a las elecciones generales. Por eso, hay que exigir el voto sin terror a ETA y a su entorno, o quitarles la máscara que oculta el rostro de la tiranía que representan.

Nada puede alterar más a los violentos que la recuperación de la confianza y el acuerdo entre los demócratas. Eso significa que, lo que tengamos que decirnos sobre nuestras discrepancias, lo reservemos para el diálogo interno. Los acuerdos frente a la violencia, el consenso entre los demócratas, debemos hacerlo público, y hacerlo ya.

El País, 11 de diciembre de 1999

Un nuevo asesinato de ETA conmueve a la opinión pública, cuando escribo este comentario. El jefe de la Policía Municipal de Andoain, Joseba Pagazaurtundúa, ha pagado con su vida la defensa de las libertades. [Fue asesinado el 8 de febrero de 2003].

La situación en el País Vasco ha empeorado seriamente desde la fecha de publicación de este artículo, que insiste en la propuesta de unidad entre los demócratas y de prioridad absoluta a la lucha contra el terror. Pero estas apelaciones siguen cayendo en saco roto, cuando no siendo descalificadas.

Ninguna prioridad puede anteponerse a la eliminación de la violencia que coarta la libertad, vive del chantaje y el crimen, y extiende una interpretación excluyente y asesina de la identidad.

España 2000: subastas preelectorales

Empieza un nuevo año, que no un nuevo siglo ni milenio, como la digitalización de la cultura nos quiere hacer creer. Nada ocurrió, aunque no podamos dejar en paro técnico a tanto milenarista, tanto profeta de desgracias sin cuento[1].

Sin embargo, algo está sucediendo más allá de los dígitos, de las falsas angustias que han frustrado millones de planes vacacionales. La revolución tecnológica, como revolución de las comunicaciones que acorta el tiempo y la distancia que separa a los seres humanos, sigue su curso, rápida y profunda como nunca antes, imprevisible en su evolución, abriendo ventanas de oportunidad inusitadas y cerrando puertas conocidas como inalterables.

La realidad está cambiando, y en España seguimos sin preguntarnos qué nos falta para percibir y aprovechar esas ventanas de oportunidad que se abren, o cómo podemos ir cerrando puertas del pasado pegajoso que nos acompaña, sin dejar de ser nosotros, manteniendo una identidad imprescindible para afrontar los desafíos del 2000.

Veo, con inquietud, en nuestra política interior y en la proyección exterior, simplificación y autocomplacencia. Subastas de precampaña, para rematar una legislatura vacía de proyectos y plagada de errores que marcarán derroteros irreversibles si no se corrigen rápidamente. Pagamos la ausencia de un proyecto de país de este grupo dirigente que hablaba de la «segunda

---

[1] Se hacía referencia al llamado «efecto 2000» en los procesos informáticos.

transición» como si de un cambio de régimen se hubiera tratado más que de una alternancia democrática del poder.

Se dice que la economía «va bien», y es cierto que crecemos desde 1994 (no desde 1996), como otros países de la Unión Europea, aunque menos que EE UU durante toda la década. Bajan los tipos de interés y se controla la inflación, como en el resto de los países citados en esta época de bonanza, aunque aquí se descontrolen un tanto los precios.

Crecemos, pero con un reparto injusto de la riqueza que se crea. A un 20 por ciento de los ciudadanos les ha repercutido la bonanza en sus economías familiares. Al resto, que también observa que va bien, no les ha beneficiado, porque viven de un salario y la moderación salarial es clave —se afirma— para el mantenimiento de la competitividad. Y en el reparto del crecimiento, unos pocos, amigos del poder, han hecho su gran agosto, controlando lo que era de todos, a través de las privatizaciones. Ha sido el mayor «pelotazo» conocido en nuestro país, a manos de los que denunciaban a bombo y platillo la «cultura del pelotazo»[2].

Las privatizaciones se han presentado como proyectos de liberalización de la economía, para aumentar la competencia y mejorar la posición de los consumidores. Pero, en realidad, se han privatizado las grandes empresas públicas de comunicaciones, telecomunicaciones, energía, finanzas, tabacos, etcétera, los buques insignias del sector público rentable, poniéndolas en manos de los designados por el poder, antes y después de ser privatizadas, para crear una nueva oligarquía. Todo un espectáculo que favorece a una nueva clase financiera, económica y mediática, ligada al poder, con obediencia debida, a veces por duplicado.

Éste ha sido el único designio claro del equipo gobernante. Y lo están consiguiendo. Cuatro años más y consolidan la operación de control del poder más importante realizada en democracia. Durante el viejo régimen, a comienzos

---

[2] Referencia, sobre todo, a la privatización de Telefónica y otras nueve empresas públicas emblemáticas.

de los cuarenta o de los sesenta, estas cosas se hacían por las botas, aunque Manuel Fraga las alabe.

Veinte años después de aprobada la Constitución, con una España más moderna, más dinámica, más cohesionada socialmente, la derecha vuelve al poder, e intenta por los votos, aunque escasos en diferencia, lo que siempre había hecho por las botas: la creación de una oligarquía nueva, controladora de las finanzas —en un país con poca autonomía empresarial—, de la economía en sectores estratégicos y de la mayor parte de los medios de comunicación.

Para eso han servido las privatizaciones. No sólo para enriquecerse con voracidad sin límites. Naturalmente, todo ello se hace utilizando un lenguaje posmoderno y falsamente regeneracionista que haría las delicias de Joaquín Costa.

Estamos ante un panorama preocupante, tras el que se oculta la idea obsesiva de controlar a la opinión pública, eliminando el principio de igualdad de oportunidades inherente a la democracia. O, si prefieren, el de aceptabilidad de la derrota, que es su esencia. La mediocracia controlada se establece como único proyecto de país.

Aquí, privatizar no es equivalente a liberalizar. Incluso puede significar lo contrario: crear oligopolios que dejen en manos de un grupo de poder una parte sustancial del mercado y del poder mediático. Puede ser una oportunidad perdida, irrecuperable, de preparar a España para los desafíos de la globalización, de la economía abierta. Nada, en los precios al consumidor, ha mejorado con la operación.

Clama el presidente su recién adquirida pasión constitucional, alarmado por la progresiva desafección que su falta de proyecto de país ha provocado. Critica, en estos prolegómenos de la campaña, a socios de legislatura y oposición, alzándose como garante del texto que nunca quiso, como si tuviera la manía de llegar siempre tarde. Iniciaron su mandato con la reinvención de una Confederación Española de Derechas Autónomas, aunque se conformaban con una Confederación de Derechas Autónomas, sin la E, después de sus pactos con los nacionalismos de vieja data o de nuevo cuño.

Así, negociaron sistemas de financiación autonómica inviables y disparatados para conseguir socios. Así, cambiaron de la noche a la mañana su consideración y su percepción de los nacionalismos vasco y catalán, y fomentaron otros con prebendas irresponsables. Así, menospreciaron la cohesión que representaba una financiación sanitaria razonablemente igual para todos.

Nadie como ellos para defender la Constitución, ahora que se aproxima el momento del voto, como si la memoria histórica fuera inexistente, y no hubiera sido el propio Aznar el crítico más implacable del texto.

Demonizado el nacionalismo vasco moderado, imprescindible, sin embargo, para la solución de la violencia, ha dejado de ser para Aznar el factor de gobernabilidad de España del que venía presumiendo estos años. Pero, cuando se vea con perspectiva histórica este momento, esta legislatura, quedará el regusto amargo de una política que distanció a grupos importantes de la lealtad constitucional que se había mantenido durante toda la transición. ¿De qué se queja el protagonista de este desaguisado?

Descalifica al Partido Socialista, que viene insistiendo durante años en la necesidad de un Pacto de Estado en temas de esta naturaleza, sin que el Gobierno actual responda.

La Constitución era, y es, un buen texto para garantizar la convivencia en libertad y en democracia, así como para dar respuesta a las aspiraciones identitarias de los pueblos de España. Ha de ser respetada en sus contenidos y en los procedimientos para reformar lo que se crea necesario, con extremada prudencia, con el mismo consenso con el que fue aprobada. Es un sarcasmo que los que ayer la atacaban se conviertan hoy en guardianes de la piedra filosofal recién descubierta. Más aún si son sus políticas las responsables del debilitamiento constitucional.

No nos engañemos, ni nos dejemos arrastrar por las subastas preelectorales: el balance de esta legislatura no será bueno. La cohesión social se ha debilitado; la territorial, también. Las infraestructuras para la modernización de España se han suspendido, a pesar de inauguraciones sin cuento, de obras que no se empiezan ni tienen dotación presupuestaria. La sanidad se desvirtúa como servicio público que iguala derechos cívicos en el territorio, como la educación. Incluso la Universidad se siente acosada en el ejercicio de su autonomía constitucional.

Se cuentan bien las *stock options*, pero se pierde la cuenta del número de ciudadanos, como ocurre en Andalucía, que sufren los efectos negativos de la financiación de servicios básicos de salud y educación. Por cierto: si este sistema de opciones sobre acciones sirve para fidelizar a los ejecutivos, ¿por qué se van tantos?

Se cuentan bien los beneficios de la prolongación de concesiones en autopistas, con la engañifa de que pagarán menos los usuarios, o que deberían dejar de pagar al final del período de concesión.

Otro tanto ocurre con el precio de la energía y la financiación de las eléctricas. Así, con los salarios de los altos cargos y con su imparable crecimiento en número, contra todo lo dicho. Así, con el tratamiento de la inmigración, dando marcha atrás a sus propias iniciativas, para cargar la responsabilidad sobre otros. Así, con temas más dolorosos, de los que no queremos hablar, como el tratamiento de la violencia.

Otro día hablaremos de la política exterior de este Gobierno, que no es más, porque no podría ser otra cosa, que la proyección hacia fuera de su idea de España. Por eso pierde peso y carece de consenso.

A los socialistas les queda una ardua tarea a partir de marzo: recomponer un proyecto de país; prepararlo para los desafíos de la globalización y de la economía abierta, haciéndolo, de verdad, más competitivo; defender al usuario, al consumidor, y no a los grupos oligárquicos de poder; fomentar el espíritu emprendedor, desarrollando la iniciativa y la innovación, en materia económica, cultural y social; perfeccionar el sistema sanitario, no destruirlo, como se pretende; desarrollar una Universidad con calidad y autonomía y recuperar el ritmo de atención al sistema educativo básico, imprescindible para la sociedad del conocimiento que se prepara; replantear la relación con las autonomías, recuperando parte de la confianza perdida, etcétera.

El Gobierno de Aznar se ha beneficiado de lo que va bien en Europa y mejor en EE UU: el crecimiento de la economía. Otorguémosle el mérito de no haberlo estropeado. No ha sabido responder a los retos más serios de España, ni territoriales, ni sociales, ni culturales, porque carece de un proyecto de país y vive obsesionado con el Partido Socialista, al que considera enemigo a batir y no adversario político en la contienda democrática.

Lo único que han hecho con propósito deliberado ha sido la privatización de lo público, para quedárselo. Esto merece ser revisado, para que se conozca cómo ha ocurrido, en todos sus detalles, y las cosas vuelvan a su lugar. Sin marcha atrás en un proceso que podría ayudar a mejorar nuestras posiciones en la economía abierta, si se elimina el propósito oligárquico de control financiero, económico y mediático que lo mueve.

El País, 16 de enero de 2000

En los tres primeros meses del año 2000 publiqué los artículos más militantes de la serie. Me refiero a la militancia de partido ante el proceso electoral de marzo de ese año.

Vistas desde la perspectiva de hoy, esas reflexiones hubieran tenido mucho más impacto, porque hubieran sido más comprendidas, pero, en aquel momento, la opinión pública no compartía esa percepción de la realidad. Por eso llevó al Gobierno del PP a la mayoría absoluta.

Yo temía que nos hubieran instalado en la verdadera «cultura del pelotazo», cuya manifestación más evidente eran las privatizaciones. Pero sobre esta preocupación dominaba la del control de la economía, las finanzas, los medios de comunicación. Me preocupaba también la fractura territorial que se estaba produciendo y el uso abusivo de la Constitución como arma arrojadiza.

Como estábamos en la fase más alta del ciclo económico internacional y se había producido un efecto adormecedor, conformista, en el conjunto de la sociedad, perfectamente explicable, las críticas que ahora serían compartidas, cayeron en saco roto.

Me equivoqué al creer que había una parte de la ciudadanía que compartía mis temores respecto del comportamiento del Gobierno del PP.

La gran con... fusión

En el inicio mismo de la campaña electoral, la operación BBVA-Telefónica, con sus incalculables repercusiones financieras, económicas y mediáticas, no sólo ha tenido un gran impacto en la opinión pública, sino que está siendo utilizada más como *con-fusión* que como *fusión*, que, para colmo, no lo es. Por eso he hablado en alguna otra ocasión de «filialización».

Como no me gusta el modelo resultante, al margen de la brillantez inmediata para el BBVA, que recibirá su premio en los mercados de valores, y de los blindajes personales, me siento obligado con los lectores a recordar lo que les decía hace un mes:

«Y en el reparto del crecimiento, unos pocos, amigos del poder, han hecho su gran agosto, controlando lo que era de todos, a través de las privatizaciones. Ha sido el mayor "pelotazo" conocido en nuestro país, a manos de los que denunciaban a bombo y platillo la "cultura del pelotazo"».

Y continuaba: «Las privatizaciones se han presentado como proyectos de liberalización de la economía, para aumentar la competencia y mejorar la posición de los consumidores. Pero, en realidad, se han privatizado las grandes empresas públicas de comunicaciones, telecomunicaciones, energía, finanzas [...], poniéndolas en manos de los designados por el poder, antes y después de ser privatizadas, para crear una nueva oligarquía» (*El País*, 16 de enero de 2000). Añadía en aquel artículo que el único designio claro del equipo gobernante era consolidar una operación de control de poder y crear una oligarquía nueva que controlara las finanzas, los sectores estratégicos de la economía y la mayoría de los medios de comunicación.

Pido excusas por repetirme en tan corto período de tiempo, pero los acontecimientos se desarrollan con tal rapidez y la confusión es de tal magnitud que no queda más remedio que insistir. Insistir en estas ideas es aún más necesario leyendo y oyendo a los hagiógrafos mediáticos de la «segunda transición», que dicen cosas parecidas a las que yo denuncio, pero atribuyendo las responsabilidades en la dirección más favorable a sus jefes políticos.

Hay que despejar incógnitas, porque lo que está ocurriendo es tan determinante para el futuro del país, no sólo de cara al 12 de marzo, que puede desviar su rumbo.

Ésta es una operación protagonizada por dos personas, Juan Villalonga y Francisco González, designadas por Aznar y Rato para dirigir respectivamente Telefónica y Argentaria.

Argentaria, con el acuerdo de Rato y Aznar, se fusiona con el BBV, y en el acuerdo, más de absorción que de fusión si se tienen en cuenta las dimensiones de las partes, Francisco González deviene copresidente, con Emilio Ybarra, del BBVA. Pero Francisco González será el presidente único dentro de dos años y Emilio Ybarra desaparecerá.

Ahora bien, Francisco González será, también, vicepresidente de Telefónica, tras el acuerdo con Villalonga, para hacer de Telefónica una filial del BBVA. Como consecuencia, Villalonga será presidente de Telefónica y vicepresidente del BBVA.

Todo ello fue conocido a partir del viernes día 11 de febrero, pero susceptible de interpretaciones rocambolescas, que nos alejan de lo «evidente»: Aznar y Rato colocaron, hace poco más de tres años, a Juan Villalonga y a Francisco González, como amigos y hombres de confianza, al frente de dos de las empresas públicas que decidieron privatizar. De esta posición han pasado a la descrita más arriba, controlando un porcentaje que da vértigo del poder financiero, económico empresarial y mediático de lo que Aznar llama «marca» España, que dice representar él.

Podríamos añadir que la «marca» España la controlan Aznar y sus amigos, o, si se prefiere, Aznar con el permiso de sus amigos Juan Villalonga y Francisco González. El dicho «se están quedando con España» cobra una dimensión real, sólo comparable a la tomadura de pelo de intentar hacernos creer que Aznar y Rato no saben lo que hacen los que designaron para este fin. Incluso propalan, a través de sus propagandistas mediáticos, que el que lo sabe soy yo.

En la prensa de estos días, incluso en la progubernamental, se ofrece un cuadro del poder mediático resultante de esta operación. Pero para ayudarles en la comprensión del fenómeno habría que añadir el poder económico (en sectores estratégicos) que se concentra y su repercusión en el mercado de valores.

Como sólo el grupo Telefónica supone, hoy, el 41,6 por ciento del mercado de valores, si añaden lo que representa el BBVA como institución y le suman su participación en Repsol (de casi un 10 por ciento), en Acerinox (13,24 por ciento), en Endesa (2,7 por ciento), entre las privatizadas, y en Iberdrola, Sogecable y otras, verán que la criatura que presiden Francisco González y Juan Villalonga, resultante del acuerdo del viernes, participa significativamente en el 60 por ciento, aproximadamente, del Ibex 35.

Pero hoy, cuando esto es tan evidente, lo que más sorprende es que trate de explicarse a los ciudadanos que Aznar y Rato no tienen nada que ver. Es decir, que en realidad lo que querrían es que Antena 3, Onda Cero, etcétera, hicieran informativos libres, pluralistas y no al servicio del poder. Lo que pretenden —ahora que hay que pedir votos— es explicar que ellos no están de acuerdo ni con los «pelotazos» ni con las concentraciones de poder. Naturalmente, tenemos que creerlos, porque si no, se ofenden.

Debo reconocer que ésta no es la única cuestión implicada en la operación, por lo que habría que aclarar otras muy importantes en relación con la globalización. De lo contrario, algunos pensarán que no estoy de acuerdo con el modelo resultante, sólo por ser amigos del poder político actual los protagonistas de la «cosa».

Pero lo que me preocupa para el futuro de nuestro país, que para mí es algo más que esa «marca» España que presume haber patentado Aznar, es que esto no abre nuestra economía, sino lo contrario, ni nos prepara para competir en la global a medio y largo plazo. Lo que propicia es un reparto de riqueza y poder mucho más injusto y desequilibrado.

El resto de las empresas que han pasado de lo público a lo privado, salvo el caso de Indra, están en manos de los que fueron designados por Aznar y Rato, y están participadas por entidades financieras como Caja Madrid, asimismo dirigidas por hombres de confianza de Aznar, además de por otras empresas privadas. La resultante debería ser estremecedora para cualquiera de los defensores de la liberalización de la economía, pero, sobre todo, para los ciudadanos que consumen y usan lo que produce este grupo de poder político, financiero, económico y mediático, sin la posibilidad de acudir a ninguna alternativa.

El modelo, dentro de España, impide el desarrollo de una competencia seria entre iniciativas emprendedoras, porque el mercado está repartido entre unos pocos y sólo se puede actuar en los márgenes, o en las migajas. Los pequeños o medianos empresarios verán el horizonte como pequeño o mediano sea cual sea su grado de eficiencia, salvo que tengan un amigo en el poder que les permita añadirse al «club». Y si quiere expandir su actividad tendrá que hacerlo mediante pactos con lo «establecido» como control estratégico. Esto es particularmente significativo en todo lo relacionado con nuevas tecnologías, con Internet, con la energía y con otros sectores claves y/o de futuro.

Pero este modelo que se va conformando podría, al menos, ayudarnos a competir en la aldea global, en la nueva economía de la información, aunque tengamos que sacrificar nuestro mercado nacional sometiéndolo a un oligopolio de oferta. Éste será el argumento de los que están más al tanto de algunas de las tendencias mundiales de la globalización.

En mi opinión, ni siquiera tendremos ese consuelo. No hay parangón entre lo que aquí está ocurriendo y las fusiones o concentraciones que ocupan los diarios en los últimos tiempos. Ni una sola entidad financiera ha «comprado» o se ha fusionado con una gran empresa de telecomunicaciones ni con ninguna de las grandes de Internet. No van por ahí las cosas, aunque parezcan lo mismo. Lo más parecido a lo que estamos viviendo —espero que no sea igual en sus consecuencias— es la imbricación de las entidades financieras y las grandes empresas de los países del sureste asiático o el propio Japón.

En el fondo, como explicaré en la próxima ocasión, estamos confundiendo el instrumento —Internet y la revolución tecnológica— con el cambio cultural, en el sentido profundo, que comporta esta nueva era, que amenaza con dejar obsoletas actividades propias de la era industrial para sustituirlas —a través de nuevos instrumentos— por otras diferentes, o concebidas de otra manera, que añadan valor a los ciudadanos del mundo globalizado.

El País, 18 de febrero de 2000

La operación que da título al artículo se ha deshecho en gran parte. Las concentraciones de poder económico, financiero y mediático se han consolidado. La crisis económica ha hecho aflorar todas las contradicciones implícitas y explícitas de esa denuncia.

Gobierno de progreso o Gobierno de «la marca»

Prometí hablarles de los errores de confundir el «instrumento» Internet con el cambio cultural, en el sentido comunicacional, que comporta esta nueva era, así como de los elementos de insostenibilidad económica y social de la «economía del pelotazo» que estamos viviendo. Pero cayó en mis manos el libro de P. Krugman titulado *El retorno de la economía de la depresión*, y no resisto la tentación de comentarles que su visión de la crisis japonesa (más la coreana y otras), parece un retrato anticipado de lo que nos puede ocurrir en España.

La década de la crisis japonesa, con la explosión de la burbuja especulativa, fue, en gran medida, la consecuencia de lo que llaman «capitalismo de compadrazgo». Jefes de Gobierno, ministros de Hacienda y de Industria ligados a la gran banca y a los imponentes conglomerados industriales controlando el mercado, me recordaban, dramáticamente, la concentración de poder financiero y económico realizada por Aznar y Rato, con un grupo de amiguetes (los «compadres» de allí), casi todos procedentes de la «economía financiera». Esto es lo que Aznar llama «la marca» España.

Y digo que me lo recuerda *dramáticamente* porque Japón, a pesar de sus dificultades, sigue siendo la segunda economía del mundo, tiene mucho más ahorro y más capital humano que nosotros y, por tanto, más posibilidades de corregir sus errores con menos coste de los que tendremos que pagar los españoles por este «modelo-montaje», injusto socialmente e insostenible económicamente.

Cuando revienten las burbujas, creadas por gestores que no arriesgan su dinero —porque son herederos designados del patrimonio público productivo—, pueden arrastrar a las instituciones financieras que han ido ocupando de acuerdo con operaciones teledirigidas desde el poder, y la crisis previsible la pagarán los ahorradores y los contribuyentes, mientras ellos permanecerán ricos con su modelo de «opciones».

Mientras esta «economía del pelotazo financiero», nacida de las privatizaciones, concentra la riqueza española en manos de muy pocos individuos, en mucha mayor medida que en ningún país occidental, los salarios reales crecen menos que los precios, las pensiones no participan en el crecimiento y están sometidas a los engaños de la subasta electoral del Gobierno; se recortan las prestaciones sanitarias como paso previo a la privatización de la asistencia sanitaria pública o se reducen las becas para limitar la igualdad de oportunidades.

Nuestra economía, entretanto, pierde productividad por persona ocupada, y también productividad en el conjunto de los factores. El oligopolio creado se orienta a controlar cuotas de mercado y no a ganar eficiencia y competitividad. Este Gobierno ha desmantelado órganos independientes de control y garantía de la competencia, en lugar de fortalecerlos en beneficio de los consumidores y usuarios, ciudadanos en general y empresarios pequeños y medianos, dependientes de la oferta del grupo oligárquico. Pero este fenómeno, que hay que corregir abriendo más la economía y fortaleciendo las reglas de la competencia, aún no se nota porque estamos en fase alcista del ciclo económico. Una política de progreso, eficiente y solidaria, exige más competencia y menos privilegios, más apertura y menos compadrazgo. Es intolerable que España tenga el menor ancho de banda para el uso de Internet de toda Europa, los precios energéticos más altos, así como los de comunicaciones y telecomunicaciones.

El modelo que liga a las grandes instituciones financieras con el destino de las empresas participadas, por su grado de imbricación, comporta un peligro que nos puede costar muy caro a todos los contribuyentes, como ha ocurrido en Japón, en Corea y en otras economías que fueron ejemplo de «éxito» hasta los años noventa.

El siguiente error consiste en confundir, como dije al principio, un instrumento de comunicación motor de la revolución en curso, como es Internet, con la oferta mimética de los mismos bienes o servicios tradicionales a través de la red. Este cambio de la inteligencia analógica a la inteligencia digital se simplifica, con ceguera de analfabetos, creyendo que el secreto está en hacer lo mismo que siempre, pero utilizando Internet. Por ejemplo, cuando se ofrece en Internet el mismo periódico que uno recibe en soporte papel se comete un error más grave que si se pretendiera leer a los oyentes de una cadena de radio el contenido del periódico. Se comprende rápidamente que sería un desastre para la radio, porque son instrumentos de comunicación diferenciados, que exigen contenidos y estilos de oferta diferentes. Sin embargo, un instrumento aún más diferenciado que la radio, como Internet, que nos sitúa en la inteligencia digital frente a la inteligencia analógica, se utiliza sin tener en cuenta que exige un cambio cualitativo en la oferta. Lo mismo ocurre cuando una entidad financiera, una empresa cultural o una organización de solidaridad cree que el secreto para superar la obsolescencia de sus actividades es hacer lo que solían, pero en Internet.

Si la oferta no es diferente, capaz de crear comunidades significativas conectadas a través de ese medio extraordinario, con vínculos de fidelidad a la identidad del oferente, que les añade valor, la relación fracasará. La red es abierta, por ello un número creciente de personas irán entrando en ella en cualquier lugar del mundo. Pero esto no significa que navegar por la red cree comunidades que compartan valor o interés ante cualquier oferta que se les haga a través de ella.

Por tanto, la nueva economía, que es también una nueva cultura comunicacional, exige planteamientos de oferta radicalmente distintos y no simples traslaciones de lo que venimos haciendo al nuevo instrumento. Los productos que están teniendo éxito de verdad a través de Internet, no las simples burbujas especulativas en el mercado de valores, son técnica y conceptualmente diferentes de las tradicionales, aun para las ofertas y demandas tradicionales, o son totalmente nuevas, creando valores y satisfacciones diferentes. Por eso van a fracasar muchas de esas burbujas especulativas, incapaces de «fidelizar» comunidades de usuarios o consumidores (aunque «fidelicen» a ejecutivos voraces y poco o nada comprometidos). Y no serán capaces de atraer a comunidades que confían en la identidad de los oferentes que les añaden valor.

Esto, como diría Fernando Flores, nos sitúa en la pregunta del post-Internet, es decir, nos retrotrae a la condición humana en su sentido más original. Si damos por supuesto que tenemos un nuevo instrumento, tan fantástico como los más entusiastas deseen —lo conozcan o no—, a partir del mismo, la comunicación entre los seres humanos va a cambiar, acortando tiempo y espacio para realizarla. Pero eso no cambia la condición de estos seres humanos que piden productos que les resuelvan necesidades o les añadan nuevo valor. Seguirán formando parte de comunidades significativas, aunque éstas sean distintas de las habituales y añadidas a ellas; porque podrán situarse a miles de kilómetros de distancia. Lo local y lo global pueden conectarse por valores compartidos.

La nueva era está aquí, ya no es un futuro que hay que esperar. Se trata de que lleguemos a tiempo y de que la hagamos sostenible, económica y socialmente.

España, la de la «marca» que exhibe Aznar, camina hacia una creciente desigualdad, hacia una concentración abusiva de la riqueza que se crea, además de hacia el riesgo de implosión de la burbuja especulativa. Si continúan gobernando, lo comprobaremos muy pronto. Seguramente ésa es la razón de fondo de que no acepten debates, ni entre los candidatos Aznar y Almunia[1], ni siquiera sectoriales. Tienen tanto temor

---

[1] José María Aznar y Joaquín Almunia concurrieron a las elecciones generales del 12 de marzo de 2000. Venció el candidato popular y su partido obtuvo mayoría absoluta.

a que se ponga al descubierto el impresentable «modelo del pelotazo», que incumplen un deber democrático que habían exigido y obtenido cuando eran oposición.

Los progresistas, socialmente mayoritarios desde el centro a la izquierda plural, no sólo tienen el desafío de ganar el 12 de marzo[2], transformando mayoría social en mayoría de escaños que lleven a Almunia a la presidencia del Gobierno de progreso, sino de evitar el bochornoso pelotazo y la perniciosa concentración de poder que están creando, con la mayor desigualdad social de cualquier democracia avanzada. Tienen la oportunidad de redistribuir mejor y más solidariamente la riqueza, y de ganar el futuro, con políticas activas que hagan posible una participación creciente del mayor número de actores en la nueva economía y en la nueva cultura. Éste es el factor clave de sostenibilidad social y económica. Justo lo contrario del «capitalismo de compadrazgo» que describe un Krugman que vería con asombro el modelito de Aznar y Rato.

Abrir la economía, garantizar la competencia, ayudar a las iniciativas emprendedoras, con programas específicos de estímulo y, sobre todo, preparar a las nuevas generaciones para la era digital, ése es el futuro de España, de la inmensa mayoría, frente a la oligarquización financiera, económica y mediática ligada a los actuales gobernantes.

Más que nunca, la elección se plantea entre un Gobierno de progreso, con un Consejo de Ministros al servicio de los intereses de la mayoría, y un Gobierno de derechas, sin otro proyecto que enriquecer a una minoría ligada al Consejo de Ministros, que se parece cada vez más a un Consejo de Administración de la «marca» España.

Y tan imprescindible como eso, pero más agobiante, es que haya un Gobierno central y un Gobierno vasco, apoyados estratégicamente por todas las fuerzas democráticas del arco parlamentario, que recompongan el acuerdo roto frente a la violencia. Tal como propone Almunia, la confianza y el diálo-

---

[2] La derrota en las elecciones provocó la inmediata dimisión del candidato socialista.

go entre los demócratas es imprescindible para acabar con los violentos. Los ciudadanos exigen soluciones y ven con claridad que el derecho a la vida y a la libertad no son negociables, sino exigibles a cualquier demócrata. Las reglas de juego deben ser respetadas, incluso cuando se quiere que cambien.

ETA no puede seguir marcando nuestra agenda.

El País, 9 de marzo de 2000

Ganó el PP, con mayoría absoluta, y empezó a mostrar su verdadero rostro. Lo anunciado aquí, en las reflexiones anteriores, está ocurriendo, pero rebasando los límites que hubiéramos podido imaginar.

Empezó la crisis y en ella estamos, con un Gobierno despótico en su estilo, errático en su comportamiento e incapaz de hacerse cargo del estado de ánimo de la gente.

África: el silencio de los tambores

> *Y así, la juventud africana se encuentra ante un pasado mudo, un presente ciego y un futuro sordo.*

Eran las palabras finales de la intervención de Joseph Ki-Zerbo, de Burkina Faso, afectado de malaria, venerable en su vejez de luchador por un futuro mejor para el continente africano, excusándose por no haber tenido tiempo de presentar su ponencia por escrito, para no tener que explicar que había sido detenido por su protesta contra el asesinato de un periodista de su país. Veinte minutos para describir la Historia de África desde la época de los descubrimientos, pasando por la revolución industrial, hasta llegar a la independencia y a la mundialización, como otras tantas ocasiones perdidas para los pueblos del África negra.

Estábamos analizando, con veinticinco delegaciones africanas, el fenómeno de cambio de era que significaba la globalización económica y financiera, espoleada por la revolución tecnológica. Tratábamos de indagar en los caminos para luchar contra la exclusión, la marginación de toda el África subsahariana, cuando Ki-Zerbo, dramáticamente realista, nos describió la apocalíptica situación de sus pueblos, pensando sobre todo en la juventud. Su palabra era suave, casi un susurro melancólico, como si estuviera describiendo una fatalidad sin remedio, sin excluir las responsabilidades de los líderes de la independencia o de los gobiernos surgidos de la descolonización.

Veía la mundialización como un fenómeno inexorable, y África, decía, «es el continente peor preparado para afrontarlo».

Los siglos XV y XVI, de descubrimientos territoriales, de percepción del mundo como un globo, fueron, para esta tierra, siglos de genocidio esclavista. Esa primera gran globalización vació el continente africano de su población más joven, desestructuró sus equilibrios, «trasterrando» a millones de africanos para someterlos a una explotación sin piedad.

El siglo XIX, de revolución industrial, fue para ellos de apropiación imperial y reparto territorial en el Congreso de Berlín[1]. Significó una nueva oleada de esclavismo, de explotación de recursos naturales, de ruptura de las armonías africanas en nombre de la civilización europea, de *valores* religiosos de cristianización o laicos de Ilustración. Pero nadie se ocupó de la educación, de la formación de los pueblos sometidos a la ferocidad colonial.

La descolonización llegó al continente con una inmensa «pobreza de capacidad» y sometida a una nueva voracidad de reparto geopolítico entre los protagonistas de la política de bloques. Intereses hegemónicos en lucha sembraron de dictaduras los nuevos y ficticios países soberanos.

En este marco, la nueva revolución tecnológica es, una vez más, una ocasión perdida para la integración y el desarrollo de África.

Éstos eran los trazos profundos de una Historia que nos sitúa ante el desafío más serio de marginación y exclusión que afronta el mundo desarrollado.

Joseph Ki-Zerbo no empleó cifras, no utilizó estadísticas, porque cualquiera de ellas —las que describen las guerras, el hambre, la enfermedad o el desgobierno— nos sitúa ante un inmenso y desconocido holocausto humano. En esta

---

[1] El Congreso de Berlín, en sucesivas sesiones, durante 1884 y 1885, decidió el reparto de las zonas de influencia en África.

década del nuevo milenio, el sida se cobrará treinta millones de víctimas. ¿Cuántas más el hambre y la guerra?

La juventud africana vive separada de su propia Historia, desestructurada en su tradición oral, desconociendo su identidad, rota durante quinientos años. Por eso su pasado es mudo.

Así llega a la descolonización y al presente de la nueva revolución tecnológica. Un presente ciego que, en muchos casos, sustituyó la explotación europea por la opresión de sus propios dictadores. Un presente que, tras la liquidación de la Unión Soviética, le hace perder relevancia incluso para esa pugna ente superpotencias, ahogándolo en sus propios conflictos internos.

África ha sufrido más guerras que años tiene de independencia. Más guerras que países africanos en ese período. Guerras de fronteras o internas, siempre fratricidas y a veces con dimensiones de genocidio.

África se debate en la pobreza extrema, por debajo del límite de subsistencia, para decenas de millones de africanos y africanas. Pobreza en forma de hambre permanente que se transforma en azote bíblico en momentos como el presente. Y pobreza de capacidad, que afecta a la inmensa mayoría de la población, analfabeta en más de dos tercios de las mujeres y más de la mitad de los hombres. Entretanto, denominamos a la nueva era: «la Era del Conocimiento».

La enfermedad, malaria de siempre, sida del último cuarto de siglo, debilita las pobres energías de la infancia africana. Sin agua potable, sin recursos energéticos, sin la mínima asistencia sanitaria.

La deuda externa los obliga a devolver dos dólares por cada uno de ayuda. Es la deuda con los países desarrollados que extrajeron la riqueza del continente durante medio milenio.

La gobernabilidad de cada nación y de la región, tras la pesada herencia de esclavismo y colonialismo, se ve afectada por una institucionalidad poco o nada democrática, por una división territorial arbitraria, sin reconocimiento de las poblaciones afectadas.

Ése es el presente ciego del que habla Ki-Zerbo.

Y sordo el futuro. No se oye el ruido de los tambores de África en ninguno de los centros de poder de la globalización. No llega su eco a la «nueva economía», ni pasa su grito por Wall Street, ni la City, ni Francfort, ni París.

El hambre, la enfermedad, el analfabetismo, la guerra y la destrucción se han convertido en imagen habitual y, por ello, cada vez más lejana para conmover nuestra sensibilidad. «En África... lo de siempre».

La euforia de la revolución tecnológica, de la sociedad del conocimiento, sólo se ve turbada por crisis financieras de países emergentes, intentando evitar el contagio a los países centrales. Pero África, como decía en el debate un dirigente de Angola, ni siquiera cuenta para las crisis financieras. «¡Qué más querríamos nosotros sino que se hablara de ese continente por el azote de una crisis financiera como la de Corea o la de Brasil!».

Fue entonces cuando les propuse que empezáramos a tocar con fuerza los tambores de África, hasta que sus vibraciones llegaran a los centros de poder de los «países centrales». Pero viendo las caídas de las bolsas de estos días[2] y las declaraciones eufóricas sobre crecimiento del producto mundial del G-7, del FMI y otros organismos multilaterales, o siguiendo las reuniones del Banco Mundial con los países africanos, la cumbre entre la Unión Europea y la Organización para la Unidad Africana o el encuentro en La Habana del Grupo de los 77, vuelve a mi cabeza el futuro «sordo» del que hablaba Ki-Zerbo.

¿Cómo empezar a escuchar para combatir la sordera del futuro? ¿Cómo realizar el ejercicio de oír con atención para acercarse a una respuesta inmediata, para lo que no tiene espera, y mediata, para abrir un horizonte de futuro en medio de tantos diagnósticos tan coincidentes como inútiles?

---

[2] Las empresas más perjudicadas por la inestabilidad bursátil fueron las que ocupaban el espacio de las llamadas «nuevas tecnologías».

La semana pasada[3], la Internacional Socialista puso en marcha cuatro campañas definitorias de su identidad: «Contra la pena de muerte», «Contra la violencia de género», «Contra el hambre en África», y «Por la condonación de la deuda de los países más pobres».

Estábamos reunidos delegados de todos los continentes, pero, significativamente, sólo había líderes gubernamentales de África, con la excepción de António Guterres[4], que presidía el encuentro.

De manera específica, sólo una campaña estaba referida a África, pero el debate nos llevó inmediatamente a la misma conclusión: sea cual sea el azote contra los seres humanos que se quiera combatir, lo único seguro es que África está en primera línea. Pareciera que esa tierra, que fue el origen del hombre, estuviera anunciando el comienzo del fin. Porque sólo una guerra mundial como la última, pero concentrada en África, causaría más víctimas que el sida y el hambre en los próximos diez años.

Si es el tiempo de la acción, más que del diagnóstico, declaremos la guerra al hambre y a la enfermedad en África, para construir sobre su derrota la esperanza de la paz, de la educación y de la incorporación al desarrollo.

Condonar la deuda no es bastante, no es casi nada, pero es imprescindible y pueden hacerlo los Gobiernos este año. Lo demás, asimismo urgente, sólo surgirá de una conciencia ciudadana comprometida con el futuro de África, que recorra los países desarrollados de Europa y América y se transforme en acción cívica directa y en exigencia a los Gobiernos. Las ONG, las fuerzas políticas y sociales, las organizaciones empresariales, los líderes culturales, pueden emprender la movilización de esa conciencia cívica, y deben —debemos— hacerlo ya, porque *ya* es tarde para empezar.

El País, 23 de abril de 2000

---

[3] La Internacional Socialista se celebró en Bruselas durante los días 10 y 11 de abril de 2000.

[4] António Guterres fue primer ministro de Portugal entre 1995 y 2001.

Efectivamente, en abril de 2000, ya había comenzado la crisis en los mercados de valores de los países centrales. La epidemia se convirtió en pandemia y los países centrales no pudieron evitar el contagio.

Pero, para África, ese contagio ha sido irrelevante, salvo que hoy, más que en ese momento aún, se ha sumido en la marginalidad. El mundo está conmocionado por la proximidad de un conflicto con Irak y por la deriva de la estrategia de la Administración Bush en materia de seguridad.

El dirigente mundial que he encontrado con mayor sensibilidad ante la tragedia africana ha sido Bill Clinton, conmocionado por la realidad que ha visto en sus visitas al continente.

China: autonomía en la globalización

Y el gato... sigue cazando ratones.

Gran personalidad en una envoltura diminuta, el viejo Deng Xiaoping fumaba sin cesar, encaramado a un sillón colocado de través y guarnecido por una pequeña mesa con las deliciosas tazas de té verde, mientras conversábamos. Explicaba, sin levantar la voz, de manera pausada, el proceso de reformas en curso desde 1978 —empezando por la agricultura, para acabar con el hambre secular— y la expectativa de duplicar el producto bruto en veinte años. Era el año 1985 cuando visité China por primera vez.

Me interesaba conocer la compatibilidad entre sus propuestas de reformas claramente dirigidas a introducir una economía de mercado en varias fases y el mantenimiento del discurso ideológico comunista que había fundamentado el nuevo Estado. El hombre, superviviente de tantas revoluciones, incluida la cultural, escuchaba con calma el cuestionamiento cartesiano que yo le dirigía. En un momento, que parecía de impaciencia, me soltó la famosa frase, por la que recibí un aluvión de críticas en España, como si la hubiera pronunciado yo: «Gato blanco o gato negro, a nadie importa si caza ratones», dijo.

Años más tarde, leyendo *El sueño de Confucio*, de J. Levy, comprendí que la sentencia, atribuida a Confucio («¿A quién importa el color del gato, siempre que cace ratones?»), representaba algo más que el pragmatismo menospreciado por nuestra cultura latina. Se trataba de la recuperación de una identidad milenaria, impregnada de una fenomenología de las prácticas históricas acumuladas, como guía de la acción política. Consejo para príncipes de aquel lejano Maquiavelo.

Cuando tengamos un poco más de perspectiva —y menos prejuicios occidentales— aparecerá la verdadera dimensión de este personaje del siglo XX: Deng Xiaoping. Deberíamos mirar con atención a China, el viejo imperio del centro, una historia y una civilización muy anterior a nuestra era, que mantiene sus pautas culturales e identitarias por encima de avatares históricos que parecen revolucionarios. Mirar con atención y dialogar constantemente.

Mantuve una conversación parecida con Gorbachov, al comienzo de la perestroika, un año más tarde. Admitía que el efecto a largo plazo de las reformas proyectadas induciría a cambios políticos en el sistema. Pero China comienza el 2000 habiendo multiplicado por cinco (un 500 por ciento) su riqueza del año 1980. Las dos décadas a las que se refería el viejo Deng han pasado, como él mismo, y sus previsiones se han cumplido en mayor medida de lo que anunciaba. A China aún le queda por delante un largo camino. Sus habitantes son algo más de la quinta parte de la sociedad humana, y participan, a pesar de este espectacular avance, en algo menos que Italia o Gran Bretaña en la riqueza mundial. Con menos porcentaje demográfico, Europa, EE UU y Japón juntos disponen de más del 70 por ciento de esa riqueza mundial. Pero si las cosas siguen el curso actual, esta relación de fuerzas va a cambiar en un par de generaciones. La evolución contraria se ha producido en Rusia.

¿Cuál es el color del gato que sigue, incansable y eficaz, cazando ratones?

En China lo llaman «economía de mercado socialista». Una mutación genética que parece fruto de la revolución biotecnológica, pero que sigue resultando incomprensible y contradictoria en Occidente. El Banco Mundial registra, año tras año, cifras récord de crecimiento y superación de la pobreza. Datos desconocidos desde que hay estadísticas para la mayor parte de las provincias chinas y para el conjunto de la nación. Es cierto que venían perdiendo posiciones durante casi dos siglos, porque su gran fracaso histórico había sido desengancharse de la revolución industrial. En los albores del siglo XIX, su participación en la riqueza mundial era del 30 por ciento. Ahora parece inexorable su recuperación de posiciones, su deseada modernización.

Es inevitable establecer comparaciones, cuando observamos la implosión de la Unión Soviética, la pérdida de posiciones de Rusia, su desastre económico y el hundimiento de sus sistemas de salud y educación. El otrora conflictivo «gran hermano» va a la zaga del proceso de cambios de China, y tardará generaciones, probablemente, en recuperar el punto de partida de los comienzos de la década de los ochenta.

Visito Pekín por tercera vez y la explosión de esta sociedad se hace patente en las calles. El paisaje cambia radicalmente de una ocasión a otra. Aún mayor es la sensación en Shanghai para todos los observadores. Me gustaría no abrumarles con cifras estadísticas, tan prolijas en los centros de poder chinos como en el Banco Mundial y otros organismos internacionales. Prefiero indagar en el hilo conductor de este espectacular proceso y plantear las preguntas sobre su futuro, sobre su papel en la revolución informacional, en la nueva economía, en el casino financiero global.

Lo que más llama la atención, y puede ser una de las claves para la comprensión de lo que sucede, es que China, durante veinte años, más aún tras la caída del Muro de Berlín y la desaparición de la política de bloques, es el único país que actúa con *autonomía significativa* en el proceso de toma de decisiones. El único que está en condiciones de hacerlo en esta época de un solo polo de poder y globalización desequilibrada. Por eso asombra e inquieta.

Durante la crisis financiera de 1997 y 1998, la peor —¡hasta ahora!— de la globalización, la región del sureste asiático sufrió una tremenda sacudida, con un Japón sin capacidad de reacción desde el comienzo de la década, y un rápido contagio a Rusia y a Brasil. Pero Pekín, cuando todos los analistas creían —y temían a la vez— que devaluaría su moneda, decidió mantener la paridad del yuan. Era grotescamente divertido contemplar el aplauso, entre incrédulo y entusiasta, que los reunidos en Davos, meca del liberalismo y la nueva economía, tributaron al viceprimer ministro chino cuando tomó la palabra.

Si recuerdan ese momento, que ya parece remoto, el temor a que la epidemia del sureste asiático, rápidamente extendida a otros países emergentes, se convirtiera en pandemia y contagiara a los países centrales, dominaba todos los ambientes. Si China devaluaba, siguiendo la corriente, la crisis mundial sería inevitable. Pero, al tiempo, se creyó que el Gobierno chino, afectado por las devaluaciones masivas de su entorno regional, no podría resistir a pesar de sus afirmaciones en Davos y en otros foros.

No ha sido gratuito para China, que ha debido pagar con deflación el mantenimiento de su decisión monetaria. Pero hoy parece claro que el coste, para el país, para la región y, probablemente, para todos nosotros, ha sido mucho menor que si hubiera sucumbido a los análisis convencionales.

A China se le plantean retos y contradicciones de gran envergadura, tanto en el plano interno como exterior. La reestructuración del sector público industrial, la reforma del sistema financiero o la incorporación a la Organización Mundial de Comercio son algunos de los más significativos en el plano económico. La apertura, la creación de clases medias urbanas, con móviles, conexiones a Internet, abundancia de coches, nuevos empresarios, etcétera, cambian las actitudes sociales y políticas básicas.

Pero, desde mi punto de vista, el desafío más decisivo para este inmenso país de 1.250 millones de habitantes va a ser su capacidad para incorporarse a las nuevas tecnologías, para acceder abiertamente a la red y utilizar su potencial humano en un escenario radicalmente distinto del conocido como «sociedad industrial».

La transformación de la industria estatal se llevará a cabo, aunque el ajuste sea doloroso para decenas de millones de trabajadores. La productividad agrícola aumentará rápidamente y los excedentes de esos dos tercios de la población deberán encontrar acomodo en sectores de servicios, entre los cuales el turismo tiene un enorme potencial. El sistema financiero se irá abriendo y homologando al funcionamiento de los demás países, superando dependencias y endeudamientos excesivos. La capacidad de consumo de la población irá creciendo a buen ritmo y los nuevos productos seguirán inundando ciudades y hogares.

La cuestión clave se sitúa en el desafío de la revolución tecnológica, con sus implicaciones, más que en la superación del retraso de la industrial. Para la recuperación del retraso, el gato parece bien preparado para seguir cazando ratones. Incluso para incorporarse a la Organización Mundial de Comercio, que le abrirá nuevas posibilidades, aunque le obligue a nuevas reformas estructurales.

Las «nuevas y altas tecnologías», como denominan la Feria de Pekín en la que acabo de participar como invitado, imponen otros requerimientos.

Si el nudo gordiano de la nueva frontera del siglo XXI estuviera en «la sociedad del conocimiento», de la que hablan Bill Clinton y otros líderes mundiales, China tendría que aumentar su esfuerzo, en cantidad y calidad de conocimiento, pero estoy seguro de que lo conseguiría.

Si, como creo, el conocimiento es la condición necesaria pero no suficiente para avanzar en el nuevo mundo que nace de la revolución tecnológica, la respuesta se complica. Además de conocimiento, saber transmitido en cantidad y con calidad suficiente, es necesaria una nueva actitud cultural que facilite la innovación, que impulse la creatividad y la capacidad de iniciativa personal para conectar lo que se crea y lo que se innova con los ciudadanos, que esperan recibir nuevo valor, nuevas prestaciones y servicios, resultantes de este esfuerzo. Hace falta, por tanto, espíritu emprendedor.

Las nuevas tecnologías, las ligadas a la red, tienen carácter expansivo, no se reducen a un segmento específico y nuevo de la división del sistema productivo, como los tradicionales primario, secundario y terciario, sino que irán afectando a todos los sectores de actividad, para terminar tocando la totalidad de la vida cotidiana. En definitiva, la penetración en la red, desde la capacidad de innovar y emprender, definirá la posibilidad de éxito o fracaso en la nueva era que se abre.

A partir de aquí, estando o no dentro del círculo, se plantearán las preguntas en torno a la finalidad que se persigue y a las actitudes humanas con que se afronta. Será necesario distinguir entre actitudes mercenarias sin compromiso y actitudes solidarias con la comunidad a la que se pertenece. Pero si no se supera esa frontera, el retraso será inexorable, se perderá la revolución tecnológica.

La cuestión básica se vuelve a plantear para China: ¿qué gato necesita para cazar esos ratones? ¿Qué prácticas pueden llevar a ese inmenso país a seguir avanzando en su desarrollo, ahora definido por el acceso a la civilización informacional? Innovar, emprender, además de adquirir conocimientos, exige flexibilidad, libertad personal y ruptura de convenciones. ¿Qué ocurrirá cuando, en pocos años, doscientos millones de chinos estén conectados a la red?

Quedamos en conversar sobre ello.

El País, 15 de mayo de 2000

China sigue creciendo con tasas del 7 u 8 por ciento en medio de la crisis global. Su autonomía se ha reforzado frente al Fondo Monetario Internacional (FMI) y al Tesoro de EE UU, ganando terreno para sus políticas económicas, más allá de las constricciones impuestas para su ingreso en la Organización Mundial de Comercio.

Su desafío sigue siendo la apertura de comunicaciones que comporta la Red y su impacto en el sistema político.

Un debate turbio

El ejemplo utilizado por Felipe González en una entrevista con la revista mexicana Proceso *para demostrar que el PSOE podría ser hoy mucho más influyente con el respaldo electoral que tiene, desencadenó una dura polémica. «La Constitución en España se hizo porque nosotros decidimos que se hiciera y sólo teníamos el 30 por ciento de los votos. Si hubiera dependido de Adolfo Suárez, no se hubiera hecho la Constitución. Adolfo es muy amigo mío, pero él no quería hacer la Constitución». Esta frase provocó una oleada de recriminaciones, desde miembros del Ejecutivo de José María Aznar a Adolfo Suárez, hijo, y culminó con una declaración conjunta de cuarenta ex ministros que formaron parte de los Gabinetes de Suárez. Este artículo aclara qué quiso decir en aquella entrevista.*

Es curioso, cuando menos, el revuelo organizado con motivo de unas palabras mías sobre el papel de Adolfo Suárez y la Constitución.

Sin duda he cometido varios errores en esa entrevista —cuyo texto no revisé—, pero uno destaca sobre los demás: la afirmación de que Suárez no quería la Constitución, sacada de contexto, induce a error y puede ser manipulada, como está ocurriendo.

Esta polémica absurda no cambiará, sin embargo, la apreciación que tengo sobre el papel de Suárez en la transición. Porque no sólo fue una pieza clave para el paso de la dictadura a la democracia, sino el pararrayos de todas las invectivas, descalificaciones y odios de una derecha montaraz que no que-

165

ría el cambio, que no quería perder su estatus y consideraba a Suárez —ellos sí— como un traidor a su causa.

Y es esto lo primero que quiero dejar claro. Mi convicción personal es que sin Adolfo Suárez el proceso de transición democrática en España hubiera sido distinto y, con toda seguridad, mucho peor. La UCD y el PSOE, que constituían una mayoría abrumadora, y otros grupos políticos que habían jugado un papel relevante en la oposición a la dictadura, como los comunistas y los nacionalistas, estuvimos desde un principio de acuerdo en la necesidad de transitar de la dictadura a la democracia.

Discrepábamos entonces en las formas y los ritmos. No podía ser de otra manera, puesto que nuestro punto de partida era distinto: Suárez tenía que conducir a una parte del viejo régimen a la aceptación de la democracia y la base de su estrategia era la idea de un cambio sin ruptura de la legalidad vigente. Su margen de maniobra era estrecho y su riesgo, alto. Seguramente hizo lo mejor posible cuando aprobó la Ley para la Reforma Política, prólogo de la convocatoria de las elecciones del 15 de junio de 1977. Esta ley no tenía el propósito de abrir un proceso constituyente, aunque forzáramos ese resultado final.

De hecho, las primeras elecciones libres en cincuenta años no fueron convocadas por el Gobierno para elegir una Asamblea Constituyente. Fueron las Cortes las que tomaron la decisión, una vez elegidas, de abordar inmediatamente la elaboración de una Constitución. Y aquí viene el punto central de lo que quise transmitir en mis declaraciones: aquella decisión fue posible porque la relación de fuerzas entre los que tenían su origen en la oposición al franquismo y los que provenían del mismo fue distinta a la prevista. Esto hizo ineludible la aceleración del proceso.

La Constitución era un punto que formaba parte de las exigencias básicas de la oposición y no —al menos originariamente— de la estrategia de los reformistas. El resultado electoral hizo posible la convergencia de UCD, PSOE y otras fuerzas democráticas en torno a la decisión.

Nosotros deseábamos una Constitución que rompiera, mediante el acuerdo, con la legalidad del franquismo y abriera una nueva etapa. Era la ruptura con el pasado, propia de un partido democrático de oposición a la dictadura, que deseaba pactar con quienes, procediendo del propio sistema anterior, manifestaban una voluntad sinceramente democratizadora.

El talante centrista y reformador del grupo creado en torno a Suárez, reflejo del suyo propio, permitió un diálogo fructífero —del que nació la Constitución— y suscitó el rechazo más encendido y ácido por parte de la derecha, que no quería ese cambio.

Esto es lo esencial. Un acuerdo de fondo: la instauración de un régimen democrático. Una metodología: el consenso. Y como resultado, una Constitución compartida. Y, en ese esquema, la contradicción básica no se daba entre Suárez y nosotros, sino entre quienes empujábamos hacia la transformación democrática de España y quienes, desde la nostalgia del franquismo, la frenaban y obstaculizaban.

Y ahora, más de veinte años después, muchos de los que no querían la Constitución alientan un debate turbio, que trata de enfrentar a aquellos que, mediante el diálogo —a veces tenso y no exento de contradicciones—, conseguimos su aprobación. No hay más que ver el celo historiográfico con el que los medios de comunicación al servicio del poder hurgan en las hemerotecas buscando todo lo que les permita atizar esta polémica para darse cuenta de lo que pretenden. En los últimos dos años, como en plena campaña electoral, los dirigentes del PP intentan apropiarse de la Constitución, incluso tratan de aparecer como únicos garantes y defensores de lo que rechazaron entonces. Y les ha ido bien. Ahora tratan de ir más allá. Porque difícil es, pero no imposible, que provoquen fracturas entre los que estuvimos de acuerdo hace veinte años, justamente, utilizando aquello en lo que estuvimos de acuerdo.

Los neófitos defensores de Suárez, o los que lo dejaron en la cuneta, deben saber que no tengo la intención de entrar en ese juego, dispuesto como estoy, por respeto a lo hecho y por amistad, a resaltar el papel de Adolfo Suárez. Mi error ha sido haber dado excusa, que no motivo, para este despliegue de renovadas invectivas, semejantes a las viejas, que oculta intereses espurios.

Porque, puestos a analizar los hechos históricos, sería interesante sacar del burladero a los que jalean hoy a Suárez y entonces lo querían triturar. Por ejemplo, Aznar, que dice haberlo votado en 1977 y que, inmediatamente después, estuvo en contra de la Constitución, pidiendo una abstención activa y militante en el referéndum. Estuvo en contra del consenso como método para elaborarla. Estuvo en contra de sus contenidos esenciales: regulación de la educación, de la economía, del derecho a la vida, del Estado de las Autonomías, etcétera. Es cierto que lo hizo con la relevancia propia de su responsabilidad de entonces, pero con una saña inigualable contra el Gobierno de Suárez. Basta con acudir a sus textos de la época. Éstos no dejan lugar a dudas sobre sus convicciones de antaño, transformadas hogaño en exaltación y defensa, con vocación excluyente, de lo que entonces denigraba[1].

Entonces era importante dónde estaba cada cual, porque el debate se dirimía en el filo de la navaja, entre involución y democracia. Hoy no hay ese riesgo, pero es necesario identificar a unos y a otros ante las nuevas generaciones.

No obstante, mi deseo más profundo es que la mitad de la convicción con que Aznar y los suyos atacaban la Constitución y los Estatutos hace un par de largas décadas, se aplique hoy a asumirla, más allá de su uso como arma electoral. Sería bastante, incluso mucho, para los que, con mayor o menor relevancia, nos comprometimos a hacer posible una Constitución que nos permitiera superar nuestros problemas históricos y facilitar la convivencia en paz y libertad.

Acostumbrado como estoy a este tipo de cosas, lo que más lamento es que Adolfo Suárez se sienta mal. Mis excusas,

---

[1] José María Aznar expresó sus ideas al respecto en artículos publicados en la prensa local, antes de acceder a la Presidencia de Castilla y León.

porque creo que no lo merece, ni hoy ni en aquellos momentos, cuando tantos de los que ahora salen en su defensa, o alientan el debate ocultándose, se comportaron como lo hicieron.

¿Podrá hablarse de éste y de otros temas de nuestra historia reciente sin que los de siempre se lancen a enturbiarla?

El País, 2 de junio de 2000

Mantengo mi aprecio por Adolfo Suárez. Nada añadiría a lo dicho en esta respuesta al debate montado en aquella ocasión.

¿Perú im-posible?

Las elecciones presidenciales peruanas han resultado fallidas[1]. Cuanto antes se corrijan los perniciosos efectos, mejor será para el país. El candidato a la Presidencia, Alejandro Toledo, hizo una carrera espectacular hacia la mayoría con su plataforma «Perú Posible». Por primera vez desde el golpe de fuerza de 1992, parecía probable, incluso imparable, la derrota de Fujimori. Los observadores internacionales, sin excepción, insistían en la desigualdad de oportunidades con las que afrontaba Toledo su campaña, en el control agobiante de instituciones básicas para el juego democrático y de medios de comunicación que venía realizando el Gobierno. Terminaron denunciando las graves irregularidades que cuestionaban el resultado de la primera vuelta.

Como en un relato de intriga, durante horas, la candidatura del aspirante Toledo aparecía mayoritaria en el recuento, pero, a medida que avanzaba la madrugada, Fujimori recuperaba posiciones ante la desconfianza y alarma de todos los observadores. Finalmente, el milagro se produjo: décimas antes de la mayoría absoluta, con ocho puntos de ventaja, la máquina informática revolucionaria dio ganador, en primera vuelta, a Fujimori. Se había conseguido lo máximo que se podía esperar en esas circunstancias. Una segunda vuelta era necesaria.

Sin embargo, las condiciones de la segunda vuelta seguían siendo desiguales y carentes de garantías, de modo que la pre-

---

[1] Las elecciones presidenciales peruanas se celebraron el 9 de abril de 2000.

sión interna y externa se concentró en la necesidad de un apla- zamiento, durante quince días, hasta obtener, al menos, fia- bilidad en los resultados del recuento. Pero esta vez no hu- bo cesión y la convocatoria del 28 de mayo se mantuvo... ¡con un solo candidato!

Toledo anunció su retirada para no legitimar lo que de- nunciaba como un fraude intolerable. Los observadores in- ternacionales, incluida la OEA (Organización de Estados Ame- ricanos), la Fundación Carter, el Instituto Nacional para la Democracia, Transparencia[2] y los demás, abandonaron el país para no validar, ni siquiera con su presencia, la que definían como inaceptable convocatoria de la segunda vuelta.

Me sumé, requerido por Transparencia, a la oleada de pe- ticiones para que se retrasara un par de semanas la segunda vuelta y se ofrecieran las garantías pedidas por el candidato opositor y por todas las instancias internacionales. Debo con- fesar que con pocas esperanzas de obtener un resultado y con sumo respeto, para que no se interpretara como injerencia lo que era preocupación por las consecuencias de unas eleccio- nes fraudulentas.

Mi declaración del 20 de mayo terminaba afirmando: «La esencia de la democracia es la aceptabilidad de la derrota. Si no se produce, cualquier resultado será lesivo para Perú». In- sisto en la misma idea, después de leer a Mario Vargas Llo- sa, el domingo 11 de junio en *El País*, opinando sobre las elec- ciones peruanas pasadas y fallidas y las mexicanas, por venir y declaradas fallidas por el autor, salvo que gane un candida- to opositor.

Como coincido plenamente sobre lo ocurrido con el pro- ceso peruano y la necesidad de pronta corrección, he decidi- do insistir en la aceptabilidad de la derrota como elemento de definición de la democracia. El propósito, más que discre- par de Mario Vargas Llosa, es intentar avanzar en posicio- nes que sean convergentes en el objetivo que compartimos:

---

[2] La ONG Asociación Civil Transparencia vela por la limpieza en los procesos electorales de América Latina.

la democratización del Perú, en este caso, de México o de otros países iberoamericanos.

Que gane uno u otro candidato, si las condiciones de competencia son razonablemente iguales y si las garantías de limpieza en el recuento son rigurosas, es menos significativo para el sistema democrático, que el hecho de que el perdedor, o los perdedores, consideren aceptable su derrota y, como consecuencia de esta aceptabilidad, jueguen dentro del sistema por sentirse incluidos en él.

No es sólo un problema de tal o cual competidor (por eso hablo del sistema), sino de los electores, de los ciudadanos, sea cual sea la orientación de su voto. Porque, cuando esto falla, la representación deja de serlo para un porcentaje creciente de la ciudadanía que se ve tentada, cuando no arrastrada, a favorecer alternativas al margen del propio sistema democrático.

No es la alternancia en el poder lo que define un sistema como democrático. La Historia demuestra (en la España de la Restauración o en la Colombia de las últimas décadas) que esa alternancia —a veces pactada por las élites— ha dejado fuera a un porcentaje significativo de ciudadanos que terminan rompiendo las reglas que los excluyen.

He conocido a Toledo después de las fallidas elecciones y, más allá de la buena impresión que causa su personalidad, lo más preocupante no es su destino personal, sino la oleada de esperanzas que ha suscitado y la correlativa de frustración que la inaceptabilidad de su derrota va a producir en millones de peruanos, incluso más allá de sus votantes.

Como la democracia es un sistema imperfecto, que sólo se salva por ser mucho mejor que todos los demás que se han inventado y ensayado, a todos los que aspiramos a vivir en él nos conviene librarnos de dictadores y autócratas camuflados en falsos procesos electorales. Pero el fundamentalismo democrático, al uso de conversos, ayuda a los anteriores e impide, con frecuencia, recorrer el camino del perfeccionamiento del sistema democrático, inherente a su misma imperfección.

Tengo la convicción de que Fujimori ganó, con amplitud, las primeras elecciones en las que compitió. No me siento en condiciones de evaluar su gestión en ese primer período, a pesar de haber coincidido con él en las responsabilidades de gobierno, pero lo ocurrido en 1992, de manera innecesaria y arbitraria, fue el comienzo de la regresión del sistema democrático (imperfecto) que lo llevó al poder. Esta regresión no puede considerarse compensada por los éxitos en otros terrenos y sí agravada por los abusos cometidos.

Así, hemos llegado a la confrontación electoral del año 2000, en la que, por primera vez y más allá de los instrumentos empleados para impedirlo durante la década de los noventa, un candidato alternativo tenía una posibilidad clara de vencer a Fujimori. Es decir, una mayoría de peruanos parecía desear un cambio democrático y se han visto frustrados y excluidos por una actuación irregular.

Esto no augura nada bueno para Perú, porque administrar la frustración, en una situación social y política como la que se está viviendo, es una operación mucho más difícil que haber aceptado el resultado de una confrontación limpia.

Es casi imposible para Fujimori, que sentirá la tentación de convertir toda protesta cívica en amenaza para la paz y la estabilidad. Pero no es lo mismo combatir a Sendero Luminoso que reprimir a millones de electores. La justicia, las Fuerzas Armadas o la policía se verán cada día más lejos de sus funciones institucionales y la gobernabilidad se fundamentará en un creciente autoritarismo. A la vieja crisis de las fuerzas políticas tradicionales se sumará la de los medios de comunicación con cierta independencia, para ahogar toda discrepancia.

Negociar esa frustración es, también, muy difícil para Toledo, que concita la simpatía de su electorado y la de los electores de otros candidatos que lo apoyan como salida a la deriva autoritaria en la que se encuentra su país. Tiene la responsabilidad de convencer a estos ciudadanos de que es posible lo que ahora les parece imposible. Tiene la firme voluntad de hacerlo pacíficamente, pero sabe que el incremento de las tensiones puede escapar de sus manos y de las de sus seguidores, manipuladas de forma espuria.

Por eso clama ante la opinión pública internacional para que se repita el proceso cuanto antes y con garantías. Por eso sigue en campaña cívica para que los electores sigan confiando en «Perú Posible». Debe ser escuchado, dentro de Perú y fuera.

También tiene razón Vargas Llosa en lo que pide, aunque no sea posible compartir todos sus argumentos o calificaciones personales e institucionales.

Por citar un solo ejemplo, la crisis de la OEA tiene su origen, como el de otros organismos internacionales, en la guerra fría. En esos años en que EE UU anteponía tantas veces la balanza de poder con la URSS a los principios democráticos. Recordará Mario la frase famosa: «Sabemos que Somoza es un hijo de p..., pero es nuestro hijo de p...».

Me siento cercano a una buena parte de los personajes mencionados por Vargas Llosa y conozco sus compromisos democráticos[3]. Por eso me gustaría convencerlo, tanto si habla de Perú como si lo hace de México. Porque lo más interesante de México, hoy, es que nadie sabe lo que va pasar el 2 de julio, cuando voten para elegir al próximo presidente. Esta incertidumbre significa mucho, casi todo en una confrontación democrática. Desde luego, más que quién vaya a ganar el proceso. Eso dependerá de las preferencias de los ciudadanos que vayan a votar. Para nosotros, amigos del México que ha acogido a tantos «trasterrados» de nuestros países sin libertad, lo que puede esperarse es que la derrota sea aceptable, para que el final de la incertidumbre electoral convierta la democracia en un sistema incluyente. El Instituto Federal Electoral de México, ante el que expuse la tesis de la «aceptabilidad de la derrota», es un organismo independiente y creíble, con poderes más que suficientes para garantizar la limpieza del resultado.

---

[3] El escritor peruano citaba en su artículo a Ernesto Zedillo y a César Gaviria, entre otros.

Peruano de nación, que diría Cervantes, y español de adopción, Mario Vargas Llosa grita la necesidad de corregir rápidamente el fiasco democrático de su país. Lo comparto. La espera de cinco años que algunos de sus amigos recomiendan, apelando a la prudencia como virtud, para evitar el compromiso de la respuesta, no hará más que agravar la situación de Perú y contaminar su entorno político.

Compartir el objetivo nos obliga a afinar los instrumentos, para que las disonancias no introduzcan ruidos que aprovechen a los que tienen propósitos oscuros.

El País, 17 de junio de 2000

Los amigos de Vargas Llosa, a los que me refiero con cierta ironía en el artículo, que no quise nombrar directamente para no crear dificultades a Toledo, eran los gobernantes del PP.

· *Durante la visita de Alejandro Toledo, pidiendo ayuda contra el régimen autoritario y corrupto, el mismo presidente del Gobierno de España le aconsejó paciencia para esperar cinco años.*

En México ganó Fox y en Perú ganó Toledo, y, por encima de las dificultades, lo más importante fue el hecho que proponía en mi reflexión: la derrota fue aceptable.

Solidaridad y sostenibilidad

Para el movimiento socialdemócrata, en cualquiera de sus variantes, una de las cuestiones claves, porque afectan a su identidad, es si en la «nueva economía», en la era de Internet, tienen cabida las políticas de solidaridad. En los países de alto nivel de desarrollo, esta cuestión se plantea en torno a la defensa del Estado de bienestar, construido en la sociedad industrial. En los países emergentes, sometidos a políticas de ajuste que comprimen el gasto redistributivo, la frustración es doble: ansían recorrer el camino de las democracias desarrolladas, al tiempo que ven la crisis de las formas clásicas de cohesión social que padecen como una forma de perder la posibilidad de avanzar en la justicia social.

Para unos y otros, la concentración social y espacial de la riqueza, en esta fase del desarrollo de la globalización, pone en crisis la compatibilidad entre crecimiento económico y redistribución. El viejo Keynes[1], acompañado de los creadores del Estado protector del individuo «desde la cuna hasta la tumba», parecen definitivamente enterrados en ésta.

¿Se puede practicar la solidaridad en la era de Internet?

El empresario individual sólo habrá de tener en cuenta la optimización del beneficio, casi siempre a corto plazo, aunque un buen número de empresas también consideran el medio y largo plazo dentro del criterio de optimización. En la nueva

---

[1] John Maynard Keynes (1883-1946), autor de la *Teoría general de la ocupación, el interés y el dinero* (1936).

economía, la estrategia financiera de la empresa ocupa un lugar determinante, más atenta al valor bursátil que al beneficio clásico, más atenta a la bolsa que al cupón del accionista.

Para los responsables de la política económica, lo óptimo adquiere una dimensión diferente de la empresarial individual, incorporando los factores que consideran necesarios para hacer eficiente la nueva economía desde la perspectiva de los intereses generales. La interpretación de estos intereses generales marcará las diferentes alternativas políticas y las mayorías sociales.

La política económica progresista seguirá considerando la solidaridad y la cohesión social como criterios prioritarios, pero un proyecto socialdemócrata será exitoso cuando muestre a una mayoría social, incluidos los actores económicos empresariales, que su política económica es más sostenible que la ofrecida por los proyectos alternativos. No estoy hablando sólo de compatibilizar eficiencia económica y cohesión social, sino de demostrar que la mayor eficiencia en la nueva economía está ligada al mayor grado de inclusión social.

Si esto fuera así, la clave para nosotros estaría en la definición de las prácticas de solidaridad, que, utilizando los nuevos instrumentos disponibles en la realidad emergente de la globalización, contribuyan a fortalecer el desarrollo de la nueva economía dándole una sostenibilidad mayor, económica, social y medioambiental. Esto significaría que nuestra propuesta es más aceptable, no sólo en su dimensión social (humana) sino en interés de los propios actores económicos de la globalización.

Pero la solidaridad, en un proyecto socialdemócrata, debe atender a las viejas fracturas sociales —surgidas del modelo de la sociedad industrial— y a las nuevas que están apareciendo como consecuencia de los vertiginosos cambios inducidos por la revolución tecnológica. Sólo teniendo sensibilidad para responder a esta realidad múltiple, de lo que se va quedando atrás y de lo nuevo, se puede llegar a articular un proyecto socialmente mayoritario y duradero en el tiempo, puesto que la oferta no será considerada como puramente defensiva del modelo clásico de cohesión social que conocemos como Estado de bienestar, o como aspiración a construirlo cuando no se ha llegado a él.

La solidaridad clásica, en prácticas desarrolladas durante la segunda mitad del siglo XX, ha tendido a cubrir, con los sistemas de pensiones, el acceso a la educación y la asistencia sanitaria, la responsabilidad política de inclusión del conjunto de la población.

A pesar de la voluntad de inclusión a través de las tres políticas básicas, consagradas como respuesta al reconocimiento de derechos de carácter universal, con los primeros síntomas de crisis de la sociedad industrial fueron apareciendo formas de exclusión y marginalidad distintas. Surgieron sectores de población que, por razones diferentes —droga, paro, inmigración, etcétera—, escapaban a las prácticas clásicas de solidaridad. Se adoptaron, ante ello, políticas específicas, incluso ministerios distintos de los de Trabajo, Sanidad o Educación, para tratar de responder a estos segmentos marginales de la sociedad industrial madura.

La nueva economía crea nuevas fracturas sociales y agrava las anteriores, poniendo en entredicho los sistemas clásicos de solidaridad y cohesión social. Está creciendo el número de los excluidos y la distancia en las rentas se está agrandando. Los rechazos se están generalizando, confundiendo la globalización con una nueva forma de explotación, porque las oportunidades que ofrece el nuevo espacio están siendo aprovechadas por muy pocos, a costa de muchos que se sienten impotentes para incorporarse.

El éxito de un proyecto progresista en la búsqueda del paradigma socialdemócrata del siglo XXI estará relacionado con las prácticas activas de solidaridad que permitan que un mayor número de ciudadanos se incorpore a la nueva economía. Políticas activas de inclusión que no evitarán la existencia de bolsas de marginalidad, a las que habrá que atender solidariamente. Pero, obviamente, cuanto menor sea el número de los que quedan al margen, más sostenible será el modelo, porque mayor será el contingente humano que añada valor.

La discusión entre los partidarios de la Tercera Vía, que ponen el énfasis en las políticas activas de inclusión, menospreciando las prácticas tradicionales de solidaridad porque, a su juicio, crean pasividad, y los socialdemócratas clásicos, que se sienten zaheridos por la permanente descalificación de estas prácticas, nominadas como «vieja izquierda», puede superarse con un diálogo consistente, que nos permita comprender el valor de las diferentes formas de solidaridad y su carácter complementario entre sí.

Intentemos una exploración en las distintas formas de solidaridad que pueden practicarse, con el doble objetivo de dar cumplimiento a lo que estimamos nuestro valor más definitorio y ofrecer una alternativa más sostenible al modelo de nueva economía, o sociedad de la información.

1. **La solidaridad** que responde al cumplimiento de una obligación política nacida del reconocimiento de unos derechos ciudadanos que se consideran universales. En la mayoría de nuestras sociedades nacionales, la educación y la asistencia sanitaria gratuitas, y las pensiones, se configuran así. Los poderes públicos —la política como función— asumen la obligación de satisfacerlos. Esta obligación debe considerarse ineludible e inexcusable en el primer nivel de discusión con los adversarios de lo que llamamos Estado de bienestar. En un segundo nivel, podemos colocar el debate sobre la gestión —pública, privada o mixta— para la satisfacción de esos derechos universales reconocidos. En un tercer nivel, habríamos de situar el debate sobre las formas más eficientes e incluyentes de realización de esos derechos, se gestionen pública o privadamente.

2. **La solidaridad** frente a las formas de marginación producidas por la crisis de la sociedad industrial y la rápida transición a la sociedad informacional, que afecta a los contenidos educativos y de formación, a grupos de ciudadanos procedentes de la emigración, a parados de larga duración, a drogodependientes, etcétera. La combinación de políticas de inclusión activas y políticas de ayuda o subvención es inexorable, aunque debería procurarse la mayor eficiencia en las primeras.

3. La solidaridad referida a la razonable igualdad de oportunidades que genera el acceso a servicios públicos de comunicaciones, telecomunicaciones, energía..., según el lugar que se ocupe en el territorio o en la escala social. La rápida privatización de estos servicios, tradicionalmente en manos de monopolios públicos u oligopolios mixtos y fuertemente regulados, plantea interrogantes de enorme interés para un proyecto socialdemócrata que se base en la solidaridad como sostenibilidad del modelo. En este caso, no estamos considerando derechos reconocidos como universales, por lo que las políticas que se ofrecen como alternativas pueden comportar variaciones muy sustanciales en las propuestas de unos y otros, no sólo entre las de izquierdas y de derechas en el sentido tradicional.

El carácter público de las empresas que ofrecen estos servicios se consideraba sustancial para el resultado. Es decir, para conseguir la solidaridad que supone la mayor igualdad de oportunidades de acceso a esos servicios era tan indispensable su carácter público que no sólo no admitía discusión, sino que se confundía el propio instrumento con el objetivo. Era frecuente, por ello, que los programas de izquierda incluyeran como objetivo en sí mismo el mantenimiento en el sector público de estas actividades empresariales o su nacionalización.

Sin embargo, hoy podemos considerar las privatizaciones de estos sectores no sólo como un hecho irreversible, sino como algo positivo que puede permitir una acción política más eficaz para igualar oportunidades de usuarios y consumidores. Este enfoque no defensivo comporta la superación de uno de los errores más frecuentes en las prácticas de solidaridad, que ha consistido en esa confusión de instrumentos y objetivos. Las ofertas públicas en estos sectores de servicios básicos monopolizados han sido ineficientes para mejorar la cantidad, la calidad y la accesibilidad de los ciudadanos a los mismos. La competencia puede generar una mayor y mejor prestación, disminuyendo los costes de uso y, por ello, mejorando la igualdad de oportunidades de los ciudadanos en el acceso a los mismos.

Esta afirmación no es axiomática, porque su realización depende de las políticas que se practiquen desde los gobiernos. Si privatizar monopolios públicos se convierte en una operación de entrega a oligopolios privados de los servicios transferidos, los efectos pueden ser contrarios o mucho más limitados de lo deseable y posible. Por eso, lo más difícil de aceptar para la izquierda clásica —la liberalización que induce una política de privatizaciones orientada a mejorar la competencia en beneficio del usuario o consumidor— es una forma de solidaridad de efectos muy rápidos y con consecuencias de gran calado para las sociedades actuales.

Una reflexión actualizada sobre las prácticas de solidaridad más operativas como políticas incluyentes nos debería llevar a la educación, la formación profesional o el entrenamiento para participar como actores conscientes en el nuevo escenario de la globalización, de la sociedad informacional. Más allá del debate sobre si la educación es una política de inversión más que de gasto, lo que importa hoy es preguntarse sobre el tipo de educación o formación que necesitamos para conseguir el objetivo de minimizar el número de los excluidos de la sociedad del conocimiento. Pero esto merece un desarrollo más amplio, al que dedicaremos otro artículo.

El País, 3 de julio de 2000

Debo llamar la atención sobre el uso del término «sostenibilidad», referido en este caso a la dimensión económica y social, más que a la medioambiental.

Ahora, como consecuencia de la crisis mundial, se ha abierto un gran espacio para discutir estos temas con los neoliberales fundamentalistas, porque se encuentran frente al fracaso de sus tesis.

Una alternativa más sostenible por ser más incluyente empieza a vislumbrarse en medio de las dificultades.

¡Todavía somos un país de emigrantes!

La inmigración es una necesidad económica y demográfica para España y, a la vez, se está convirtiendo en un grave problema, tanto en la percepción de la opinión pública como en el disparatado debate político que la alimenta.

No conozco a ningún inmigrante, magrebí, subsahariano, dominicano, ecuatoriano, colombiano, argentino, polaco, o de cualquier otro origen, que haya venido a nuestro país después de haberse leído la legislación sobre inmigración, vieja o nueva, a pesar de las diatribas de los responsables gubernamentales sobre los efectos perversos de la inaplicada nueva Ley de Extranjería.

¡Perdón! Hay que hacer una salvedad: los mafiosos italianos que huyen de la justicia de su país, sí conocen nuestras leyes, incluidas las migratorias.

También los residentes europeos procedentes de la Unión, que ejercen sus derechos de voto en las elecciones municipales, y algunos grandes empresarios o ejecutivos del mundo globalizado, conocen las ventajas que su residencia en España puede reportarles, sean cuales sean las que tomen en consideración.

Los primeros son necesarios para nuestra economía y demografía, pero no parecen ser deseables y están generando un rechazo creciente y peligroso, alimentado por discursos demagógicos.

Los segundos son innecesarios e indeseables, pero no se les aplica la legislación sobre inmigración, que debería, en este

183

caso sí, permitir expulsarlos de nuestro territorio, aun cuando haya problemas para entregarlos a la justicia de su país.

Los terceros son bienvenidos, por sus divisas, por sus inversiones o por su color, sabor y olor.

¿Qué nos pasa con la memoria?

¿Por qué estamos ciegos en la observación de la realidad?

Todavía hoy, que «España va bien», incluso lleva más de dos décadas yendo bien (al decir de Aznar en su discurso de investidura)[1], somos un país de emigrantes, mucho más que de inmigrantes. Pocas familias españolas desconocen la emigración más allá del Atlántico o allende los Pirineos.

Por razones económicas, políticas u otras, basadas siempre en la imposibilidad de mantener a todos los españoles en su propio suelo, nuestro país ha sido, durante siglos, un río permanente de emigración. Hasta tiempos muy cercanos, que coinciden con la recuperación de la democracia y las transformaciones de los últimos veinte años, generación tras generación, nuestro país ha cubierto el mundo de «trasterrados».

Llenos de dificultades para crear riqueza y que ésta llegara a todos, incapaces de aceptarnos a nosotros mismos por «motivos» religiosos, ideológicos o de cualquier signo, nuestra especialidad en la España contemporánea, ha sido la exportación de capital humano. Y... ¡casi siempre! se han ido los mejores. Los que sentían que sus iniciativas no tenían sitio, los que eran inaceptables para la mediocridad reinante, los expulsados por el delito de pensar con libertad, los excluidos de la riqueza.

Ésta debería ser nuestra memoria. La memoria de las migraciones externas y de las internas.

Yo la mantengo viva por mis raíces familiares, por mis convicciones y como consecuencia de mis viajes por el mundo conversando con los trasterrados económicos, políticos, científicos o culturales. Han sido conversaciones sobre sus raíces rotas, sobre sus identidades divididas, sobre sus patrias y sus hijos, en cualquier rincón de América y del mundo.

---

[1] Discurso de investidura, 25 de abril de 2000.

Son la memoria viva de los años sesenta y primeros setenta, en Francia, en Alemania, en Bélgica u Holanda, que mantiene grabada las imágenes de miles de jóvenes con sus maletas atadas con cuerdas por las estaciones de ferrocarril, o los avisos en bares y locales públicos prohibiendo la entrada a turcos, españoles y magrebíes, o las mujeres gritando en los mercados creyendo hacerse entender en lenguas extrañas.

Memoria que mantengo viva por mis negociaciones, en los primeros ochenta, con los dirigentes de la Europa en la que queríamos integrarnos, porque los veía asustados ante la «amenaza» de nuevos flujos de emigrantes españoles hacia sus países.

Memoria viva, en fin, por las visitas a Cataluña o al País Vasco y la lectura de libros como *Los otros catalanes*[2].

Y quiero que mis compatriotas no olviden.

No es un problema específico de España, sino de la Unión Europea o de Estados Unidos como receptores, y, desde la óptica inversa, de los países emergentes o pobres, o de las dictaduras de cualquier naturaleza. Para nosotros, lo importante es la novedad. El hecho histórico de habernos convertido en un país de inmigración, cuando hasta ayer lo éramos siempre de emigración. Pero —¡todavía!— hay dos veces más españoles fuera de nuestras fronteras que extranjeros dentro de ellas.

En la globalización, en el modelo de lo que se llama «nueva economía», todos los factores tienden a moverse con mayor libertad cada día: los capitales, las mercancías, los servicios. Pero los trabajadores, los seres humanos que buscan la oportunidad de sobrevivir en tierras ajenas, extrañas, y no tienen por equipaje más que su propia ansiedad, no tienen libertad para circular. Ven el Primer Mundo; perciben, a través de la información, globalizada, como lo demás, una realidad mejor que les permitirá escapar de la miseria. A ellos y a los suyos. No les importa el riesgo, incluso de su vida, para alcanzar el objetivo. Pero... su color, su sabor amargo, su identidad extraña, provoca rechazo.

---

[2] Francisco Candel publicó *Els altres catalans* en 1963.

Como nuestros emigrantes, nuestros padres y abuelos pudieron comprobar en sus destierros —incluidos los interiores— que eran gachupines o gallegos, maquetos o charnegos.

Pero en este modelo de economía que llamamos «nueva», de ahorros virtuales y deudas reales, de trabajos menospreciados conviviendo con porcentajes insoportables de paro, el fenómeno de una inmigración necesaria y a la vez maldita se agrava hasta límites que nos tocará sufrir pronto.

No es rentable electoralmente decir estas cosas, sino las contrarias, como hemos podido comprobar con los sucesos de El Ejido[3], porque son verdades que duelen, que nos ponen ante el espejo de nuestra identidad como país, de nuestro ser histórico, con más de los suyos fuera que extranjeros dentro, aunque esta generación esté viviendo el cambio de tendencia. Pero si no se dicen, el quiste se hará mayor y devendrá maligno, porque los flujos continuarán llegando a nuestras costas —necesidad y problema—, por mucha policía, discurso hipócrita o debate demagógico que soportemos.

Y más allá de las consideraciones internas, los flujos migratorios, cambiando su naturaleza de migraciones masculinas a femeninas, de adultos a adolescentes, con efectos sociales incalculables en los países de origen, se están convirtiendo en uno de los desafíos más importantes de la globalización. Es uno de los retos menos atendidos o estudiados, en comparación con los problemas medioambientales u otros, pero explosivo si no se acierta a comprender su necesidad e inevitabilidad y si, desde esa comprensión, no se empieza a educar a la población para facilitar la integración, la inserción social de nuevas corrientes de «extraños», o no se practican políticas activas incluyentes que eviten guetos permanentes de marginalidad que aumentarán la espiral del rechazo.

En la Unión Europea, un buen número de países conoce el problema desde hace décadas. Otros, como el nuestro,

---

[3] Los disturbios de El Ejido se produjeron en febrero de 2000.

empiezan a enfrentarse a él. Los resultados no son esperanzadores para nosotros, los novatos, como una dramática paradoja a contracorriente de nuestra historia.

En Estados Unidos, a pesar de su identidad de país de frontera, mezcla de flujos migratorios constitutivos de su ser histórico, la crisis del capitalismo tardío puso de manifiesto que un país de inmigrantes puede conocer reacciones de rechazo a los «nuevos», tanto o más virulentas que los países con poca experiencia histórica de inmigraciones.

Y, lo más sorprendente, salvo que se mire con la intención de no ver: es mayor el rechazo del otro, del extranjero, en los países ricos o centrales que en los países emergentes o en los pobres. La capacidad económica para integrarlos, incluso la necesidad de esa mano de obra ocupada en sectores desechados por los nacionales, no opera como factor de aceptación sino como espoleta de rechazo o marginación.

Cuando los primeros síntomas de este fenómeno aparecían en la escena española, me cansé de repetir algo que hoy es más necesario que ayer: ¡tratemos a los inmigrantes como queríamos que trataran a nuestros emigrantes!

Por eso resultan inconcebibles las palabras del ministro del Interior a *Le Monde*: «Basta de buenos sentimientos, no siempre seguidos de hechos, y más realismo»[4]. Parece pronunciada por el mismo Le Pen, al que el ministro dice querer exorcizar, pero ocupando su espacio.

Aunque no me produce extrañeza, sí recuerdo que hace cuatro años, con motivo de la expulsión de 103 subsaharianos, drogados y atados, oímos al presidente del Gobierno despachar el asunto con una frase que se hizo famosa: «Había un problema y se resolvió»[5].

Pero, sea cual sea la mayoría de que disponga el PP, es un disparate que el Gobierno modifique la Ley de Extranjería sin atender la oferta, responsable y generosa, de José

---

[4] Jaime Mayor Oreja.

[5] La expulsión de inmigrantes, con estos métodos, tuvo lugar en julio de 1996.

187

Luis Rodríguez Zapatero, para abordar este tema como un problema de Estado, buscando el consenso necesario.

El País, 7 de agosto de 2000

La cuestión de la emigración sigue agravándose, sin que aumente la comprensión del problema.

¿Existen identidades asesinas?

En el marco de los diálogos culturales de Santiago de Compostela, dos mexicanos —Héctor Aguilar y Ángeles Mastreta—, dos tunecinos —Hélé Béji y Ridha Tlili—, un marroquí —Tahar Ben Jelloun—, un europarlamentario francés de origen argelino —Sami Naïr— y yo mismo hemos participado en un apasionante debate sobre el problema de la identidad cultural en las sociedades norteafricanas, latinoamericanas y europeas después de la caída del Muro de Berlín y la explosión del fenómeno conocido como globalización o mundialización[1].

He venido analizando, durante los últimos años, los cambios en la economía y el comercio, los flujos financieros y los sistemas de producción de bienes como consecuencia de la revolución tecnológica.

El Estado-nación, como ámbito de realización de la soberanía, de la democracia representativa (cuando existe) y de la identidad, vive una crisis de estructura, hacia la supranacionalidad y hacia la intranacionalidad, acompañada de variaciones sustanciales en los contenidos de la política en cualquiera de sus niveles de ejercicio.

A la vez, los instrumentos institucionales de los que dependía la convivencia ordenada de la comunidad interna-

---

[1] Héctor Aguilar es escritor, autor de *La guerra de Galio* (1991) y *Las mujeres de Adriano* (2002); Ángeles Mastreta es novelista, autora de *Mujeres de ojos grandes;* a Hélé Béji se debe *La cultura de la comunicación;* Ridha Tlili forma parte del Ministerio de Cultura de Túnez; Ben Jelloun es escritor, premio Goncourt en 1987. Sami Naïr es francés, de origen argelino, profesor y eurodiputado.

cional se muestran insuficientes, inadaptados o en franca crisis para afrontar los nuevos desafíos. Así, en el terreno político y de seguridad, como es el caso de la ONU; en el campo financiero (FMI y Banco Mundial), y frente a los desafíos medioambientales o a los flujos migratorios que recorren el planeta.

Pero, en el trasfondo de las dificultades de articulación interna de cada Estado-nación, de integración en procesos de supranacionalidad del tipo de la Unión Europea y Mercosur, o de ordenación de la convivencia internacional tras la caída del Muro de Berlín, encontramos como desafío permanente la cuestión de la *identidad cultural*.

Se trata de un desafío presente en la integración de emigrantes, en la inclusión democrática de los derechos de las minorías identitarias de Estados pluriculturales, en las relaciones de cooperación entre países diversos como los mediterráneos; en definitiva, en la organización democrática de la mayor parte de las sociedades, originaria o crecientemente multiculturales, y en las relaciones internacionales.

La revolución de la información —que comporta su globalización— agudiza las reacciones de afirmación identitaria frente a lo que se percibe como una tendencia homogeneizadora, que amenaza la personalidad propia y diferenciada.

La cuasi desaparición del sistema comunista hace emerger en el escenario mundial la diversidad de identidades nacionales o étnico-culturales precedentes. Esta explosión, cargada de tensiones, se ha visto como una *regresión*, como una amenaza, o se ha menospreciado en la consideración de los defensores del pensamiento único.

En realidad, la llamada «política de bloques» ocultaba y aplastaba la diversidad identitaria existente, simplificando las relaciones entre las naciones por su adscripción o proximidad a uno de los dos sistemas dominantes. Sobre esa simplificación se puede estar cometiendo el error de intentar construir otra aún más peligrosa: liquidado uno de los dos sistemas de referencia, debe universalizarse el modelo «vencedor», eliminando los obstáculos que se le interpongan.

En este nuevo escenario, nuestro debate se centró en la necesidad y en la dificultad de integrar las afirmaciones de identidad legítimas, que defienden una diversidad que nos enriquece a todos, frente a las afirmaciones identitarias excluyentes del otro, opresoras de todo aquel que no coincida con su interpretación étnico-cultural o étnico-religiosa.

Los conflictos identitarios que nacen de esta última reacción, intranacionales o supranacionales, constituyen la principal amenaza para el ejercicio de la democracia y para la convivencia en paz entre pueblos y naciones. Enfrentamientos civiles, movimientos terroristas, guerras regionales o exclusión de las mujeres, todos los conflictos tienen ese origen, desde la antigua Yugoslavia hasta la región de los Grandes Lagos, pasando por el conflicto de Argelia, de Chiapas, del País Vasco o el propio problema corso. En el consciente inmediato de los participantes estaban presentes estas realidades vividas en cada uno de nuestros países, por encima de las notables diferencias de todo orden.

Por tanto, cada uno de los actores del seminario sentía, desde su variada condición de intelectuales, escritores, políticos y filósofos, como hombres o mujeres, la realidad de escenarios tan diversos como Túnez o Marruecos, Francia, México o España, en los que ninguno escapaba del núcleo de la reflexión. ¿Qué hacer con los problemas de identidad?

Recordando la reflexión, brillante y torturada, de Amín Malouf, sobre las que él llama «identidades asesinas», les propuse asumir la biodiversidad cultural, que define a la especie humana, como el movimiento ecologista ha logrado que se asuma la biodiversidad de la naturaleza: como una riqueza compartida.

Esto nos exigiría superar la intolerancia hacia el que no comparte nuestra cultura, nuestra religión, nuestros valores convencionales; superar, también, la suficiencia tolerante de creerse en posesión de la verdad cultural, religiosa o laica, admitiendo que otros estén en el error, para pasar a la comprensión de la otredad. El diálogo, cada vez más ausente de la sociedad global, como conocimiento (*logos*) de ese otro cultural, es la condición necesaria, aunque no suficiente, para encontrar el camino de la convivencia en paz entre las naciones y dentro de cada Estado-nación.

¿La aceptación e integración de la diversidad cultural, de identidades diferentes que nos enriquecen como especie, es compatible con los derechos humanos, la aspiración a vivir en libertad decidiendo el propio destino colectivo, la igualdad de género, etcétera? De la respuesta a esta cuestión dependerá que se cumpla la condición suficiente; de ella dependerá la vida en democracia y en paz, en las sociedades multiculturales de origen o bajo el impacto de los flujos migratorios, y entre las diferentes naciones de la comunidad internacional.

En sociedades como la española, con la violencia terrorista de ETA, o como la mexicana, con la rebelión chiapaneca, o la francesa con el conflicto corso, o la argelina con su guerra civil religiosa, ¿es posible la democracia basada en la ciudadanía y la integración de identidades? Los Estados-nación tienen problemas inéditos para integrar, junto a derechos básicos de ciudadanía, derechos comunitarios de identidad, preexistentes o resultantes de los flujos migratorios. La democracia exige que no haya interpretaciones discriminatorias en la incorporación de estos derechos de grupos culturalmente diferenciados y, menos aún, interpretaciones excluyentes de la identidad por parte de los mismos.

Se puede hablar de identidad de identidades en la construcción de la democracia de las sociedades multiculturales del siglo XXI. Esa identidad de identidades es la ciudadanía como fundamento de la democracia. Puede haber más componentes y, de hecho, los hay, pero sin éste la democracia no es posible y entra en conflicto con las interpretaciones de la identidad que no lo aceptan por su carácter excluyente.

Tiene razón Amín Malouf defendiendo su identidad de identidades —libanesa, cristiana, francesa— como un mestizaje del que no quiere renunciar, ni tiene por qué, a ningún componente. Tiene razón cuando rechaza el rechazo que produce en sus interlocutores cerrados a comprender —aunque lo toleren— esa realidad que vive. Tiene aún más razón cuando denuncia la existencia de «identidades asesinas».

Pero creo que no existen identidades asesinas en sí mismas, sino interpretaciones excluyentes de la identidad que, en su rechazo al otro, engendran una violencia de mayor o menor grado. Estos grupos que asumen la identidad como exclusión del otro, la conciben como un absoluto que, en su locura, los legitima para disponer de la vida y la libertad de los que no comparten su misma interpretación, por razones étnico-culturales o étnico-religiosas.

En el caso de la nueva hornada de terroristas de ETA, desprovista ya de la carga ideologizante marxista revolucionaria que alimentaba su estrategia como movimiento de liberación nacional, el fundamento de su violencia criminal es la interpretación excluyente de la identidad que dicen defender y que pretenden oprimida. Esta defensa se hace incompatible con la democracia, porque no respeta al ciudadano, al que lo es porque no se siente obligado a aceptar la misma interpretación de la identidad.

No hay un problema de «carácter», ni existen identidades asesinas. Hay un problema de interpretación excluyente que conduce al asesinato, a la extorsión, a la lucha callejera, a la opresión del otro. «Lo vasco» es lo que el grupo de fanáticos decide que es vasco, como, en la Alemania nazi, «lo alemán» era lo que decidía el Führer, o en el nacionalismo franquista, «lo español» era lo que decidía el Caudillo. Todo lo demás había que excluirlo y, por tanto, eliminarlo, porque representaba una traición a la identidad.

Esta locura criminal pretende estar por encima de las reglas de juego que fundamentan la democracia, por eso no tienen inconveniente en ponerla en peligro. El componente irracional, integrista y antidemocrático ha aumentado en la nueva ETA, porque al perder el ropaje ideológico, el terror que practican es más terror puro: contra todo y contra todos los que estorben su interpretación de la identidad. Esto empieza a incluir al nacionalismo democrático —salvo que se pliegue, como EH, a sus dictados—, porque se les considera los peores traidores.

Por esta razón cobra especial interés el debate sobre identidad y democracia, sobre el mestizaje y el respeto a las diferencias.

En este territorio, el de la identidad, se va a plantear el mayor reto de articulación democrática para nuestras sociedades, frente a la feudalización, la tribalización de las relaciones entre las distintas identidades, crecientemente excluyentes entre sí, crecientemente agresivas entre sí.

Democracia incluyente o barbarie, es el desafío.

El País, 16 de septiembre de 2000

ETA expresa esa interpretación asesina de la identidad. Por eso, su erradicación es imprescindible para vivir en libertad, para consolidar la democracia. Por eso, en el País Vasco se vive una democracia coaccionada por el terror, que afecta a la mitad de la población.

El PNV, aún libre de la furia asesina, se verá abocado a dar prioridad absoluta a este desafío a la supervivencia de las libertades.

Europa en la encrucijada

Las cumbres de Biarritz y Niza[1] están precedidas por numerosos pronunciamientos sobre el proceso de construcción europea y acompañadas por acontecimientos de singular importancia, como la caída de Milosevic o el agravamiento de la situación en los territorios ocupados de Palestina. En el trasfondo, aparece el progresivo debilitamiento del euro y la disminución de las expectativas económicas, con la crisis del petróleo incluida. Más allá, persiste el temor a la ampliación decidida y la indefinición sobre el papel de Europa en el desafío global.

He visitado Berlín para compartir un programa de televisión con Helmut Kohl, el ausente que llenó con su presencia las celebraciones del décimo aniversario de la unificación alemana. Con la Puerta de Brandeburgo al fondo, pasado y futuro de la Unión Europea se mezclan en la conversación.

Recordamos el caballo de la Historia galopando sin jinete la noche de la caída del Muro. Los líderes que habían vivido la guerra y la separación —Kohl o Brandt— percibieron que había que cabalgarlo y saltaron sobre la grupa. No era un problema ideológico, sino de vivencia histórica y capacidad de captar el momento. También de sensibilidad

---

[1] La Cumbre de Biarritz se celebró durante los días 13 y 14 de octubre de 2000, y eran las sesiones preparatorias de lo que se concluiría en la Cumbre de Niza, celebrada entre el 6 y el 11 de diciembre del mismo año. Especialmente se trató del proceso de ampliación de la UE y se pretendió una reforma de los tratados que, finalmente, resultó fallida.

europea. Querían la unidad de Alemania en el proceso de unidad de Europa, en medio de la desconfianza de los más.

Saltamos al presente y al futuro de la Unión, a sus desafíos, a los estados de ánimo que impregnan la realidad actual. Es la primera vez, le dije a Helmut Kohl, que vivimos inmersos en el euroescepticismo en una época de bonanza económica. ¿Qué ocurrirá cuando cambie el ciclo?

Pocos días después, el último bastión del pasado cae. La estrategia del superviviente Milosevic parece llegar a su fin[2]. Una nueva toma de la Bastilla, sobrecogedora como el asalto al Muro de Berlín. Aspiraciones incontenibles de libertad y de paz surgieron en la región más castigada por el nacionalismo excluyente. La promesa de la Gran Serbia deja en el camino centenares de miles de muertos, de refugiados y un montón de escombros.

En la Cumbre de Biarritz, la discusión sobre lo inmediato. La Conferencia Intergubernamental se reúne y un tema crucial pasa inadvertido en los pronunciamientos: la Carta de Derechos Fundamentales. Y sobre lo inmediato previsto estalla la actualidad imprevisible: Yugoslavia y la crisis en el proceso de paz del Próximo Oriente. Este cuadro dominará el encuentro y se prolongará hasta Niza.

La discusión sobre lo inmediato previsto sigue realizándose sin claridad en los objetivos a medio y largo plazo. Por eso las declaraciones de los líderes apuntan a ese horizonte de manera confusa y contradictoria. Todos coinciden, sin embargo, en que esta Conferencia no prepara a la Unión para soportar la dimensión de veinte, veinticinco o más países miembros y funcionar con eficacia.

Cuando decidimos la Conferencia que nos llevó al Tratado de Maastricht, en la Cumbre de Madrid de junio de 1989, era imprevisible que el Muro cayera en noviembre y que los países del centro y del este de Europa ansiaran pasar inmediatamente del paraíso comunista al infierno de la Unión.

---

[2] Slobodan Milosevic fue detenido el día 1 de abril de 2001. Fue trasladado después a La Haya, donde continúa su procesamiento.

En el recorrido de nuestras discusiones vimos la necesidad de contemplar el nuevo escenario europeo. La Conferencia, que no podía responder al reto, terminó con el compromiso de convocar la siguiente, incluyendo la realidad de una Europa nueva y distinta.

No sólo había que profundizar, sino que era imprescindible reformar para ampliar, para dar cabida a los aspirantes doblemente legitimados por su condición de europeos y por el sentimiento de haber sido abandonados a su propia suerte en manos de dictaduras totalitarias. Nosotros, españoles, podíamos entenderlo mejor que otros.

Con ese doble objetivo se trabajó en la Conferencia, que se convirtió en el Tratado de Amsterdam. Pero no se solventaron los problemas internos que debían preparar a la Unión para la ampliación y se volvió a acordar la convocatoria de una nueva Conferencia con los mismos fines.

Ante ésta nos encontramos, en el cuadro que describía más arriba: euroescepticismo, debilitamiento de la Comisión, problemas con un euro que no se corresponde con una política económica común y la idea de una nueva Conferencia, aun en el supuesto, por ello mismo menos probable, de que ésta apruebe las propuestas de la Presidencia francesa.

Imaginemos que se aprueban las reformas, seguramente imprescindibles en la misma medida en que lo eran en la anterior Conferencia de Amsterdam. Sería una bendición, pero no sería la respuesta a la ampliación. El horizonte seguiría sin despejar, incluso si se da el paso de incorporar la Carta de Derechos Fundamentales de la UE, clave en la definición de la ciudadanía europea, de nuestra identidad de identidades.

En la medida en que la Comisión pierde peso a favor de los Gobiernos, se debilita lo común. En la medida en que la política monetaria responde a políticas económicas y presupuestarias diferentes, el euro resulta imprevisible para los analistas y los inversores. En la medida en que el Parlamento Europeo proyecta su control sobre esa Comisión debilitada y nada sabe de la política del Banco Central Europeo, los ciudadanos de la Unión ven cómo escapan a sus representantes nacionales o europeos la mayor parte de las decisiones trascendentales.

Lo que deciden los Consejos no pasa por los Parlamentos nacionales, o lo hace escasamente en la mayoría. Lo que decide el Banco Central no responde a la política económica de ningún país concreto, y menos de la Unión, porque es inexistente.

Pero, junto a esta confusión llena de pulsiones nacionales y vacía de voluntad europeísta, late, en todas las aproximaciones, el discurso moralizante de la necesidad de la ampliación y el temor a las respuestas que comprometen. ¿Cuándo y cómo se van a incorporar los aspirantes? Se les propone que remen en una regata que no conduce a una meta, porque la Unión tampoco hace sus deberes para definirla.

Como telón de fondo, la preocupación por el papel de Europa —la actual o la ampliada— en el nuevo escenario internacional: el de la globalización o la mundialización.

Tal vez ésta sea la mayor paradoja del momento histórico que vivimos. Porque el gran invento de la construcción europea, que nace del intento de superar la patología de la guerra, es hoy el mejor instrumento para afrontar los desafíos del cambio de era. Esa cesión de competencias soberanas de los Estados europeos, para compartirlas en un espacio común, es la gran oportunidad para tener dimensión, peso, capacidad en la nueva economía, en la revolución tecnológica, en la sociedad del conocimiento o como quieran llamarla. La superpotencia europea de la que habla Blair, más allá del debate sobre la denominación federal o no, sólo es posible desde la soberanía compartida en todo aquello que se haga mejor entre todos. Respetando, eso sí, en el reparto de funciones, las identidades de cada uno y la cohesión del conjunto.

Profundizar y ampliar la UE es la mejor respuesta para el continente y para cada país. Pero hay que encararla más allá de la discusión de la letra de la propuesta que tendrán los jefes de Gobierno sobre la mesa, incluso para facilitar esta tarea sin debates que sólo atienden al corto plazo.

En la conversación con Kohl, como en las que he mantenido con Delors, convenimos en que la clave del proceso era la convergencia de una Presidencia de la Comisión fuerte, con iniciativa y decisión ejecutiva, con unos cuantos jefes de Gobierno —incluyendo siempre a Francia y Alemania sin demagogias de directorios—, que tejiera una red de confianza y acuerdo para llevar adelante la construcción europea. Ésta es la principal carencia del momento.

Se habla de crisis de liderazgo y se olvida la crisis de confianza. Temo que hay más de lo segundo que de lo primero, aunque las consecuencias den otra impresión y sea la tentación explicativa de los que no estamos en la responsabilidad directa.

Si hubiera existido confianza entre un núcleo de dirigentes, las propuestas sobre ampliación y reforma institucional hechas en Helsinki[3] no serían tan fuertemente contradictorias como para reclamar una nueva Conferencia cuando ésta se apruebe y olvidar las necesidades presupuestarias de la operación.

Con confianza entre los dirigentes, la situación del euro, por la ausencia de políticas económicas y presupuestarias comunes, se corregiría y no se oirían voces divergentes que ocultan una realidad preocupante.

Es la confianza que falta para frenar el debilitamiento de la Comisión, que poco tiene que ver con la PESC y mucho con el repliegue hacia lo intergubernamental, poniendo en peligro el delicado equilibrio europeo.

O la misma confianza que no existe para encarar propuestas de acciones comunes en política exterior, ahora imprescindibles en Yugoslavia y Oriente Próximo, que sumen y coordinen los efectivos disponibles en el Consejo, en la Comisión y en los Estados miembros, evitando actuaciones en orden disperso y creando un acervo común progresivo.

Europa, la de la Unión de hoy y la grande, con los países liberados del totalitarismo, está ante una gran oportunidad,

---

[3] La Cumbre de Helsinki se celebró durante los días 10 y 11 de diciembre de 1999.

sólo comparable con el riesgo que se derivará de no actuar con una visión clara del medio y el largo plazo. Para generarla, para estar a la altura de un proyecto ambicioso, los líderes europeos tienen que recuperar la confianza. Aunque no es un problema de ideologías, sino de europeísmo, la responsabilidad de los socialdemócratas en este momento, por la voluntad de los ciudadanos, es determinante.

El País, 13 de octubre de 2000

No podía imaginar que la verdadera encrucijada para la UE se plantearía en relación con la crisis iraquí.

En los momentos en que escribo este comentario (12 de febrero de 2003), la fractura de la Política Exterior y de Seguridad Común es gravísima. Incluso si se supera lo que está ocurriendo y se llega a un acuerdo de mínimos, la credibilidad de la UE en política exterior tardará mucho tiempo en recuperarse.

En mis años de experiencia en el Gobierno de España, jamás he conocido una situación más delicada. Por eso, todos mis temores, expresados en las distintas reflexiones sobre la construcción europea de esta etapa, se han confirmado y agrandado.

Lo que más me preocupa es la responsabilidad del Gobierno de España en esta fractura.

Pero... ¿han pasado 25 años?

Me siento atrapado por la sorpresa, y por mi imprevisión, en este 25 aniversario de la Monarquía, del comienzo de la transición, de la muerte de Franco. Comento con un amigo la pesadez de los mil requerimientos para declarar, escribir, conferenciar, sobre este período en todas sus variantes posibles.

Son requerimientos a los que llaman «protagonistas», denominación que sólo es posible si se refieren a unas pocas personas o a millones de ciudadanos, aunque seguramente ha sido la combinación de ambas cosas: unos pocos recogiendo las aspiraciones de millones. Lo contradictorio es lo intermedio: cientos de personajes que se apuntan a haber desempeñado un papel clave en el proceso, hinchando, como la rana, sus menguadas aportaciones o falseando su verdadero comportamiento en tan cruciales momentos, cuando no las dos cosas a un tiempo.

Esto da lugar a una gran profusión de testimonios y confusión de interpretaciones, que harán más difícil desentrañar las claves del cambio, ya histórico, de nuestro país. Y, sin embargo, resulta casi imposible hurtarse al compromiso, cuando la solicitud viene de personas a las que aprecias y han sido encargadas de convencerte del carácter «imprescindible» de tu participación en el ciclo de conferencias, en el típico libro conmemorativo o en el reportaje fotográfico comentado. «Sólo son veinte líneas, cuatro folios, cinco minutos. ¡Cómo va a faltar tu presencia, si las hay a centenares y tú gobernaste casi catorce años!», arguyen.

¿Qué pasó? ¿Cómo ocurrió? O respondes en cuatro folios o no tienes respuesta. Éstos son los míos.

Unas cuantas personas, colocadas en puestos de gran responsabilidad, por esa mezcla de azar y necesidad que produce la Historia, tuvieron la sensibilidad de captar el estado de ánimo favorable al cambio de la mayoría de los españoles, sin perderla frente al de la minoría resistente a cualquier modificación de su estatus.

En la cabeza estaba el Rey, con su gran intuición de poder y su habilidad para las relaciones humanas. Sabía de dónde veníamos mejor que nadie, y disponía de un «majestuoso» olfato para percibir los deseos de la gente. Durante los primeros meses, ocupó el territorio de competencias absolutas que había recibido y, cuando creyó tener margen de maniobra, sorprendió a todo el mundo designando a Adolfo Suárez para encabezar el Gobierno que habría de dialogar, negociar y maniobrar, con tirios y troyanos, hasta llevarnos a la primera confrontación electoral libre desde hacía cuatro décadas.

Algunas semanas después de ese nombramiento, en los primeros días de agosto de 1976, conocí a Suárez, con el que entablé una intensa relación de confianza, incomprensible para muchos, hasta el verano de 1980, tras la moción de censura a la que sometimos a su Gobierno, que enfrió las relaciones durante varios meses.

El período de gobierno de Adolfo Suárez fue, a mi juicio, el verdadero núcleo de la transición, precedido por los primeros meses de tanteo tras la muerte de Franco y seguido por la breve etapa de Calvo Sotelo como sustituto en la Presidencia. Es decir, la transición arranca con la coronación del rey Juan Carlos y termina con el triunfo en las urnas del Partido Socialista, en octubre de 1982.

A partir de ese momento, entramos en un período de consolidación de la democracia, de desarrollo constitucional y modernización de España, a pesar de que perduraran algunas de las amenazas que habían acompañado todo el proceso: violencia terrorista y tensiones involucionistas. El terrorismo es el último residuo que martiriza la convivencia en paz y libertad que conquistamos tras la desaparición de los grupos involucionistas.

Las claves interpretativas de este cambio histórico están llenas de intangibles. Los elementos materiales en que se plasman están contenidos, fundamentalmente, en la Constitución y su desarrollo.

El tránsito entre un sistema autoritario, de nacionalismo centralista excluyente, a uno democrático, incluyente de la diversidad de ideas y de personalidades colectivas que conforman la realidad de España, fue el fruto de un esfuerzo de diálogo, de reconocimiento del otro. Esfuerzo de superación de los rencores que nos acompañaron pegajosamente durante los siglos XIX y XX, que generó un clima inédito de confianza política, bajo el arbitraje sutil del Rey, lima de asperezas y desencuentros.

En mis recientes visitas a México, que vive momentos apasionantes de su peculiar tránsito, tan diferente al nuestro, me han preguntado con insistencia, incluido el presidente electo, por los famosos Pactos de la Moncloa. Siempre respondo que, más allá de haber cambiado la negociación de las rentas salariales, pasando de inflación pasada a inflación prevista, lo más significativo de aquellos pactos fue el clima que se creó en ese otoño de 1977, tras el proceso electoral de junio, que situó a cada cual en la posición deseada por los ciudadanos. Ese clima, con antecedentes en los primeros meses de la primavera, permitió que Gobierno y oposición se sintieran corresponsables del devenir del proyecto democrático. Nació así el «consenso», ese territorio compartido en el que se habrían de definir las reglas de la convivencia entre todos, mientras se sorteaban obstáculos de gran envergadura.

La Constitución es su fruto más preciado, aunque no fuera el único. Es el elemento tangible de un nuevo modo de hacer política en la España contemporánea, inexplicable sin los intangibles a los que hacía referencia.

Por primera vez desde la de 1812, una Constitución nace como ámbito de convivencia entre todos y para todos, incluidos aquellos que no estuvieron de acuerdo ni con el procedimiento de elaboración ni con su contenido.

Por primera vez una Carta Magna no era el instrumento arrojadizo de unos contra otros, como lo fue «la Pepa» en los aciagos días del absolutismo fernandino, o como lo fue la penúltima, la de la Segunda República, nacida con más detractores o indiferentes que con verdaderos partidarios.

Pero... ¿han pasado veinticinco años desde la muerte del dictador y más de veinte desde la aprobación de la Constitución? «El tiempo huye, inexorable» y en este rompeaguas terminal del último cuarto del terrible siglo XX, que abre las puertas a un nuevo milenio, incluso a una nueva era, andamos preguntándonos por el carácter de la transición, tratando de acumular protagonismos sin despejar oportunismos. Y, peor aún, sin reflexionar, para el hoy y el mañana, sobre el significado de ese período, sobre los mensajes implícitos y explícitos de la Constitución y sobre su método de elaboración.

Hace tiempo que reitero que cada vez me siento menos nacionalista, si alguna vez lo hubiera llegado a ser. Porque hicimos un esfuerzo por reconocer la diversidad, para encontrarnos con el otro, no sólo en las ideas plurales que configuran la ciudadanía democrática clásica, sino en las identidades colectivas, pero nos encontramos con interpretaciones excluyentes, y por ello falsas, simplistas, de esas identidades. Y porque hoy empezamos a vislumbrar un choque de identidades de mayor magnitud, cuando reemerge del pasado otra interpretación excluyente para confrontarla a las anteriores. Y, lo que es más grave y más difícil de corregir, utilizando una Constitución de vocación incluyente como arma de combate para esa batalla.

De nuevo parece que volvemos a las andadas. A la política que alimenta rencores. Al uso de la Constitución como arma arrojadiza que excluye en lugar de incluir. Y esto significa que se avecinan tiempos de crisis política, de nacionalismos centrales y periféricos en línea de colisión.

Sé que les va a costar interpretar estas palabras que no quiero llevar mucho más lejos, pero conviene recordar —hacer memoria, en un país que la tiene tan frágil— que algunos de los defensores de la Constitución, dispuestos a descalificar con ella, a diestro y siniestro, estaban en su contra. Estaban en desacuerdo con el método del consenso empleado para elaborarla y en desacuerdo con sus contenidos básicos. La grandeza de la Carta Magna se muestra en que los que esto hacen estaban tan incluidos que ahora «mandan».

Por el contrario, algunos de los que entonces participaron del consenso como método y de los contenidos como resultado, se encuentran zaheridos por los anteriores, por supuesta falta de responsabilidad ante su obra. Y, cuando veo esto, recuerdo a aquellos personajes que despotricaban contra la Ley del Divorcio e insultaban con dureza a los que la apoyábamos, y ahora la utilizan con generosa desenvoltura.

Si los neófitos defensores de la Constitución se sienten incluidos y cómodos en ella, nada puede producir más placer a los que la hicimos con esa precisa vocación de incluirlos. Pero... permitan que les pidamos que sigan haciendo un uso incluyente de la misma, también con los que no la aceptan, y respeten a los que pretenden cambiar algo, para mejorarlo según su criterio. Si para este rechazo o para el cambio que proponen emplean las reglas previstas en la misma, la propia Constitución los ampara. Además, se puede esperar que se opere la misma transformación en los que la rechazan que la experimentada por los conversos. Pero, sobre todo, así podremos mejorar nuestra convivencia y sumar fuerzas para combatir con eficacia a los violentos, a los que se autoexcluyen rompiendo criminalmente las reglas de juego.

El mejor homenaje a la transición y a su fruto constitucional sería reconocer su identidad de origen y su vocación, así como su método de gestación, para sacar de ello consecuencias sobre su aplicación y desarrollo.

¿Servirán para algo semejante los juegos florales conmemorativos de estos 25 años?

El País, 19 de noviembre de 2000

De nuevo estamos ante un año de celebraciones. Como los anteriores, pero referido al 25 aniversario de la Constitución.

Tal como están las cosas, lo más oportuno será evitar el baile de disfraces que puede montarse.

Lo hispano en la globalización

En agosto pasado recibí una llamada de Carlos Fuentes para proponerme la participación en el Foro Iberoamérica. Me resultó atractivo por su composición y por sus objetivos, aún difusos en el momento de la conversación telefónica, pero que apuntaban a los temas sobre los que había estado reflexionando en los últimos meses, con una participación que imaginaba adecuada. Acepté inmediatamente, y, con manifiesta imprudencia, le comenté lo que estaba rondando en mi cabeza.

La charla con Carlos Fuentes, interesante y fluida, se repitió unos días después. Si me refiero a la imprudencia es porque, en la «mili», se dice que «el que da un paso al frente, barre el cuartel». Eso debió de pensar Carlos cuando me propuso que introdujera el debate previsto para el foro. Sin posibilidad de marcha atrás, le di mi conformidad con el alivio de pensar que quedaban casi tres meses por delante.

En efecto, el foro fue convocado para el 29 de noviembre en Ciudad de México, con la presencia inaugural del presidente entrante, Vicente Fox, y una cena de cierre con el presidente saliente, Ernesto Zedillo[1].

Pocos días antes, Gabriel García Márquez, en fase de recuperación con terapia de jamón serrano y queso, me preguntó inquieto por la finalidad del encuentro, que mezclaba

---

[1] Vicente Fox Quesada es presidente de México desde 2000. Ernesto Zedillo fue presidente de México desde 1994 hasta 2000.

por primera vez en un mismo debate y reflexión a creadores culturales, empresarios y políticos del espacio ibérico y latinoamericano. No sé si lo tranquilicé, o más bien lo contrario, cuando le dije que buscábamos el paradigma que pudiera orientarnos en el cambio cultural, económico, social y político de la nueva era de Internet. Se trataba de hacer un esfuerzo de reflexión intelectual para superar la *malaise* francesa, que podríamos traducir como desasosiego, ante la consciencia de que lo que fue ya no volverá a ser, y que, para lo que será, hemos perdido los códigos de orientación vigentes durante la era industrial.

El arranque introductorio se parecía a esto, y Julio María Sanguinetti nos sorprendió con una réplica brillante: «Desde luego», dijo, «el futuro ya no es lo que era». Y con estos y algunos otros prolegómenos del mismo tenor, nos introdujimos en uno de los debates más interesantes y variados que he conocido en los últimos años. Sólo faltaban, en cuanto a composición del foro, algunos tecnólogos innovadores en las áreas más definitorias del cambio de era, como la información o la biotecnología, y algunos representantes del mundo hispano en los Estados Unidos de América. Ambas carencias se solventarán, al parecer, en próximas reuniones, además de aumentar la representación con personas relevantes de países ausentes.

Desde Argentina y Brasil, hasta México, pasando por Venezuela y Colombia, más España y Portugal, empezamos a tantear el espacio que compartíamos, tratando de descifrar si éste, en caso de existir, ofrecería una oportunidad para ser consistentes, relevantes, en la «globalización».

En la conversación veraniega iniciada con Carlos Fuentes, yo había partido de la base de «lo hispano» *(hispanic)*, tal como lo perciben los «angloamericanos» de EE UU. Sin embargo, esta dimensión, en la que me detendré hoy, no comprende la totalidad representada en el foro al que estoy haciendo referencia, por el elemento lingüístico diferenciador de Brasil y Portugal en el conjunto. Por eso dedicaré algún trabajo a ese espacio iberoamericano próximamente.

Las definiciones en negativo, como *hispanic* en Estados Unidos, no sólo no me causan preocupación, sino que, siguiendo la fenomenología de las artes marciales del Extremo Oriente, me parecen apropiadas para aprovechar la fuerza del competidor que nos ve más débiles, menos capaces, para abrir nuestro propio espacio en la nueva era. La condición es que sepamos discernir en qué nos llevan ventaja y en qué podemos tenerla nosotros. Y el problema número uno es averiguar si hay un «nosotros» y en qué consiste, habida cuenta que ellos nos identifican con un vosotros: «los hispanos».

Si alguno tiene la tentación de responder a esto, que parece adivinanza, afirmando rápida y contundentemente que «es la lengua», entonces perdemos diez a uno. Por mucho que aprovechemos la fuerza del competidor, en ese terreno nos aplasta. Por eso, en las conversaciones con Fuentes, le decía que nuestra fortaleza era la cultura como identidad de identidades, cuya «conectividad» (lo siento, la palabra está de moda en la sociedad de la información) es la lengua.

Esa cultura de «lo hispano», así descrita, se realiza en un ámbito más amplio y poderoso que la cultura de «lo anglo», y más aún que la cultura de «lo angloamericano». La última disquisición nace de la consideración de Carlos Fuentes, que al hilo de esta reflexión citaba a Bernard Shaw: «Gran Bretaña y EE UU son dos países unidos por el mismo océano y separados por la misma lengua».

Pero conviene dar un paso atrás. Cuando un angloamericano habla de los hispanos —dentro o fuera de EE UU— está cargando negativamente el concepto, como ciudadanía de menor categoría, como menor nivel de vida o cultura. Lo hace, además, por exclusión. Son hispanos los que no tienen un origen africano, asiático o europeo fuera de nuestro país. Generalmente, tienen la piel más oscura que los anglos, y nos sitúan en una especie de magma de origen que va, difusamente, desde EE UU, pasando por el Río Grande hasta la Patagonia, incluyendo el Caribe, hasta llegar, si la escuela secundaria los ampara, a la propia España. Hay algunos elementos positivos. Nos ven creativos, divertidos, con buen ritmo musical, etcétera. Así describen el «vosotros», con el que identifican al *hispanic*. Que me perdone María Moliner, más precisa en la segunda acepción de lo hispano en su diccionario. «De cultura española. Particularmente, se aplica a los habitantes de habla española afincados en Estados Unidos, *y a sus cosas*». ¿Qué les parece? El «tomate» no está sólo en la lengua, sino *en sus cosas*, como elemento de identificación.

Esas cosas, vehiculadas por la lengua, contienen el *nosotros*. Y mi primera propuesta, también válida para España aunque esté hablando de todo lo hispano, es que dediquemos un esfuerzo a descubrir *ese nosotros*, semejante, al menos, al que empleamos en marcar las diferencias. Este esfuerzo debe ocultar la diversidad, porque no pretende homogeneizar nada. Creyendo, como creo, que la diversidad es riqueza compartida, mi reflexión nos debería llevar a aprehender la identidad de identidades que nos permite compartir una cultura común.

Nuestro espacio de oportunidad para hacer un trabajo relevante en la nueva era de la digitalización, de la revolución comunicacional que representa Internet, es compartir una de las culturas más amplias y potentes del planeta globalizado. La aparente contradicción de representar un espacio menos poderoso económica y políticamente que el angloamericano refuerza mi teoría. ¿Cómo explicar, si no es así, la expansión lingüística del español, desde esa menor potencia económica y política?

El inglés es la *lingua franca* de nuestra época. Responde a la realidad de la única superpotencia que queda tras la desaparición de los bloques. Por eso es la lengua instrumental, por excelencia, de la red. No hay nada que hacer para competir, con posibilidades de ganar, en ese terreno. Pero el espacio cultural angloamericano es más reducido que el espacio cultural hispano.

Cuando alguna personalidad del mundo de las letras recibe un reconocimiento en ese espacio nuestro, poco importa para el gran público que su nacionalidad sea colombiana, mexicana, peruana, argentina o española. Todo el mundo de cultura hispana lo considera suyo. Igual ocurre cuando el fenómeno se produce en el cine, en el deporte o en la música. El «vosotros» y el «nosotros» competitivo aparece cuando se enfrentan nacionalidades diferentes en ese mismo espacio cultural, y se transforma en «nosotros» frente a otros, cuando se compite con otro espacio cultural, sea anglosajón, asiático, etcétera.

Sin embargo, un escritor, un actor o un deportista de lengua inglesa, incluso de origen, no será considerado anglo, y menos angloamericano, si no tiene ese origen étnico-cultural. Esto explica la broma de Bernard Shaw, o la experiencia que he vivido con la premio Nobel de Literatura Toni Morrison, considerada afroamericana, no angloamericana, en EE UU. La diferenciación es más patente si el reconocido o premiado es un australiano o un neozelandés. Exactamente lo contrario de lo que significa, en el mundo hispano, el Nobel de García Márquez o el de Cela.

Por tanto, quedan establecidas las diferencias; lengua y cultura comunes, como identidad de identidades que definen un «nosotros», en el caso del español y de lo hispano; lengua común instrumental, pero culturas diferentes que no definen una identidad de identidades y por tanto excluyen ese nosotros, en el caso del inglés y de lo angloamericano. Así, ahora podemos explorar las posibilidades en el terreno de la comunicación, de la creación cultural en su sentido más amplio, de la economía y de la política.

¿Qué podríamos ganar desde la consciencia de ese «nosotros», que no alcanzaríamos desde la afirmación exclusiva de lo particular, aunque ésta sea necesaria?

¿Qué podríamos obtener desde la concertación de lo común entre estas identidades hispanas, incluidos los hispanos de EE UU, que nos resultaría imposible desde cada una de nuestras realidades particulares?

Para responder a estas cuestiones, en los diferentes ámbitos de realización, hay que tener en cuenta que las características de la nueva era son:

—Una revolución en la comunicación entre los seres humanos, a través de una información globalizada y en tiempo real a través de la red.

—Una mundialización de la economía y de las finanzas, que cambia la realidad de los mercados como espacio de conquista y que va sustituyendo la confrontación territorial de otras épocas.

—Una transformación del Estado-nación que soporta tensiones en la concepción clásica de su soberanía y en las propias funciones de la política.

Imaginemos, para encarar la siguiente reflexión, que pudiéramos hablar de una ciudadanía cultural, más allá del ámbito de cada una de nuestras fronteras nacionales, como elemento de cohesión de ese conjunto.

El País, 16 de diciembre de 2001

Como se puede ver, el impacto de la globalización, como fenómeno del cambio civilizatorio descrito al final de este artículo, recorre una parte de los análisis concretos que he ido desarrollando en los años transcurridos desde mi salida del Gobierno.

El espacio iberoamericano se define, sobre todo, por su potencial en el terreno cultural. En este campo su dimensión es global, mientras que constituye una región poco relevante desde el punto de vista económico.

Llueve sobre mojado

La decisión del Tribunal de Defensa de la Competencia, en el caso de la fusión Endesa-Iberdrola, más bien parece «contra la competencia», y me retrotrae a los artículos que escribí hace un año por estas fechas, que desaparecieron ahogados por los ruidos de la precampaña electoral[1].

Decía entonces que el único proyecto claro de este Gobierno era el control del poder económico, financiero y mediático por una nueva oligarquía a su servicio. Las privatizaciones de las empresas públicas, presentadas como proceso de liberalización de la economía, han servido para este proyecto, cuyo último paso, por ahora, es la fusión de Endesa e Iberdrola[2].

Como están empezando a aflorar algunos problemas de envergadura, los ciudadanos comienzan a ver el verdadero rostro del poder, su incapacidad para responder, la irresponsabilidad a la que se llaman ante cada desafío o contratiempo.

Desde la increíble broma del señor Aznar López sobre el submarino nuclear británico en aguas próximas a la colonia de Gibraltar, que afecta a cientos de miles de ciudadanos españoles, seguida de declaraciones contradictorias y grotescas, hasta el espectáculo ministerial de las *vacas locas*, pasando por

---

[1] Remite, sobre todo, a los artículos titulados «España 2000: subastas preelectorales» y «La gran con... fusión», recogidos también en esta colección.

[2] La fusión de Endesa e Iberdrola fue ratificada en el Consejo de Ministros del 2 de febrero de 2001.

«el paseo militar» sobre los aragoneses en el Plan Hidroló-
gico, o la irresponsabilidad de cargar sobre los militares la información sobre los proyectiles con uranio empobrecido en
Kosovo, no hay para dónde mirar que no veamos desinformación, falta de coordinación, arrogancia autoritaria y, sobre
todo, mediocridad.

No existe ya ni el alivio de una bonanza económica (so-
brevenida al Gobierno), a la vista del descontrol de la inflación y la pérdida constante de productividad por persona
ocupada, paradójicamente acompañada de menor poder adquisitivo de los salarios.

¿No cabe ya preguntarse si esta falsa liberalización de la
economía no ha sido más que una gigantesca operación de
imagen, facilitada por el abrumador control de los medios
de comunicación escritos y audiovisuales?

Si se hubiera liberalizado para ganar competitividad, como reitera constantemente el Gobierno, Francia, nuestro principal socio comercial, no estaría aumentando su ventaja en
la balanza comercial hasta explicar su superávit con el resto
del mundo sólo por el que tiene con nuestro país. Y cito a
Francia porque, a juicio de los gobernantes españoles, es el
ejemplo contrario, en la Unión Europea, de ese supuesto modelo liberalizador. ¿Qué ocurrirá cuando liberalicen?

Como estoy a favor de una economía abierta, trato de
mostrar que una liberalización de verdad, con mayor competencia, mayores opciones para los usuarios y consumidores,
mejora de la competitividad por persona ocupada, es lo contrario de lo que está ocurriendo y, a mi juicio, lo contrario del
propósito de este Gobierno. Lo que están haciendo es repartir entre sus amigos, o gente de su confianza, el control de la
mitad de la economía española y el 70 por ciento del mercado de valores. Y, más allá de los suculentos «pelotazos» de los
que denunciaban la «economía del pelotazo», las consecuencias para España empiezan a sentirse y se agravarán con el
cambio de ciclo.

Sin esta clave, cuesta trabajo comprender que el mismo
tribunal que se opuso a la fusión entre Unión Fenosa e Hi-

drocantábrico hace pocos meses, hoy vea bien la fusión de Endesa e Iberdrola, que supone una concentración y un control de mercado mucho mayor que la anterior. Aún más trabajo cuesta entender la situación de Repsol, excluida de la operación a pesar de haber ofrecido a los accionistas un precio mucho mayor que Endesa y, seguramente, mejores condiciones para el mercado.

Y si no beneficia a los accionistas, olvidados por los responsables de la operación a la hora de defender sus ahorros, habría que pensar que el Gobierno ha forzado las cosas para beneficiar a los consumidores, siguiendo su peculiar interpretación de los «intereses generales». Pero tampoco beneficia a usuarios, que pagarán las subvenciones a las eléctricas —si quiere Bruselas— y tendrán un monopolio de oferta más seguro que el que tenían, después de que Endesa se fuera comiendo a Sevillana, Fecsa y se trague ahora a Iberdrola.

¿A quién beneficia entonces? *Llueve sobre mojado.* No esperen respuesta del Gobierno, sino más de lo mismo. Como en España privatizar no es liberalizar, sino lo contrario, no está de más advertir a la opinión pública de la gravedad del camino recorrido en esta operación estratégica del Gobierno. No hay un solo país desarrollado y democrático comparable a España en concentración de poder, control de mercado e interferencias políticas acompañando al proceso de privatizaciones y de fusiones. Hagan la prueba y lo comprobarán.

Desgraciadamente, esta realidad, de la que no se informa a los ciudadanos (como una de las consecuencias del control de medios de comunicación resultante del mismo oligopolio), tiene un nivel de irreversibilidad muy alto. Naturalmente, no hablo de revertir el proceso de privatizaciones, aunque insisto en la necesidad de conocerlo en sus más escabrosos detalles, sino de la necesidad de aumentar la competencia, liberalizando de verdad. Nos va en ello una economía más sana y preparada para la globalización, más respetuosa con los usuarios y consumidores y un país que no pierda libertades, como temo que está ocurriendo a gran velocidad.

Les decía hace un año que, de las once empresas privatizadas durante la legislatura 1996-2000, diez estaban presididas por personas designadas por el Gobierno. Un año después, la situación sigue igual, pero agravándose, a pesar de que el compañero de pádel expulsara a botellazos al compañero de pupitre. Estos designados, a los que respeto como personas (hace un año se ofendió alguno por lo que digo), proceden de la economía financiera, y no han tenido nada que ver con la creación y desarrollo de las empresas que hoy están en sus manos.

Pero controlar esas diez empresas, por muy importantes que fueran, obligándolas a copar medios de comunicación, no era suficiente para crear ese oligopolio de oferta al servicio del poder político que pretende el señor Aznar. Porque, en España, la carencia de grandes empresas con autonomía se ha suplido con una participación decisiva de la banca, y si ésta no se controla, es inútil colocar a gente de confianza en las empresas privatizadas. «Capitalismo renano» o «capitalismo de compadrazgo» a la japonesa: veinte años después de la crisis bancaria, arrastrada por la crisis industrial, el control de la banca —también concentrada— o, si lo prefieren, su compromiso con las empresas claves del país, es más grande que nunca.

Por eso, para seguir el modelo de control oligopólico de España, hay que quedarse una parte sustancial del poder financiero. La fusión del BBV y Argentaria se hace con ese propósito.

Hace un año por estas fechas, las once empresas que se privatizaron suponían el 60 por ciento del valor de capitalización del Ibex 35. Si a esa cifra añadíamos el valor de capitalización del BBVA —que había adquirido participación en nueve de las once empresas privatizadas—, el 70 por ciento del mercado de valores de España estaba controlado por presidentes designados (para hoy o para mañana, según los acuerdos) por el Gobierno de Aznar López. Este valor de capitalización equivalía a la mitad del PIB español.

A pesar de la situación de la Bolsa, merece la pena fijar la atención en los datos actuales.

La capitalización de las empresas con presidentes nombrados por el Gobierno del PP equivale hoy al 47,6 por ciento del mercado de valores, si no se cuenta al BBVA, y al 63,6 por ciento si se añade el banco referido. Pero el porcentaje del PIB desciende al 26 por ciento en el primer caso, y al 34,6 por ciento en el segundo, sobre todo por la fuerte caída de Telefónica y Terra en los pasados meses.

Si incluimos en la cuenta la operación con Iberdrola, con presidente resultante también predesignado por el Gobierno, el peso de los «nombrados políticamente», o de las compañías en sus manos, ascendería al 67 por ciento del mercado español o 36,8 por ciento del PIB.

¿Alguien tiene curiosidad por saber cuántas televisiones, radios y periódicos dependen en su capital y en su publicidad de este «tinglado aznariano»?

¿Alguien se pregunta cuántos productos de su consumo diario, desde la gasolina o el gas hasta la energía eléctrica, pasando por el teléfono o el cigarrillo, están controladas por los amigos del Gobierno?

¡Y quieren ustedes que les quede tiempo para ocuparse de las *vacas locas*, los submarinos nucleares o los inmigrantes, por no hablar de otros problemas!

Demasiado hacen con cuidar su huerto. De lo demás no se sienten ni se sentirán responsables.

El País, 18 de enero de 2001

Todavía en enero de 2001 era imposible que los ciudadanos aceptaran este juicio de valor. Por tanto, mi error fue no comprender que estaba anunciando, a destiempo, aspectos que me preocupaban en la deriva del Gobierno.

La Guerra de las Galaxias
o el desequilibrio del terror

La decisión americana de desarrollar el escudo espacial anti-misiles fue una iniciativa anunciada por Reagan y ahora reiterada por Bush recién iniciado su mandato[1]. Sus implicaciones serán de enorme magnitud para el equilibrio nuclear, y desencadenará, inexorablemente, una nueva carrera de armamentos. Pese a las reacciones de rusos y chinos, el plan seguirá adelante. Europa, desde el final de la Segunda Guerra Mundial, pesa poco en el proceso de toma de decisiones en materia de seguridad internacional. Los pasos dados por la Unión Europea en la PESC son claramente insuficientes.

La flecha y el escudo han determinado las relaciones de poder entre los seres humanos durante toda su historia conocida. Quien disponía de una flecha que no podía detener el escudo de su enemigo adquiría una posición de ventaja y dominio. Quien, mejorando su escudo, estaba en condiciones de detener la amenazante flecha del enemigo recuperaba el equilibrio o cambiaba el balance del poder frente a aquél, atacándolo con su flecha.

Nada ha cambiado, en el fondo, en esa tragedia permanente que ha sido y es la guerra, como argumento definitivo en la conquista de una posición hegemónica. La condición humana sigue reflejando esta filosofía del poder expresada en

---

[1] George W. Bush accedió a la Presidencia de los Estados Unidos el 20 de enero de 2001.

términos de fuerza destructiva, ofensiva y defensiva. Evoluciones y revoluciones científico-técnicas han contribuido a sofisticar el oficio de matar, a darle eficacia sin cambiar lo esencial.

Ahora se habla de Guerra de las Galaxias, en la recuperada terminología «reaganiana», y de Escudo Espacial, frente a las flechas en forma de misiles nucleares de largo alcance de los enemigos reales o inventados, pero imprescindibles para aumentar la potencia propia que garantice el dominio sobre los otros.

Las excusas que desencadenan los conflictos son variadas, pero nada novedosas. Se repiten con persistencia a lo largo de la Historia. Guerra santa, con un dios excluyente como bandera, para aplastar o salvar al infiel. Guerra étnica, amparada en la pretendida superioridad de una raza que, sometiendo a las otras, afirma su contribución a liberarlas. Guerra étnico-cultural, apoyada en la convicción de una civilización superior que hay que difundir, imponiéndola a los otros o excluyéndolos. Guerra ideológica, que pretende vencer y someter fundamentándose en la supuesta inferioridad del sistema que tratan de destruir. O una mezcla de argumentos que se completan con el instinto defensivo u ofensivo frente al otro, que se siente como amenaza por el solo hecho de su otredad.

¿Forma parte de la condición humana la necesidad de imponerse por la fuerza al extraño, al que tiene otro color, otra cultura, otra religión o, simplemente, otras ideas?

Hemos pasado por la civilización agraria y por la industrial y nada parece haber cambiado. La democracia moderna, que acompaña al desarrollo del Estado-nación, parecía basarse en principios liberadores, en igualdades esenciales nacidas de la Ilustración, que se plasmaron en declaraciones de derechos humanos —universales por ello— de primera, de segunda y hasta de tercera generación.

Pero ese elemento desencadenante del cambio de era que fue la revolución industrial nos ha ofrecido un siglo XX de destrucciones sin precedentes, apocalípticas, junto a los avances científicos más increíbles. Han sido las naciones «más civilizadas» o «menos bárbaras» las que, sintiéndose más fuertes, han provocado la terrible experiencia de dos guerras mundiales.

Ni antes ni ahora, una sola de las armas aportadas por el avance de la tecnología ha dejado de ser utilizada como factor de poder. Esto incluye, obviamente, el arma atómica. Pero fue precisamente su capacidad destructora comprobada la que llevó, hace pocas décadas, a un concepto de seguridad diferente, aunque terrible: *la destrucción mutua asegurada*.

La guerra fría y la distensión, en un mundo bipolar, nos han acompañado durante la segunda mitad del siglo XX, hasta la caída del Muro de Berlín y la desaparición de una de las dos superpotencias protagonistas de la época. La ducha escocesa de tensiones y negociaciones de desarme entre EE UU y la URSS ha tenido como telón de fondo el «equilibrio del terror», basado en la inexistencia de escudos capaces de detener las flechas nucleares del enemigo de referencia. La paz, por la disuasión nuclear, no ha sido épica, pero ha sido paz. El equilibrio del terror sólo es menos malo que el «desequilibrio del terror» que nos ofrecen ahora con el desarrollo del escudo espacial.

Comenzará una nueva carrera de armamentos, que se trasladará al espacio, intentando neutralizar el nuevo escudo, hasta que dispongan de algo semejante los que no lo tienen, y, entretanto, se buscará el desarrollo de otros ingenios. Los «dividendos de la paz», de los que hablaba George Bush padre, se invertirán en nuevos sistemas de armas y perderán prioridad los problemas del hambre, la enfermedad y el desarrollo.

Cuando se produce la declaración de Ronald Reagan sobre el proyecto de escudo espacial, allá por los primeros ochenta, se empezó a hablar de la Guerra de las Galaxias, en una terminología no exenta de frivolidad. Algunos dirigentes soviéticos, como Yuri Andrópov[2], se lo tomaron en serio, más allá de las declaraciones de una gerontocracia que ignoraba casi todo lo que estaba ocurriendo con la revolución tecnológica informacional.

_____
[2] Yuri Andrópov (1914-1984) fue jefe de Estado de la URSS entre 1983 y 1984.

Fue Mijail Gorbachov[3] quien me contó la reunión entre Andrópov y los científicos soviéticos, descolgados por el poder político de esa línea de investigación. Éstos le confirmaron la posibilidad de llevar a la práctica lo que decía Reagan. «No lo tienen todavía. Pero con la tecnología de que disponen, voluntad y dinero, lo conseguirán».

Era el comienzo de la percepción de la enorme distancia tecnológica que se estaba abriendo entre las superpotencias enfrentadas. La llegada al poder de Gorbachov fue su consecuencia. Su perestroika, como reforma de la atrasada economía y tecnología soviéticas, y su *glasnost*, como apertura informativa para vencer la resistencia de la burocracia, más que corregir el *gap*, precipitaron la caída del imperio soviético, que vio reflejada en el espejo informativo la dimensión de su fracaso.

Era difícil de justificar el mantenimiento del proyecto de escudo espacial ante la política de Gorbachov y ante el propio espectáculo de autodestrucción de la URSS. La Guerra del Golfo, finalmente, puso de manifiesto la superioridad tecnológica americana frente al material soviético empleado por Irak.

Ahora, decenas de miles de millones de dólares están disponibles: es el superávit presupuestario legado por Clinton. La economía estadounidense se ha frenado en seco y le viene bien una inyección keynesiana de gasto público, aunque sea armamentista. La tentación de poner dinero para impulsar un nuevo salto tecnológico que mantenga la ventaja de EE UU en la economía global es fuerte. Y, además, ofrecer a los ciudadanos estadounidenses una nueva frontera, un escudo espacial que les ponga a cubierto de un supuesto ataque nuclear ruso, chino, o de quien se invente, sigue siendo electoralmente atractivo. Por todo eso, superando cualquier resistencia del Congreso, se pondrá inexorablemente en marcha su desarrollo.

Europa recibe desconcertada la oferta de sumarse al proyecto y aprovecharse de él. Pero, más allá de consideraciones de necesidad, de utilidad o de prioridades, Europa no es América. Es Eurasia. Ni el Atlántico ni el Pacífico la separan de los hi-

---

[3] Mijail Gorbachov fue presidente de la URSS entre 1985 y 1991.

potéticos agresores. ¿En qué punto se interpondría el escudo frente a un misil con destino a una de las ciudades europeas y con origen en Rusia, por ejemplo? ¿Con qué consecuencias?

El desarrollo de un escudo espacial significa la mutación de las condiciones de los acuerdos de desarme nuclear vigentes y hará casi imposible acuerdos futuros. Un mundo dominado por un solo poder hegemónico no será, sin embargo, posible. Más allá de las razones morales, será más fácil llevar el enfrentamiento al espacio, tratando de invalidar los satélites, que competir en el desarrollo del escudo. Y se hará. Estamos legitimando la guerra espacial, no sólo como escudo, sino como flecha.

El escudo espacial provocará el avance hacia misiles capaces de simular cabezas nucleares para engañarlo o portando otras armas de destrucción masiva no detectables por él. Se estimulará el desarrollo de las armas nucleares de bolsillo, ya disponibles, con mayor facilidad de difusión, con relativo acceso por parte de más países, e incluso de grupos terroristas.

Una nueva carrera de armamentos está servida, sin que tenga valor el argumento de disminuir unilateralmente el arsenal nuclear americano. Más que el número de misiles y cabezas nucleares disponibles por unos y otros, lo que se juega en términos de equilibrio es su poder ofensivo. Con pocos que lleguen, hay de sobra para destruir todo rastro de vida en medio planeta. Por muchos que se tengan, si no llegan al objetivo enemigo, valen menos que los otros pocos.

Si el equilibrio del terror es malo, el desequilibrio del terror será mucho peor. Tratemos de evitar lo segundo y disminuir lo primero. Europa tiene algo que decir.

El País, 15 de febrero de 2001

Este artículo se publicó ocho meses antes del 11 de septiembre de 2001 y, por tanto, como una manifestación de rechazo a la política de seguridad de la nueva Administración Bush y al endoso que el Gobierno del señor Aznar había hecho de esta estrategia.

El argumento principal del presidente del Gobierno español para darle apoyo y descalificar posiciones críticas era la nueva situación tras la guerra fría, que exigía una respuesta moderna. La descalificación expresa se deducía del mismo razonamiento. Los que no compartían ese criterio estaban anclados en el pasado.

Esa actitud, sin mencionarla, me llevó a explicar el origen y la intención de la estrategia armamentística reiniciada por George W. Bush. Pero lo más destacable, a la vista de los acontecimientos actuales, es el precedente de apoyo incondicional del Gobierno del PP a las propuestas de la Administración estadounidense.

La denuncia de una nueva carrera armamentística está más vigente que nunca, pero fui incapaz de ver en toda su extensión el cambio que se estaba produciendo en la estrategia de Bush. Parece claro que ya estaba en marcha la idea de guerras preventivas y las acciones unilaterales y el desarrollo del escudo espacial significaba la garantía para llevarlo a cabo sin réplica posible.

La terrible sorpresa fue el 11 de septiembre.

Ahorros virtuales, deudas reales

El 20 y 21 de junio de 1999 nos reunimos en Washington DC para hablar del «diálogo euroamericano» concebido por nuestra parte como una relación triangular que conectara Europa con el norte y el sur del continente americano. Los aspectos económicos, financieros y políticos de esta relación, en la nueva economía de la información, ocuparon una buena parte del debate entre líderes políticos, responsables de organismos financieros y universitarios.

El número dos de la Reserva Federal de EE UU (Fed)[1] explicaba la necesidad del relevo europeo para sustituir a la locomotora norteamericana, que necesitaba disminuir su marcha. No tenían esperanza en las posibilidades de que Japón, sumido en una crisis profunda de difícil definición según los parámetros habituales, desempeñara un papel relevante en esta operación.

Si consideramos que estos tres espacios económicos sumaban, y suman, casi las dos terceras partes de producto bruto mundial, un previsible descenso en el crecimiento de EE UU sólo podría compensarse mediante un mayor crecimiento en el área de la Unión Europea.

El representante de la Fed seguía la estela de su jefe, Alan Greenspan, buscando el «aterrizaje» suave de la economía americana, conscientes ambos de que no podía mantenerse indefinidamente la situación de ahorro negativo que se inició

---

[1] El número dos de la Reserva Federal de EE UU en junio de 1999 era William J. McDonough.

en el otoño de 1997, alimentada por la «exuberancia de los mercados de valores». Se reía divertido cuando le conté una historia de aterrizajes que circulaba por Andalucía.

—Comandante, ¿vamos a tomar tierra? —preguntaba un pasajero.

—No, querido amigo. ¡Nos vamos a hartar! —respondió el piloto.

«No nos pasará algo así», le dije, en presencia de Enrique Iglesias, presidente del BID (Banco Interamericano de Desarrollo).

Ha pasado más tiempo del previsible en aquel momento. Greenspan, el mago, ha hecho esfuerzos denodados para enfriar un crecimiento que consideraba excesivo, con unos valores bursátiles a los que no encontraba explicación razonable. Pero, cuando ha llegado el momento de «aterrizar», no parece que la suavidad sea la pretendida y el piloto está anunciando que nos vamos a hartar de tierra.

Almorcé esta semana con un amigo, responsable de una de las mejores empresas de la «nueva economía». La casualidad quiso que fuera el mismo que encontré, después de muchos años sin verlo, en el aeropuerto de Nueva York, en el viaje de vuelta a Madrid, tras la celebración del seminario al que he hecho referencia.

Repasamos la situación actual. Él mencionó conversaciones posteriores a este viaje en las que le había expresado mi preocupación por los acontecimientos no visibles tras la exagerada propaganda oficial sobre la bonanza económica.

No he creído posible el sostenimiento de un crecimiento de la magnitud del vivido por Estados Unidos durante casi una década, a partir del momento en que el país gastaba, consumía, mucho más de lo que producía. Por eso me parecía, y me parece, que Greenspan tenía razón en su propósito de enfriar la economía americana, intentando llevarla a una senda más sostenible y equilibrada.

La sugerencia de que la Unión Europea tomara el relevo me pareció imposible. Por el contrario, creo que Europa se va a ver arrastrada a la recesión por Estados Unidos, igual que ha seguido la estela de su crecimiento en los últimos años. Ésa fue entonces mi respuesta a la sugerencia del número dos de la Fed.

Les contaba entonces, cuando el euro no había entrado en la caída en picado que hemos conocido, que la Unión Europea no tenía una coordinación entre las políticas monetarias y las políticas económicas que le permitiera un despegue autónomo. La Unión Monetaria se ha olvidado de la otra gran «pata» del Tratado de Maastricht, la Unión Económica, y ni presupuestaria ni fiscalmente tiene el mínimo de masa crítica armonizada para poder jugar la baza del crecimiento, como lo ha hecho la Reserva Federal y el Gobierno USA. Obviamente, tampoco tiene poder para adoptar medidas anticíclicas como las emprendidas ahora por los actores norteamericanos, en materia fiscal o en materia de tipos de interés.

Por tanto, tenemos poca esperanza de no ser arrastrados por la crisis de Estados Unidos. Si Wall Street sigue cayendo en los valores tecnológicos y en los otros, las bolsas europeas seguirán la tendencia. Poco importa que, en este momento, los datos de crecimiento de uno y otro espacio económico sean muy diferentes a favor de Europa.

De manera que, si Japón no ofrece perspectivas de aclarar sus problemas críticos estructurales y, más bien, se mantiene la amenaza de hundimiento del sistema financiero privado, a pesar de disponer el país de tasas de ahorro enormes, apuntando a un agravamiento de la crisis; si la Unión Europea no tiene margen, como tal, para desarrollar unas políticas autónomas de tipos de interés y fiscales, porque no hay acompañamiento presupuestario posible con un 1 por ciento del PIB y sin coordinación entre los once (aún menos entre los quince) y la fijación de tipos va a depender de las zonas con menos éxito en la inflación —como España— y no de las que tienen los precios bajo control, necesitando tipos bajos para animar la actividad; si los Estados Unidos no consiguen el propósito de restablecer la confianza con la inteligente combinación de bajada de tipos y devolución de liquidez a través de los impuestos —incluso con la inyección keynesiana de gasto en la *guerra de las galaxias*—; si todo esto es así, un proceso de recesión puede estar en marcha, si no está ya servido.

Las discusiones sobre si los ciclos han desaparecido o no se volverán tan agudas como triviales en sus consecuencias si una nueva recesión, corta y profunda, o más larga y de consecuencias más graves, hace acto de presencia entre nosotros.

Cuando se oye por todas partes que es exagerada la reacción que se está produciendo o que la situación no justifica esta sensación que se vive en los mercados bursátiles, sobre todo después de anunciar reiteradamente que la bonanza va para largo y que no hay problemas, el mensaje *políticamente correcto* se vuelve increíble y la preocupación aumenta.

El problema, sin embargo, no está en la «nueva economía», ni en la irrupción de la revolución tecnológica en el sistema productivo, ni en las relaciones industriales o en las nuevas formas de comercialización. Todo eso terminará imponiéndose en el cambio de civilización que supone el paso de la economía industrial a la informacional, en el cambio de era que está alterando a marchas forzadas las relaciones de comunicación entre los seres humanos. Ni siquiera es grave que haya ajustes en esa «nueva economía», porque sirve para ir depurando y diferenciando los proyectos viables y con contenidos de los puros «pelotazos».

El problema es que no haya capacidad para discernir entre lo uno y lo otro. Que nos hayamos desplazado del ahorro real al virtual, mientras permanecemos en la más pura, e inevitable, ortodoxia de las deudas reales.

¿Cuánta gente ha tomado sus decisiones de inversión, de gasto, de consumo, pensando en su ahorro bursátil? Créditos para casa, coche o vacaciones, cuando no compra de valores de moda, han endeudado a millones de ciudadanos.

Quien adquirió esos compromisos con bajos tipos de interés, respaldado por una buena o espectacular evolución de su cartera de valores, se encuentra ahora con tipos de interés más altos que los que existían en el momento en que se endeudó, mientras que sus valores se han reducido a la mitad o a menos de la mitad.

No es la economía virtual la que nos lleva a la recesión, sino la consideración del ahorro en bolsa como real, al mismo nivel que las deudas que se contraen. El ahorro virtual ha entrado en línea de colisión con la deuda real. Millones de ciudadanos se sienten atrapados y sin explicación. La confianza en la «nueva economía» tardará en recuperarse, y creer que podemos volver a la vieja economía es ahistórico y puede ahondar la crisis que se nos viene encima.

En España, el ahorro en bolsa se ha convertido en moda para millones de personas con poca capacidad de análisis y confiadas en un mercado que no ofrece la transparencia y las garantías necesarias de información para tomar decisiones consistentes. En dos años hemos pasado de la exaltación de la modernización del ahorro a la advertencia displicente de que la bolsa en un riesgo.

Junto a ello, los discursos sobre la «nueva economía», sobre la revolución tecnológica y sobre la liberalización no han estado acompañados de una política tecnológica, ni de competitividad para mejorar los precios. La bonanza se ha vivido con bajos salarios, descenso de la productividad por persona ocupada, debates equivocados sobre la flexibilidad del sistema de relaciones industriales e inflación fuera de control.

Ahora no se quiere reconocer que la situación ha cambiado sin que se haya aprovechado la bonanza para las reformas estructurales que necesitaba la economía. El desconcierto de los ahorradores irá en aumento y nuestra única variable de ajuste será el empleo.

El País, 20 de marzo de 2001

La reflexión resulta más actual ahora que en el momento en que se anticipaba lo que iba a ocurrir. Sin embargo, contiene un error de apreciación, aunque éste no invalide el resultado del análisis: los tipos de interés se han mantenido bajos, incluso más bajos que la inflación en el caso de España.

La variable de ajuste de la que se habla al final del artículo —el empleo—, desgraciadamente, está operando con fuerza.

Chile, Argentina y las Comisiones de la Verdad

Han pasado 24 años desde aquella tarde-noche en que llegué por primera vez a Santiago de Chile. En el remozado hotel Carrera, ocupo el mismo lugar, frente al Palacio de la Moneda. Recuerdo aquellos instantes y el camino recorrido.

Mi caprichosa memoria me devuelve a la imagen de la plaza en aquella noche neblinosa de septiembre de 1977, cuatro años después del golpe militar que derribó al presidente Salvador Allende. El toque de queda ha vaciado la ciudad. Ni un alma transita por la plaza. No hay vehículos, no hay peatones, no hay ruidos. Un silencio espeso cubre el espacio. Sólo un semáforo funciona como burócrata mecánico inconsciente de su inutilidad, dramáticamente ridículo.

No podía alejarme de la ventana, de esa visión de la ciudad vacía. Al fondo de la plaza, el Palacio de la Moneda, aún con las señales de la tragedia del 11 de septiembre, fija mi atención. La espera de algún movimiento, de no sé qué señal, se alargaba inútil hacia la madrugada.

De pronto, un vehículo blindado asomó por una esquina del Palacio, lentamente, en una vigilancia rutinaria de la ciudad asustada. Llegó al semáforo, con su carga de uniformes y armas como únicos habitantes del espacio urbano, y el caprichoso burócrata mecánico enrojeció como deseando justificar su misión. La tanqueta se detuvo, rugiendo al ralentí. Esperó el verde y volvió a emprender la cansina marcha por la ciudad vacía, desolada.

Esta noche del 8 de abril contemplo la misma plaza, y tal vez el mismo semáforo, en la esquina del Palacio de la Moneda, restablecido de las heridas. Aquella esquina por la que apareció el blindado está llena de tráfico de los que vuelven del fin de semana, de peatones que regresan o van a no sé qué destino, con la indolencia del domingo por la noche, dando sentido al semáforo en movimiento.

La plaza es de nuevo el espacio público ocupado por ciudadanos que tal vez la hayan olvidado —o jamás la hayan visto— bajo toque de queda. Sólo a un extraño como yo, visitante durante el Gobierno de Pinochet para rescatar a unos presos a los que no había visto nunca, y de nuevo huésped en este hotel, invitado por el primer presidente de la transición democrática, bajo el Gobierno de Ricardo Lagos, puede golpear de esta manera el contraste entre estas dos imágenes, para sentir, antes de razonar, el camino recorrido por Chile.

Del escalofriante vacío de aquella noche de Santiago bajo el toque de queda, con el grotesco semáforo y el blindado militar, al espacio lleno de gentes que se mueven, que dan sentido a la plaza como lugar de encuentro, a la ciudad como espacio público compartido por ciudadanos libres.

Están llegando al hotel los argentinos, los salvadoreños, los guatemaltecos, los surafricanos, los polacos..., invitados, como yo, para evaluar los efectos de las Comisiones de la Verdad sobre la Reconciliación y la Justicia. Comisiones puestas en marcha en estos países con la dinámica misma de la transición a la democracia.

La suerte de la experiencia es diversa, aunque se considera muy exitosa en Chile. Pero, en esta noche previa a los debates, me asalta la duda de si debía estar aquí. ¿Qué puedo decir yo sobre las Comisiones de la Verdad, o, lo que es lo mismo, sobre la decisión de rescatar la memoria histórica de la tragedia de las dictaduras para encontrar una vía más sólida de reconciliación sin olvido?

Nosotros decidimos no hablar del pasado. Si lo tuviera que repetir, con la perspectiva de estos veinticinco años desde la desaparición del dictador, lo volvería a hacer. Lo que equivale a decir que me parece satisfactorio, en términos históricos, el saldo de nuestro modelo de transición para la convivencia en libertad de los españoles.

Tal vez argentinos, chilenos o surafricanos tienen más viva, por más próxima, la memoria de los horrores. No es esto lo que me crea la duda sobre mi presencia, porque me parece bien, incluso muy bien, la decisión de recuperar la verdad para construir sobre ella la reconciliación y la justicia. Pero, si digo que me parece fundamental para esos objetivos, cualquiera me replicará que por qué no lo hicimos en España. Y aún esto no me paraliza, porque lo he asumido como lo mejor posible para España, de la misma forma que veo con respeto lo que han hecho países hermanos en la desgracia de soportar la brutalidad de la dictadura.

Es precisamente ese respeto el que me turba, atenazado por la vergüenza de haber visto a algunos españoles dando lecciones de democracia a estos países. Demócratas sobrevenidos o conversos, que se transforman en fundamentalistas, dispuestos a dictar lo que debe hacerse en la casa de otros, como nuevos azotes justicieros a los que no importan, en verdad, las dificultades de la construcción democrática. Exigen a otros lo que no hubieran osado insinuar siquiera en España.

Esto es lo que me turba, lo que me crea dudas sobre qué puedo decirles a mis anfitriones en una materia como las comisiones creadas, en el límite de sus márgenes de maniobra, para averiguar lo que sucedió, para indagar sobre los desaparecidos, para avanzar en la recuperación de las libertades y en una reconciliación basada en la verdad.

La plaza viva y el Palacio de la Moneda restaurado, el semáforo de nuevo útil y los viandantes tranquilos, me dicen que lo han hecho bien, incluso yendo hasta donde nosotros no fuimos en busca de la verdad histórica. Ellos, como nosotros, han debido operar con el mismo aparato de seguridad y con el mismo poder judicial de la dictadura. Los votos oxigenan al legislativo y al ejecutivo, mientras el resto va cambiando con la biología.

Creo firmemente que los españoles lo hicimos bien, en nuestras circunstancias, pero de ninguna manera mejor que los chilenos o los argentinos en las suyas. Cada uno recorrió una senda, igual y diferente, para superar la tragedia, para avanzar en la convivencia democrática.

Lo que nos iguala como demócratas es la búsqueda de un «nosotros» que se rompió violentamente un día, que nos dividió entre vencedores y vencidos, buenos y malos. Unos y otros hemos indagado en ese «nosotros» que nace del reconocimiento de la diferencia y fundamenta el pluralismo.

Por eso, la medida del éxito de unos u otros, en el proceso de construcción de una democracia sólida, es más compleja, más sutil que la grosera aproximación de esos conversos, de esos fundamentalistas que sacan pecho de lata para dar lecciones a los demás sin haber aprendido ninguna.

Nosotros, los españoles, de acuerdo con los límites que creíamos tener, quisimos superar el pasado sin remover los viejos rescoldos, bajo los cuales seguía habiendo fuego. Afrontamos así los grandes desafíos que habían lastrado nuestra convivencia durante siglo y medio.

La llamada «cuestión social» generaba exclusión y posesión intolerables. O el conflicto clericalismo/anticlericalismo como imposición o rechazo de una creencia religiosa. O la «cuestión militar», que había ocupado nuestra historia de pronunciamientos, asonadas y golpes contra el orden constituido durante 170 años.

Y también encaramos el desafío de nuestra identidad de identidades. La que se llamaba «cuestión territorial»: la España diversa e incluyente de la pluralidad cultural frente a la unitaria y excluyente.

Así, hemos tratado de configurar ese «nosotros» fundamental para la convivencia democrática. Pero, cuando en medio de las reflexiones a las que fui convocado en Santiago de Chile la pregunta más persistente que me dirigen es sobre la situación en el País Vasco, me asalta el temor de que estemos ante un retroceso más allá de la acción criminal de ETA, aunque provocado por el terror de la banda.

Pienso en la fractura civil de la sociedad vasca y en la «cuestión territorial» como el único fantasma del pasado que no hemos podido superar para reconocernos en ese «nosotros» como fundamento de la convivencia en paz y libertad.

El País, 22 de abril de 2001

Este análisis lo volvería a repetir en los mismos términos, porque seguimos dando lecciones impertinentes.

13 de mayo

Nada puede alterar más a los violentos que la recuperación de la confianza y el acuerdo entre los demócratas.
«La confianza rota»,
El País, 11 de diciembre de 1999.

Éste era el resumen de mi propuesta cuando ETA decidió recomenzar su campaña de asesinatos, tras la «tregua» negociada con el PNV en septiembre de 1998. Ahora, con motivo de las elecciones en el País Vasco[1], he ido a la campaña para reiterar mi pensamiento, mostrando mi solidaridad sin fisuras con los compañeros y las compañeras del PSE que soportan, como los del PP, como todos los que no aceptan la dictadura del terror, el acoso de los violentos.

Los manipuladores de siempre han intentado introducir una infame cuña entre mi posición y la de mis compañeros. Si lo que pretenden es callarme, su trabajo es inútil, no tanto porque me sienta con derecho a decir lo que pienso, que es algo que escasea cada vez más, sino porque creo en la obligación cívica de hacerlo.

Treinta víctimas inocentes después de la ruptura de la tregua, tras el asesinato de mi compañero Froilán Elespe, concejal de Lasarte, y de Giménez Abad, presidente del PP

---

[1] Se celebraban, precisamente, el día 13 de mayo.

aragonés[2], reitero la necesidad de acuerdo entre todos los demócratas contra esta violencia injustificable e incomprensible.

Este llamamiento, que considero una prioridad absoluta, vale, por ello mismo, para antes del día 13 de mayo y para después. Vale tanto si el Gobierno es del PSE y del PP, con el PNV pasando a la oposición tras veinte años largos de gobierno, como si los votos de los ciudadanos consienten otra fórmula[3].

Me resisto a creer que los que han armado un gran escándalo por mis palabras en Barakaldo y en Vitoria no entiendan algo tan elemental como lo que propongo como prioridad, cuando la mayoría de los vascos, cualquiera que sea su adscripción partidaria, están de acuerdo en esta necesidad de entendimiento de los demócratas frente a la violencia y al terror. Sólo la mala fe y el servicio de intereses espurios pueden explicar esta desmesurada reacción.

Espero que los ciudadanos refuercen las posiciones de los que, como mis compañeros socialistas, defienden la Constitución y el Estatuto de Gernika como marcos de convivencia que han demostrado su validez para incluir las aspiraciones de todos los demócratas, tanto si quieren ir más allá de sus contenidos actuales como si les parecen suficientes. Asimismo, espero que castiguen con rigor a los que sirven de cobertura a los violentos, a los cobardes que se amparan en la democracia para aplaudir sin riesgos las sangrientas «hazañas» de los terroristas.

Y deseo que las urnas obliguen a una rectificación a los dirigentes del PNV que han desbordado los límites del Estatuto y la Constitución, como normas legitimadoras de su

---

[2] Froilán Elespe, concejal del PSOE en Lasarte, fue asesinado el día 20 de marzo de 2001. Manuel Giménez Abad, presidente del PP aragonés, fue asesinado el día 6 de mayo de 2001 en Zaragoza.

[3] El Partido Nacionalista Vasco ganó las elecciones, con un 42,7 por ciento de los votos; el PP obtuvo un 23,0 por ciento; el PSE, un 17,8 por ciento de los votos; EH obtuvo un 10,1 por ciento; y EB-IU, un 5,5 por ciento de los votos.

poder, pactando con los representantes de los violentos. *Pero sólo creo en un frente: el de todos los demócratas contra la violencia terrorista.*

A estas alturas de mi vida, ni siquiera pretendo tener razón. Todo lo más, quisiera ejercer la obligación de decir lo que pienso, con responsabilidad y como fruto de una larga experiencia, para evitar una deriva que puede seguir profundizando la división del País Vasco en dos comunidades no reconciliables.

Cuando Rodríguez Zapatero consiguió un acuerdo con los dirigentes del PP en la lucha contra el terrorismo, a pesar de la incomprensible resistencia de éstos, me pareció que se había dado un paso decisivo en la recuperación de este objetivo de unidad de los demócratas. Sin ese acuerdo, por lo que representan estas dos fuerzas, no se da la condición necesaria para esa unidad. Con este acuerdo se puede seguir avanzando en este esfuerzo para incluir a todos los que desean acabar con el terror.

Cuando Nicolás Redondo y las compañeras y compañeros que le acompañan decidieron dar prioridad en su campaña a la defensa de la Constitución y el Estatuto, como fundamentos de la convivencia democrática, del autogobierno, de la identidad plural de Euskadi y del entendimiento entre los que rechazan la violencia, me pareció coherente con lo que he dicho antes. Coincidir en esta tarea con los dirigentes y candidatos del PP, y con las plataformas cívicas que se rebelan contra el terror, es natural y provechoso para ir aglutinando al mayor número de ciudadanas y ciudadanos del País Vasco en torno a un Gobierno y un Parlamento vascos que se enfrenten, con todos los medios de la Constitución y el Estatuto, a la violencia callejera, a la extorsión y al asesinato de ETA y sus satélites, en leal colaboración con el Gobierno central.

Y nada de esto impide, sino que avala, mi llamamiento a todos los demócratas —naturalmente, incluidos los del PNV— a reconfigurar un frente contra la violencia, que muestre con claridad a ETA que no obtendrá ninguna ventaja política del terror, que conduzca a los violentos a perder toda esperanza de conseguir réditos políticos de su actuación salvaje. Un frente que sirva de amparo a los ciudadanos inermes ante las amenazas, a las víctimas inocentes de esa violencia, sean policías, profesores, empresarios, trabajadores, periodistas o cualquier ciudadano que «pasaba por allí».

¿Es tan difícil de entender lo que digo?

El PNV puede estar en el Gobierno o en la oposición. Si esta doble posibilidad no existiera, algo grave estaría fallando en el sistema democrático. Lo mismo cabe decir de socialistas y populares, aunque no sea necesario por evidente. Ambas fuerzas han estado en el poder y en la oposición.

Las combinaciones de Gobierno dependen de la voluntad de los ciudadanos y de las prioridades de las fuerzas políticas representativas, que deciden cuáles son las compatibilidades que les permiten gobernar con otro u otros partidos.

En las prioridades del PSE —defensa de la vida y la libertad, con la Constitución y el Estatuto como fundamento de la convivencia—, gobernar con el PP, que mantiene las mismas para el País Vasco, es perfectamente coherente. Lo mismo que reclamar del PNV la colaboración para los mismos objetivos, con los mismos instrumentos, sin renuncias de ningún tipo.

Porque la Constitución y el Estatuto no son normas excluyentes de ninguna posición democrática, sino la única —repito, *única*— garantía de realización de la democracia y de la identidad plural de Euskadi. Sus contenidos son el fruto de un consenso democrático, tanto en lo que se refiere a las competencias que se atribuyen a los poderes vascos cuanto en los procedimientos que establecen para modificar estos contenidos, en más o en menos.

Durante años, hemos intentado aislar a los violentos, marcando la línea divisoria entre los demócratas y los totalitarios en el Pacto de Ajuria Enea. Nacionalistas, socialistas, populares y comunistas sustentaban ese acuerdo. Estuvimos hasta el final, defendiéndolo como la fórmula más unitaria y que más preocupaba a los violentos. Ahora tenemos que ser los primeros en recomponer la unidad de los demócratas.

Si los ciudadanos vascos, como deseo, dan a Nicolás Redondo la fuerza suficiente para gobernar, o deciden que sea oposición, su esfuerzo debe dirigirse a luchar contra la violencia, con la Constitución y el Estatuto en la mano, y con la convicción de que estas normas tienen una vocación incluyente de todos los demócratas.

El País, 11 de mayo de 2001

Sin comentarios.

De Niza a Berlín: oportunidades y riesgos

La Cumbre de Niza[1] volvió a modificar los tratados constitutivos de la Unión sin las reformas que la preparen para un
futuro inmediato con 25 o 27 miembros. El resultado del
referéndum irlandés alterará la Cumbre de Gotemburgo y
afectará a los trabajos de la ampliación, haciendo más complejo y difícil el proceso[2].

Sin embargo, esta original construcción política que
se inició hace medio siglo como respuesta a la terrible experiencia de las dos guerras mundiales del siglo XX, resulta
hoy el mejor instrumento imaginable para responder a los
retos de la globalización. Ninguno de los países que componen la Unión actual, ni los que mañana la integren, tienen capacidad, por separado, de jugar un papel significativo
en la nueva realidad del mundo. Y es precisamente el fenómeno de cambio vertiginoso en los modelos de civilización
el que está acarreando mayor desasosiego e incertidumbre a
los ciudadanos.

Por eso resulta tan interesante como urgente el debate
abierto sobre el futuro de Europa. Schröder, Jospin, Prodi
y otros responsables europeos han hecho pronunciamientos

---

[1] La Cumbre de Niza se resolvió en el llamado Tratado de Niza, firmado el 26 de
febrero de 2001.

[2] La Cumbre de Gotemburgo, Suecia, se celebró durante los días 15 y 16 de junio
de 2001, con gravísimos incidentes provocados por los enfrentamientos entre la
policía y los grupos antiglobalización.

de fondo[3]. El Gobierno de España ha estado, una vez más, ausente del debate que condiciona el futuro común, salvo para criticar con ligereza la propuesta de José Luis Rodríguez Zapatero, y, de paso, minusvalorar las aportaciones alemanas y francesas.

La única «ocurrencia» del señor Aznar en estas primeras semanas del debate europeo ha sido plantear mal el problema de los fondos estructurales y de cohesión, teniendo que dar marcha atrás en un asunto en el que España tiene razón. La falta de consistencia política del señor Aznar nos aísla y nos lleva a conformarnos con una piadosa mención de consolación. El resumen no puede ser más patético. En la defensa de los intereses nacionales concretos, el Gobierno se queda sin apoyos, aun llevando razón. En aquello que nos afecta a todos, como la construcción del futuro de Europa, ni sabe ni contesta, pero descalifica al que aporta algo.

Pero, volviendo a lo que importa, el objetivo del debate sobre el futuro de Europa es la definición de un proyecto común para una Unión con veinticinco, veintisiete o más países: un proyecto que nos sitúe en una posición relevante ante los desafíos de la revolución tecnológica que mundializa la información, la economía y las finanzas.

Estados Unidos es un poder global y una democracia local. Tiene la versatilidad de conectar lo local con lo global y un poder decisivo en el juego mundial. Sin embargo, ninguna de las cifras que manejemos, en el terreno económico, del conocimiento u otros —con la excepción de la defensa—, son tan distantes entre EE UU y la UE como para explicar la inmensa diferencia de poder, de influencia en la globalización o, si prefieren, en el destino de los asuntos mundiales.

Qué tenemos que poner en común los europeos para que valgamos y pesemos lo que somos, en beneficio de nuestros pueblos, y, si creemos en los valores civilizadores que definen

---

[3] Gerhard Schröder es el canciller alemán desde 1998; Lionel Jospin fue primer ministro francés entre 1997 y 2002; Romano Prodi es el presidente de la Comisión Europea.

Europa, en beneficio de un mundo más pacífico, respetuoso con los derechos humanos, con el medio ambiente, solidario...

El debate abierto debe evitar el error, si se quiere interesar a la ciudadanía europea, de plantearse como una discusión de reforma de los instrumentos sin aclarar los objetivos. Los ciudadanos perciben que esos debates, como ocurrió en Niza, son, más que nada, una discusión sobre repartos de poder y no sobre lo que queremos hacer conjuntamente para mejorar el futuro de los europeos.

Este error se agrava cuando se habla de presupuestos y sólo se resalta lo que se «pone» y lo que se «saca» desde la estrecha perspectiva de cada cual. Tan equivocado enfoque produce resultados como el «no» irlandés, incomprensible para los que creen —casi todos— que se está o no con Europa en función del saldo presupuestario.

Las reformas institucionales, como los presupuestos, sólo son percibidos como necesarios cuando se sabe para qué objetivos políticos, socioeconómicos, culturales o medioambientales sirven.

El debate sobre la Europa Federal —versión alemana— o la Federación de Estados Nación —versión francesa— no definirá los objetivos que queremos poner en común, sino la diferencia en el instrumento institucional para alcanzarlos. Por eso es más determinante lo que cada cual propone hacer con el acervo comunitario, o lo que propone añadir a las políticas comunes.

El apriorismo del techo presupuestario del 1,27 por ciento del producto bruto de la UE, sin definir las políticas que queremos desarrollar y afirmando que deseamos una Unión Europea ampliada, que no pierda profundidad, parece poco consistente, salvo que oculte el deseo de rebajar el grado de compromisos comunes para diluir la Unión.

Sería razonable preguntarse por qué el dólar se fortalece frente al euro cuando la economía americana va mejor que la europea, y también cuando va peor. Tiene algo que ver, seguro, con una política monetaria coherente con una política económica y presupuestaria. Por eso, es importante decidir si queremos una Unión Económica, como preveía el Tratado, o sólo una Unión Monetaria, como se está desarrollando. De la respuesta depende el futuro del euro en relación con el dólar.

El nuevo reparto de funciones y competencias entre los Estados y la Unión tiene una lógica imparable, más allá de la apelación a la subsidiariedad. Ninguna empresa compleja habría resistido los cambios del último medio siglo, incluidos los derivados de la revolución de la información, sin revisar a fondo sus funciones y sus estructuras. Sin embargo, la UE, la más compleja de las empresas imaginables, ha ido acumulando «acervo» durante medio siglo sin plantearse seriamente su adaptación funcional y estructural para afrontar los nuevos retos.

Para los europeístas clásicos, tocar el «acervo» es abrir la caja de Pandora que da la oportunidad a los antieuropeístas de deshacer el camino recorrido. Pero si no asumimos ese riesgo, la parálisis en la construcción europea seguirá agravándose y «Bruselas» continuará siendo el chivo expiatorio de las incapacidades e ineficiencias de las políticas nacionales. Se trata de definir cualitativamente lo que hacemos en común, más que de acumular cantidad, incluso si no es relevante para los objetivos a los que me refería al principio.

Como todo el mundo ha aceptado el principio de subsidiariedad —que no sólo consiste en aproximar el poder al ciudadano, sino en que cada poder ejerza las competencias que pueda desarrollar en mejores condiciones—, un nuevo reparto de competencias es inexorable. Este reparto será de doble vía entre los Estados-nación y las Instituciones de la Unión, puesto que algunas serán devueltas desde el centro y otras serán enviadas a él.

¿Qué queremos hacer juntos, como europeos, los quince de hoy y los veintisiete de mañana? En todo caso, será necesario contar con una visión más cualitativa que cuantitativa y añadir a la subsidiariedad la necesaria cohesión y el respeto a la diversidad de identidades.

Esta operación tendrá consecuencias en la estructura del poder interno de Estados fuertemente descentralizados como

España o Alemania, por lo que se convertirá en la oportunidad de conformar la voluntad de nuestro país a través de un diálogo entre el poder central español y los poderes autonómicos.

Todo un desafío interno que, si se hace con sentido de Estado y con un claro proyecto de la España diversa en la Europa del siglo XXI, puede ayudar a superar los peligrosos desencuentros actuales. Aunque sólo fuera por la propuesta de diálogo contenida en la propuesta del Partido Socialista, un Gobierno sensible al problema territorial debería haberla tratado con seriedad.

Tanto más cuando la iniciativa de Rodríguez Zapatero, en contraste con la ausencia de iniciativa de Aznar, plantea los temas básicos del debate sobre el futuro de Europa, además de uno crucial para nuestro proyecto interno como país.

Decidido lo que queremos poner en común —única lista competencial de la que merece la pena hablar—, el debate institucional cobra un sentido nuevo.

Cuando se habla de simplificar los tratados para hacerlos comprensibles a los ciudadanos, que se pierden en la fronda de seis tratados conviviendo simultáneamente, parece lógico plantearse un Tratado Constitutivo, que incluya la Carta de Derechos como definición de ciudadanía y como afirmación de valores.

Los medios económicos a disposición de la Unión deben garantizar la suficiencia para la realización de las tareas comunes y la aplicación de una política solidaria en todas esas tareas, para darle sentido a la cohesión.

Los Parlamentos nacionales y los poderes regionales tienen que encontrar un engarce democrático y eficiente en el proceso de construcción europea y en el desarrollo de las tareas, pero la respuesta no es fácil si se quieren combinar las dos cosas.

El objetivo Berlín 2004 se puede convertir en la oportunidad recuperada para salir de la parálisis actual, o en el riesgo de que se deshaga —como temen muchos ciudadanos— la integración europea con la excusa de la ampliación, con la cual se muestran mayoritariamente de acuerdo.

Para nosotros, como españoles, es a la vez un momento clave para dar sentido a la España diversa, sin enfrentamientos inútiles que hagan peligrar la unidad.

El País, 15 de junio de 2001

Paradójicamente, el euro ha sobrepasado el valor del dólar, pero las implicaciones para la economía europea siguen siendo negativas. En el fondo, la incoherencia subsiste y la recuperación europea, más allá de las incertidumbres del conflicto con Irak, será más difícil que la de EE UU.

Lo más dramático, sin embargo, a la vista de los acontecimientos, es la manifiesta incapacidad de la UE para representar algo en esta crisis global.

Lehendakari

El comienzo de la VII legislatura vasca no puede ser más terrible. ETA mata antes, durante y después del debate. Mata si Ibarretxe es *lehendakari* y mataría si hubiera sido otro. Mata en Madrid, en Navarra, en Guipúzcoa. A un policía nacional, a un concejal, a un policía autónomo. Las explicaciones sobre las acciones criminales de la banda terrorista se debilitan si se las pone en relación con circunstancias tan diversas. Matan o extorsionan o violentan la calle, para aterrorizar, y, mediante el terror, imponer su idea de la identidad. Totalitaria, exclusiva y excluyente.

Mientras esto no se comprenda seguiremos buscando explicaciones que no existen. Pronunciando condenas que cada vez suenan más huecas. El hecho es que matan y que se trata de ellos o nosotros, siendo aquí «nosotros» todos los que no coinciden con su interpretación asesina de la identidad y todos los que creen en la ciudadanía como fundamento de la convivencia en democracia.

La propia denominación del jefe del Gobierno vasco *(lehendakari)* señala identidad diferenciada, lingüística y cultural. Lo único que no está en juego es, precisamente, la identidad. Por eso la negación de la misma, en pro de una homogeneidad impuesta, como ha ocurrido en el pasado, nos lleva al fracaso. Por eso la pretensión ahistórica de confundir identidad con Estado-nación y llevar esta confusión a una construcción política basada en la etnicidad pone en riesgo la convivencia democrática, cuyo único sustento válido es la ciudadanía.

No hay una sola manera de ser vasco o catalán, como no la hay de ser español o europeo. Nadie puede atribuirse, sin dramáticas consecuencias, la condición de guardián de las esencias identitarias.

En la intervención de Ibarretxe[1] he oído de todo. Defensa de la vida y la libertad; lucha contra la violencia criminal, incluida la callejera; diálogo por la paz en el Parlamento; autogobierno desde el Estatuto, desde su cumplimiento íntegro y su modificación; política social, económica y educativa.

Coincido en algunas cosas, y en otras, menos, o nada, pero lo preocupante es que no se ven las prioridades y una parte de las formulaciones sirven para deslizar interpretaciones cargadas de dobles sentidos y de confusión.

Esto ocurre con la no nombrada —pero implícitamente contenida— autodeterminación. Más aún cuando la intervención se produce al día siguiente de la publicación del contenido del Pacto de Gobierno PNV-EA.

Es confuso lo que llaman «ámbito de decisión», a veces en el Estatuto, o en la modificación del mismo, otras en su superación «soberanista», o en la negación de su legitimidad.

Como no participé de la furia cainita desencadenada contra el nacionalismo vasco desde diciembre de 1999, cuando la tregua de ETA amenazaba con redevenir práctica criminal habitual, ni cuando se acercaban las elecciones generales de 2000 y las autonómicas de mayo pasado; como tampoco fui parte del «entusiasmo» que llevó al señor Aznar, en septiembre de 1988 y ante el anuncio de la tregua de ETA, a llamar «Movimiento Nacional de Liberación Vasco» a esta banda de asesinos de la peor especie, sin cuestionar el después denostado Acuerdo de Estella; como en ambas situaciones mantuve un criterio diferente, puedo seguir haciendo uso de la autonomía personal para decir que cada día me siento menos nacionalista. Esto se puede y se debe entender en su versión periférica o centralista, ya sea

---

[1] El *lehendakari* Juan José Ibarretxe pronunció su discurso de investidura el 11 de julio de 2001.

nacionalismo de vieja data o posmoderno, oportunista o re-cuperador de esencias.

De todo lo dicho en el debate[2], me preocupa que la prio-ridad de las prioridades, la lucha contra la violencia terrorista que niega el derecho a la vida y la libertad, siga confundida con la divergencia de opiniones sobre autodeterminación, ám-bito de decisión o soberanismo. Esta discusión, legítima de-mocráticamente sin la amenaza del terror, se vuelve absurda en el contexto de muerte y violencia que imponen los terro-ristas. Más absurda cuando divide la unidad necesaria para acabar con ellos.

El viejo Estado-nación, como respuesta a los desafíos de la sociedad industrial, está en proceso de cambio. Su estruc-tura se descentraliza hacia fuera, como vemos en la Unión Eu-ropea, y hacia dentro, como vemos en los procesos español, alemán, británico, italiano, belga, e incluso francés. También sus funciones clásicas están cambiando, al ritmo de su reti-rada de la generación directa de riqueza, de producto bruto, aunque aún no se sepa en qué nuevas tareas se empeñará o cuáles de las viejas seguirá preservando.

Ambos aspectos tienen su lógica ante la insuficiencia del Estado-nación para afrontar los desafíos de la revolución in-formacional que lo desbordan, o para representar los inte-reses ciudadanos insertos en ámbitos de democracia más lo-cal, más próxima. Cada vez más, el poder del Estado-nación se proyecta a la coordinación hacia fuera y hacia dentro de las competencias que va cediendo en espacios supranacio-nales y en espacios regionales. Cada vez más, el Estado-na-ción representa la diversidad, no sólo de opiniones, sino de creencias, de culturas, que conviven bajo la condición de ciu-dadanía.

Por eso, el mayor error que podemos cometer es la vin-culación entre identidad y Estado-nación, comprensible en el siglo XIX que frustró las expectativas vascas y catalanas con el desastroso comportamiento de los dirigentes políticos del

---

[2] Ídem.

Estado español. Pero la citada vinculación identidad/Estado-nación es innecesaria e inadecuada en los comienzos del siglo XXI, de la nueva civilización informacional, que está exigiendo espacios regionales supranacionales para afrontarla con éxito, espacios compatibles con afirmaciones de ámbitos locales o regionales internos más próximos a los ciudadanos y a las pautas culturales de sus comunidades de origen.

Podemos reflexionar juntos sobre identidad y Estado-nación, o etnicidad y Estado-nación. Si la reflexión es honesta, comprobaremos la inexistencia de una relación de coherencia sostenible en una democracia de ciudadanos. Podemos concluir que la etnicidad, no sólo racial, sino cultural o religiosa, entendida como identidad excluyente, imposibilita la convivencia democrática, tratando de establecer supuestos derechos colectivos ligados a conceptos manipulados de pueblo o nación, que terminan excluyendo al «otro».

Podemos hablar en serio de la autodeterminación. En su nivel interno, como la ejercimos los españoles en la aprobación de la Constitución, o los vascos, catalanes, gallegos, etcétera, en la aprobación de la Carta Magna y en la subsiguiente de los Estatutos. O en su nivel externo, tal y como la definen los pactos internacionales que nos obligan, convenida para dar cauce a los procesos de descolonización del siglo XX. Autodeterminación como secesión de las potencias coloniales.

Podemos hablar de todo ello, pero sin confundirlo con la violencia criminal, el asesinato, la extorsión o la *kale borroka*. Es decir, democráticamente, desde el juego de las mayorías y minorías que respetan la legalidad vigente, nacional e internacionalmente, en sus contenidos y en sus formas para cambiarla.

Pero antes de discutir qué entendemos cada uno por autodeterminación, ámbito de decisión, articulación territorial o participación en la construcción europea, despejemos la prioridad de las prioridades: garantizar la vida y la libertad acabando con la violencia criminal de ETA.

El debate se convierte en sarcasmo a los ojos de los que sufren la violencia, de los que no se sienten libres por la ame-

naza y la extorsión, si no está meridianamente clara la prioridad y la voluntad de que opere como tal para todos: poder autonómico y poder central, partidos en el Gobierno o en la
oposición. Porque es responsabilidad de todos, desde las autoridades de la Comunidad Vasca a las autoridades centrales, y no sirve ya escudarse en «el otro».

Hablar seriamente de nuestro futuro en común, como
nación de naciones integrada en un proyecto europeo, como identidad de identidades con proyección en el mundo hispano, exige estar de acuerdo en la eliminación de la violencia,
sin ambigüedad alguna y entre todos.

No hay un problema de lucha armada, sino de banda de
asesinos. Por eso no es necesaria una respuesta armada. Si se
trata de criminalidad organizada, hay que luchar con los medios policiales y la cooperación de todos para terminar de una
vez con la impunidad.

Esto es lo que me gustaría que entendieran los nacionalistas vascos y los que han creído que ganarles es destruirles,
empleando argumentos morales contra los discrepantes, pretendiendo que los asesinos se comportarían de otra manera si
el *lehendakari* hubiera sido otro.

Estamos viviendo momentos difíciles y temo que van a
empeorar. Para trabajar seriamente, para ganar credibilidad
frente al terror, hay que hacer renuncias importantes o todos
nos veremos arrastrados por la vorágine.

Cuando había un Gobierno socialista, la tentación era cul-
parlo por ineficaz. Ahora, con el Gobierno del PP, no podemos cometer el mismo error ni aceptar que busquen a otros
culpables, salvo los que lo son: los terroristas. No estamos mejor que hace cinco años, sino peor, y hay que reaccionar frente
a la derrota del Estado democrático, que nos afecta a todos.

Ganar es acabar con los violentos, garantizando la convivencia en paz y en libertad. Perder es permitir que ellos aca-
ben con nosotros. Ésa es la mayor inmoralidad política y no
valen excusas para nadie que se considere demócrata.

El País, 18 de julio de 2001

Es evidente que las cosas van por otra senda que la que se estima necesaria en este trabajo.

La legislatura del País Vasco se ha centrado en el plan soberanista y las tensiones han seguido creciendo.

Marruecos

Abderrahman Yussufi, primer ministro de Marruecos, explicaba en un artículo, publicado el lunes 13 de agosto en *El País*, los elementos fundamentales de la transición que ha vivido su país en los últimos tres años. Se aproximaba a la sociedad española, sin advertir cuán olvidadizos somos, para recordar las semejanzas con nuestra propia experiencia de transición de la dictadura de Franco a la monarquía democrática.

Marruecos está cambiando y a mí sí me recuerda épocas que he vivido. Ese cambio está más allá, o más acá, de la correcta explicación sobre el proceso que puede verse en ese análisis del jefe del Gobierno marroquí. Es un cambio de estado de ánimo. Algo que se respira en la calle y que marca la diferencia con el pasado. Un aire más ligero, una actitud más suelta y más libre en la gente con la que he hablado, paseando por Tánger o comiendo en el restaurante de la familia García, en Arcila, o en las reuniones con la creciente sociedad civil, de escritores, creadores cinematográficos, asociaciones cívicas o humanitarias.

En mis conversaciones con Fernando Flores[1], citando a su vez a un gran científico chileno, hemos bromeado sobre la sensibilidad ante el estado de ánimo del otro, como elemento distintivo del primate superior. Por eso me preocupa que

---

[1] Fernando Flores fue ministro con el Gobierno de Salvador Allende. Fue prisionero de Pinochet en Isla Dawson y exiliado en EE UU. En la actualidad es senador chileno.

no estemos captando este cambio, sutil pero determinante, que se está produciendo en Marruecos.

No se trata de cambios legislativos —que están en curso en diversas materias—, ni siquiera de cambios socioeconómicos de difícil realización. Se trata de algo previo y que condiciona todo lo demás. Las mayorías sociales de este joven y viejo país están en una posición diferente de la que conocí hace unos años. Esta nueva posición, esta actitud, forzará las barreras de resistencia lógica del Marruecos de los privilegios.

He cruzado el Estrecho cuatro veces durante este mes de agosto, para realizar la estancia más prolongada de mi vida en la otra orilla. El AVE del Estrecho, como llama Carmen Romero al barco que nos lleva y nos trae en 35 minutos de Tarifa a Tánger, nos muestra la proximidad de ese mundo lejano que es Marruecos, porque nuestra mirada se ha dirigido históricamente al norte y, aunque el sur nos arañe la espalda, parece distante.

En el amanecer del martes 14 de agosto vi una patera varada en la arena de la playa, con un grupo de gente joven en tierra. Estaba en la terraza de la habitación de Le Mirage, justo encima de las Grutas de Hércules, a poca distancia de Cabo Espartel, que conocen tan bien nuestros frustrados pescadores. Enfrente, la línea de la costa gaditana se dibuja tenuemente —¿Barbate?, ¿Vejer?— pugnando por definirse en la bruma ligera.

Ésta, como otras veces, el viaje de la pequeña embarcación ha terminado en la misma costa marroquí, a pocas millas del punto de partida. Con cierto orgullo por el origen de su apellido, Quintero me comenta mientras me pone el primer café del día: «Han salido en la noche. Los han traído hasta aquí y les han dicho que están en Marbella». Pero el engaño y la frustración, pienso, no es la peor de las tragedias que podían haber conocido esta madrugada de agosto. Nos estamos acostumbrando a las víctimas que se cobra el Río Grande de nuestra frontera africana, más numerosas que las que se conocen, con gran escándalo, en la frontera mexicana con Estados Unidos.

En el catamarán Tánger-Tarifa de la tarde del sábado 18, inexorablemente, los 35 minutos de travesía están repletos de comentarios sobre el medio millar de inmigrantes localizados y arrestados en la madrugada. La conversación en el barco contiene de todo, en una rápida sucesión que pasa de la broma a lo serio, a lo dramático. Siguen sin autorizar a otro tipo de pasajeros que los del espacio Schengen, lo que crea problemas incomprensibles y limita las posibilidades de la compañía, además de mermar las oportunidades de Tarifa como puerto.

«Hace treinta años que estoy pasando», comenta uno de los acompañantes, responsable de esta compañía, pidiendo alguna respuesta al problema de las pateras. «Si siguen intentándolo es porque la mayoría pasa, porque si los detectaran a todos, se desanimarían». Y añade, mirando a la fila de inmensos cargueros de contenedores o petroleros que atraviesan cada noche las aguas del Estrecho: «Lo que no sabemos es el número de "criaturas" que mueren en el intento. A una lanchilla de ésas, sin luces, cargada con cuarenta o cincuenta personas, le pasa por encima el carguero y ni se entera; ni la rozadura en el casco se nota».

Desde el catamarán, el contraste con la patera se agiganta. Y a pesar del interés de los responsables de la compañía por explicarme la absurda situación de limitaciones de uso de esta línea inmejorable para la travesía, domina el problema humano. «Esto tiene que tener un arreglo». «Pero en Marruecos las cosas están mejor que antes», añaden, como si hubieran oído mis pensamientos sobre el cambio de estado de ánimo en la población.

En septiembre del año 1999, en esta misma tribuna, hice una apuesta por el nuevo período histórico que se abría en Marruecos con la llegada del rey Mohamed VI[2]. Aposté entonces por la consolidación de una monarquía democrática y los pasos necesarios hacia una modernización coherente, no digo ya compatible, con las pautas culturales más profundas de esta nación.

---

[2] El artículo se titulaba «Marruecos: una mirada desde la otra orilla», también en esta recopilación.

Como recuerda el primer ministro, se había iniciado un año antes, mediante un consenso político que facilitó la alternancia e hizo posible que, a la muerte del rey Hassan II, el cambio se hiciera sin turbulencia alguna y cargado de esperanzas.

Es un proceso histórico lleno de complejidad política, económica y sociocultural, pero un observador objetivo tiene que reconocer el avance. He dicho que se respira un aire de libertad que era desconocido antes, pero eso no oculta a mis ojos los impresionantes desafíos que afronta esta sociedad. Comento esta nueva realidad con Tahar Ben Jelloun[3], cuya ausencia en las tribunas del periódico me hacen sentir el vacío de la opinión del otro.

Para empezar, Marruecos cuenta con un monarca muy joven, que no ha llegado a los cuarenta, y que reina sobre una sociedad en la que el 80 por ciento de la población aún no ha alcanzado esa edad. Es una pirámide demográfica que contrasta con la nuestra, como españoles y como europeos. Contraste que se agudiza cuando se compara la renta de la orilla norte y la pobreza del sur. La globalización de la información hace el resto. En cualquier bar de Marruecos se pueden ver las televisiones española, francesa o italiana reflejando un espacio de oportunidad que está al alcance de la mano de millones de jóvenes.

Es imposible eludir o retrasar la responsabilidad de un entendimiento que nos permita ordenar el flujo humano hacia España y hacia el resto de la Unión Europea. Pasadas las polémicas sobre el «efecto llamada» de la *non nata* Ley de Emigración, sustituida por otra que parece hecha de grandes altavoces, y pasadas las comparaciones inconsistentes con la legislación de 1985, el pacto que reclama Rodríguez Zapatero es una prioridad entre las prioridades de una política de Estado.

Veo la mesura de las reflexiones de Yussufi en su propuesta de intensificación de las relaciones hispano-marroquíes,

---

[3] Tahar Ben Jelloun es colaborador habitual en el periódico *Le Monde*. *El niño de arena* (1985) y *La noche sagrada* (1987, Premio Goncourt) son dos de sus obras más conocidas.

o euro-marroquíes, y vuelvo a sentir la misma impaciencia de los momentos en los que debatíamos en Cannes los programas euromediterráneos. Pero han pasado más de cinco años y las cosas van desesperantemente lentas.

No hemos llegado a acuerdos en materia pesquera; sentimos el flujo migratorio desordenado e inhumano como una necesidad y una amenaza; tenemos más de 800 empresas españolas instaladas en Marruecos y el número seguirá aumentando, etcétera. Es una mezcla intensísima de elementos difíciles de combinar, sobre todo cuando ellos están atentos a todo lo que ocurre aquí y nosotros no conocemos ni su cine ni su literatura.

Esta situación reclama diálogo, es decir, conocimiento del otro, no sólo explicación unilateral de nuestras razones. Sin embargo, la situación es bien distinta: llevamos dos años sin celebrar el encuentro bilateral previsto en el Tratado. Le dije al primer ministro marroquí lo que ahora digo en público a las autoridades de mi país. Los encuentros bilaterales anuales estaban previstos justamente para dar permanencia al diálogo fueran cuales fueran las dificultades de recorrido.

¡Resulta tan extraño que Francia, Italia o Portugal realicen con regularidad los encuentros bilaterales con Marruecos y nosotros llevemos más de dos años sin hacerlo! Somos nosotros, los españoles, los que más *necesitamos* el desarrollo y la modernización de Marruecos. Deberíamos ser los más dispuestos al entendimiento y a la cooperación. Parte de los problemas que se están produciendo, incluido el de la pesca, tendrían otra cara si se comprendiera lo que digo.

El País, 22 de agosto de 2001

Cabe preguntarse sobre el impacto en la opinión pública marroquí de la posición que ha mantenido el Gobierno en la crisis de Irak.

A pesar de haber recuperado la normalidad diplomática, probablemente con la gestión de la Administración Bush la nueva dinámica creada tendrá consecuencias.

Globalización del terror

El horror y la incredulidad lo cubren todo. La globalización de la información provoca, en tiempo real, el mismo efecto en lugares muy distantes del planeta. Nos negamos a creer que está ocurriendo y repetimos una y otra vez el mismo gesto ante las mismas imágenes.

Se reclama, con angustia comprensible, liderazgo político para responder a la amenaza, para encontrar y castigar a los culpables, para recuperar algo de la confianza perdida con brutalidad sin precedentes en los últimos cincuenta años.

Pero el liderazgo que se reclama, de los mismos políticos a los que sistemáticamente se desprecia, tiene que ser «de respuesta», no meramente «declarativo»; tiene que ser sensible al estado de ánimo de los ciudadanos, pero no dejarse arrastrar por él; tiene que ser eficaz, más que espectacular, porque el inmenso horror de la tragedia que estamos viviendo disminuirá, pero la amenaza permanecerá, e incluso, si se cometen errores, aumentará.

El orden internacional tras la caída o el derribo del Muro de Berlín (1989), en términos de seguridad, con sus implicaciones económico-sociales, no sólo de defensa ante las amenazas, no está definido —mucho menos articulado— porque ni siquiera están identificadas las verdaderas amenazas.

Los atentados de las Torres Gemelas y del Pentágono funcionarán como catalizadores y precipitadores de una crisis que ya estábamos viviendo en la economía internacional, pero que dentro de unos meses se identificará con el brutal ataque terrorista.

La necesidad de encontrar al enemigo, de poner un rostro al mal, puede arrastrarnos a criminalizar al «otro», al que es diferente en sus creencias religiosas, en sus pautas culturales o en el color de su piel, deslizándonos hacia un mundo enfrentado por razones alternativas a las que lo dividían antes de la caída del Muro, y aún más peligrosas para la paz.

¿Es posible encontrar una respuesta a la crisis de seguridad que pone en riesgo tantas vidas humanas? ¿Es posible actuar contra la precipitación de la crisis económico-financiera en la que ya estábamos inmersos? ¿Es posible disminuir las tensiones que recorren distintas regiones del planeta, en algunos casos con fuerza expansiva incalculable? ¿Es posible avanzar por el camino de la gobernabilidad —no hablo del gobierno— de esta nueva realidad planetaria inducida por el fenómeno de la globalización de la información, la economía, las finanzas, y... ahora el terror?

De la corrección de las respuestas que EE UU y los países de la OTAN, más otras alianzas posibles, sean capaces de producir penderán consecuencias de enorme trascendencia para la paz mundial. Imagino 1989 como el final del siglo XX, pero este salvaje atentado nos sitúa ante los desafíos del siglo XXI. En el período intermedio hay que reconocer que hemos sido poco conscientes de los cambios que se estaban produciendo y de sus implicaciones.

Los ciudadanos pueden y deben saber que la lucha contra la criminalidad organizada en forma de terrorismo se puede combatir con eficacia si se identifica como la principal amenaza, mucho más real que la supuesta amenaza de la que nos defendería un escudo espacial antimisiles. Si se acepta así, la información es el 85 por ciento de la lucha por la erradicación de este fenómeno. El 15 por ciento restante serían las operaciones derivadas para capturar y destruir las tramas.

Lo más dramático es que la información a la que me refiero está disponible en su casi totalidad, y llegaría al máximo de eficacia si se pusiera en común por una docena de países que se consideran amigos y aliados. Pero esto no ocurre. Es más fácil intercambiar información de servicios en el terreno militar clásico que entre los servicios de información referidos a la lucha contra este tipo de amenaza.

La consecuencia de actuar así, aquí y desde ahora, sería la de acertar con precisión en la respuesta, garantizar un incremento de la eficacia en el futuro, y evitar el error, aunque sea comprensible en momentos de emoción, de acciones precipitadas que escalen la violencia en lugar de contenerla.

El esfuerzo inmediato para enfriar conflictos regionales como los que se viven en Próximo Oriente, o en otros lugares del mundo, que tenderán a exacerbarse con efectos de violencia suprarregionales, es una necesidad para avanzar en una nueva arquitectura de convivencia internacional. La Unión Europea puede y debe jugar su papel, riguroso y exigente, no sólo pagar facturas de las decisiones de otros.

Precipitados todos los factores de desconfianza económica y financiera, los actores políticos tienen que dar un paso adelante para regenerar esa confianza que no podrán recuperar los protagonistas directos de los mercados. Más liquidez, menos tipos de interés y recuperar el razonamiento de Keynes, aplicándolo a la nueva realidad, no reproduciéndolo miméticamente, ayudará, si la seguridad frente al terror mejora, a remontar una crisis mundial a la que no se quiere identificar como tal, a pesar de que Japón, EE UU y Europa estén inmersos en ella.

Finalmente, el desorden de la globalización, con sus lacerantes incrementos de las diferencias, los incontenibles flujos migratorios huyendo de la miseria o de la tiranía, la imprevisibilidad del casino financiero internacional o los crecientes odios interculturales, reclama un esfuerzo de construcción del nuevo orden internacional del siglo XXI, añadiendo factores que hagan más gobernable este escenario, en lugar de pretender construcciones excesivamente teóricas sobre el supuesto *Gobierno del Mundo* tan querido a los cartesianos puros. (¿A quién aceptaríamos presidiendo ese Gobierno Mundial?).

Espacios regionales supranacionales, como la Unión Europea o como el Mercosur, podrían ir configurando una nueva gobernabilidad más equilibrada, más cooperativa y solidaria. La revisión del funcionamiento de instancias como el FMI, el Banco Mundial o las propias Naciones Unidas deberían acompañar este proceso de mayor gobernabilidad.

Es posible, no sólo deseable, poner en marcha las respuestas para mejorar la seguridad, identificando y combatiendo la peor criminalidad que se conoce: el terrorismo, entendido como el enemigo de la convivencia en paz y en libertad más peligroso y evidente.

Es posible hacerlo sin deslizarse hacia el odio entre religiones, culturas o civilizaciones, porque no está ahí el problema, pero la confusión puede contribuir a agravarlo en vez de resolverlo.

Es posible disminuir las tensiones regionales con efectos expansivos de violencia. El Mediterráneo, cuna y cruce de civilizaciones, debe tender hacia la superación de los choques que se viven en él, de uno a otro extremo. Tampoco pueden perderse de vista los conflictos en el Cáucaso, que no queremos ver, aunque pesarán en los próximos años, y tantos otros.

Es posible combatir la primera gran crisis de la «nueva economía», que se nos anunciaba sin ciclos, de bonanza sin fin, al tiempo que veíamos el incremento de la pobreza, la pérdida de la cantidad y la calidad de la cooperación internacional y de la cohesión interna en los países ricos.

Es posible construir una Europa política, con sus valores fundacionales, como democracia local reforzada y como poder global relevante para mejorar la cohesión interna y contribuir decisivamente a la paz y la solidaridad internacionales.

Podemos atacar las causas inmediatas de la inseguridad y seguir un nuevo rumbo para acabar con los caldos de cultivo.

El País, 15 de septiembre de 2001

Ésta fue mi primera reacción a los atentados del 11 de septiembre. Después, he seguido insistiendo, como verán los lectores, en la necesaria solidaridad para luchar contra esta amenaza y en el peligro de confundirla en sus orígenes, en su naturaleza y en su tratamiento, aumentando los riesgos en vez de reducirlos.

En esa línea de razonamiento se sitúa el último de los trabajos publicados en este libro, para explicar el «No a la guerra» que está a punto de desencadenarse contra Irak, tras la que hemos vivido en Afganistán.

Primera crisis global de la nueva era

Años de discusión sobre si nos encontramos ante una nueva era terminaron con el despertar apocalíptico del 11 de septiembre. La respuesta de Estados Unidos, la explicación de la operación y el discurso de reconocimiento de responsabilidad y nueva amenaza de Bin Laden contra todos, en este 7 de octubre, no dejan lugar a dudas sobre la naturaleza radicalmente nueva del conflicto abierto.

De pronto, se empieza a comprender que la globalización de la información, de la economía, de las finanzas y, ahora, del terror y la inseguridad, no es una alternativa que podamos aceptar o rechazar, sino una realidad diferente, nueva en muchas dimensiones, a la que ha de responderse con nuevos paradigmas, de acuerdo con valores e intereses compartidos que den sostenibilidad al modelo.

No hay que gastar energía en una búsqueda tan inútil como peligrosa de enemigos que lo sean por sus diferencias culturales o de creencias religiosas, sino emplear todo el esfuerzo en indagar las causas de esta primera crisis global, que empezó siendo económica y es, ahora, de seguridad.

Desde la desaparición de la Unión Soviética, Estados Unidos y la Unión Europea parecían capaces de periferizar o encapsular las crisis regionales, tanto económico-financieras como de seguridad. Así ocurrió con el «tequilazo» mexicano de 1994, o con la tormenta asiática de 1998, que se extendió a Rusia y a Brasil, en rápido contagio epidémico. Así ha ocurrido con el conflicto de los Balcanes, con la masacre de los

Grandes Lagos, con el dramático repunte de la violencia en Israel y Palestina, y un largo etcétera.

Sólo Japón, entre los países centrales, padece una crisis estructural, de inadaptación, durante casi toda la década, a pesar de su alto desarrollo tecnológico y su enorme nivel de ahorro.

Pero, en el 2000, la crisis económico-financiera ha dejado de ser periférica y ha empezado a afectar seriamente a los Estados Unidos, primero, y a la Unión Europea, después. Ambos espacios económicos —casi la mitad de la economía mundial, pese a su escasa población relativa— han perdido una parte importante de sus ahorros en los mercados de valores. La desaceleración americana era ya, a fines de 2000, algo más que el «aterrizaje suave» que pretendía Greenspan. La presunción europea de gozar de un margen de autonomía para no sentirse arrastrada por el frenazo del motor estadounidense se fue viniendo rápidamente abajo. Así, ha continuado el empeoramiento de todos los indicadores durante el primer semestre de 2001, aunque la opinión pública no lo percibiera en toda su gravedad.

Los atentados terroristas del 11 de septiembre han añadido a la tragedia humana una angustia sin precedentes. El sentimiento de inseguridad también ha perdido su carácter regional para mundializarse. La percepción de que nada de lo que ocurra en cualquier lugar del mundo nos puede resultar ajeno se está abriendo paso.

Aunque la crisis económica no ha sido consecuencia del ataque terrorista del 11 de septiembre, cuando pasen unos meses se unirán en el imaginario popular, alentado por declaraciones oportunistas. Y, a pesar de que no exista esta relación de causa a efecto, la pérdida brutal de confianza convertirá el problema de la seguridad en una condición para la recuperación de la economía, no sólo en una necesidad ineludible de defensa de la ciudadanía.

La lucha contra el terrorismo se sitúa así como el principal objetivo de seguridad en la nueva era. Por eso conviene reflexionar sobre esta amenaza y la forma de hacerle frente.

El viejo orden basado en la «destrucción mutua asegurada» como elemento de disuasión desapareció con uno de sus dos protagonistas: la Unión Soviética. Pero, más allá de los discursos, no ha sido sustituido por otro, alternativo, que responda a la nueva realidad. El paradigma es la ausencia de paradigma. Ni el pensamiento único, ni el becerro de oro del mercado sin reglas, tan caro al fundamentalismo neoliberal, ni los proyectados escudos espaciales son una respuesta sostenible al desorden internacional, económico, financiero o de seguridad.

El desafío exige superar la necia demonización de la política y el desprecio de la *res pública*, que hay que entender como espacio de convivencia con reglas, como instrumento de ordenación de intereses y valores, en cada una de nuestras sociedades y en la comunidad internacional. El 11 de septiembre nos introduce de golpe en la nueva era. El 7 de octubre ha comenzado la respuesta. El nuevo enemigo, fanático hasta el suicidio para destruir, dispara la demanda de seguridad en amplias capas de la población y en todos los actores del mundo económico y financiero.

La recuperación de la confianza exige la definición de la amenaza y una estrategia consistente para reducirla drásticamente. En Naciones Unidas se responsabiliza al terrorismo, pero no hemos avanzado seriamente en una tipificación de este fenómeno que pueda ser aceptada por todos. Ni siquiera en el ámbito de la Unión Europea.

Las resoluciones del Consejo de Seguridad tras los atentados contra Estados Unidos legitiman la respuesta iniciada. Por si alguien tenía dudas, la propia actitud del Gobierno talibán y las declaraciones de Bin Laden certifican la necesidad de la respuesta.

Pero la dificultad es que no estamos ante una amenaza que sea sólo criminalidad organizada que pueda combatirse con medios policiales y judiciales al uso. Ni tampoco se trata de una agresión bélica tradicional, a la que se pueda responder y controlar con los medios habituales de los sistemas defensivos. Tiene componentes de ambas formas de agresión, pero no se identifica plenamente con ninguna. Por eso se están produciendo errores de análisis y aproximaciones que no conducirán a resultados eficaces aunque se formulen de buena fe.

Cuando Estados Unidos afirma que ha sufrido una agresión bélica y apela a la legítima defensa, tiene razón, aunque el tipo de agresión no esté previsto en la normativa internacional de la guerra. Esto hace más relevante la unánime reacción del Consejo de Seguridad para legitimar la respuesta.

El fenómeno terrorista no suele tener un origen territorial identificable con un Estado-nación concreto, aunque haya Estados, como en este caso, que amparen, apoyen o instrumentalicen a grupos terroristas. Pero tampoco tiene un objetivo territorial concreto, referido a un Estado-nación determinado, aunque la agresión haya sido contra Estados Unidos en esta ocasión, como se deduce con claridad de las palabras de Bin Laden. Cualquiera puede ser objetivo, occidental u oriental, cristiano, islámico o budista.

Una amenaza de esta naturaleza, con estos orígenes y estos objetivos ubicuos, exige la combinación de medios militares, judiciales y policiales, con una fuerte coordinación internacional en materia de inteligencia. Incluso los grupos terroristas ligados a un territorio tienen cada vez más vínculos con otros de orígenes diferentes, unidos por el interés común de crear terror.

Tal vez lo más importante de esta globalización del terror es la necesidad de crear una conciencia de solidaridad de todos frente a la amenaza. O, si se prefiere, una conciencia de egoísmo inteligente. Si se consigue, llegaremos a comprender que la «frontera» del Estado-nación, también en esta dimensión, como en la económica y en la financiera, ha perdido relevancia para hacer frente a este riesgo. La penetración del terrorismo en las sociedades abiertas y su ubicuidad nos obliga a compartir soberanía para combatirlo.

Pero hay que evitar la tentación de las respuestas que den satisfacción «inmediática» a un estado de opinión naturalmente irritado y deseoso de acción rápida. Prevenir nuevas agresiones es más importante para la seguridad que el éxito de la respuesta inicial. Por eso la coordinación de la información de los servicios de inteligencia es mucho más importante, aunque menos visible para la opinión, que la coordinación de efectivos militares tradicionales, cuya exhibición aumentará el riesgo de atentados.

Asimismo, hay que evitar la deriva hacia la culpabilización del diferente en sus creencias. No podemos olvidar que ETA mata a gentes de su misma religión, o que en Irlanda del Norte hemos visto con horror, antes del horror global de las Torres Gemelas, a cristianos protestantes tratando de impedir, con bombas, que niños cristianos católicos vayan a la escuela. O al revés. Fanáticos asesinos se reparten en culturas y creencias bien diferentes. A Isaac Rabin le costó la vida su deseo de paz con los palestinos: fue asesinado por un fanático de sus mismas creencias religiosas[1].

Finalmente, si queremos construir un orden internacional para la era nueva, que responda a los desafíos actuales y que se base en valores democráticos, no podemos negarlos con nuestra actuación.

Como todo ello es urgente, no podemos precipitarnos, sino prepararnos para una tarea larga y compleja.

El País, 9 de octubre de 2001

El análisis puede mantenerse con el mismo final. Temo que se están precipitando los acontecimientos y se están cometiendo errores de difícil reparación.

---

[1] Isaac Rabin (1922) fue asesinado en 1995, cuando pronunciaba un discurso a favor de la paz en Israel y Palestina. Fue primer ministro de Israel entre 1975 y 1977, y más tarde entre 1992 y 1993.

Riesgo y oportunidad

Han pasado dos meses desde el aciago martes en que, con una brutalidad que desdibuja todos los precedentes, el terrorismo internacional descorrió la cortina mostrando una realidad oculta e insospechada a la sociedad pos-Muro de Berlín. Hay un antes y un después en la percepción de la seguridad y la inseguridad en Estados Unidos, que afectará a todos los ámbitos de la vida individual y colectiva, a los modos de producción, a los flujos humanos y de inversión, a la cultura de la era de la información.

«Conocen mejor nuestros agujeros que nosotros los suyos», me decía Bill Clinton en su paso por Madrid, cuando comentábamos la estrategia para combatir la amenaza de los fanáticos dispuestos a morir para matar y destruir.

En la mayoría de los países centrales, la seguridad tras la superación de la guerra fría o se daba por supuesta sin tener en cuenta la multiplicidad de conflictos regionales que la cuestionaban, o se mantenía la convicción de que estos conflictos se podían aislar en sus propios límites territoriales. Ciegos ante las amenazas que se gestaban en rincones ocultos de sociedades cerradas, se abría paso el desarrollo del escudo espacial antimisiles como la fórmula milagrosa para garantizar la seguridad de la nueva era.

Una propaganda de mercado sin reglas y crecimientos continuos ocultaba la gravedad de las crisis financieras regionales de los países emergentes y sus efectos sociales. El casino financiero internacional reaccionaba rápidamente,

273

retirándose de las zonas afectadas, de las próximas o de las que, a miles de kilómetros, se consideraban parecidas.

Se evitaba mirar hacia el África subsahariana, aceptando como inevitable su marginalidad para el sistema y, como consecuencia, su condena a un futuro sin esperanza.

Hace un mes decía, en esta misma tribuna, que, «de pronto, se empieza a comprender que la globalización de la información, de la economía, de las finanzas y, ahora, del terror y la inseguridad, no es una alternativa que podamos aceptar o rechazar, sino una realidad diferente, en muchas dimensiones, nueva, a la que ha de responderse con nuevos paradigmas, de acuerdo con valores e intereses compartidos que den sostenibilidad al modelo»[1]. Sería más correcto afirmar que se debería empezar a comprender que la globalización es un fenómeno de interdependencia creciente, que puede ofrecernos un futuro mejor si se asume como tal y se lucha por un nuevo orden incluyente del mayor número de seres humanos de este planeta conectado. Si no es así, el futuro mostrará más fracturas, más peligros y crecientes dificultades de seguridad.

En Buenos Aires, en la reunión del Foro Iberoamericano, la percepción de la nueva realidad, en el mundo político, empresarial y cultural, es de pérdida de relevancia tras los acontecimientos del 11 de septiembre. Más allá de las obligadas declaraciones para mantener el tipo, las conversaciones de fondo revelan pesimismo, incluso una desesperanza ante el futuro que no se había percibido antes.

Es inútil recordar que la crisis económica no es la consecuencia directa del 11 de septiembre. En algunos casos, como el de Argentina, la recesión dura desde 1998. En la casi totalidad de la región, las elecciones de los últimos lustros se han ganado con programas de desarrollo y los Gobiernos se han desempeñado con programas de ajuste. Los períodos de fuerte crecimiento económico han concentrado el ingreso, a la espera de que rebose para que llegue a las mayorías so-

---

[1] En el artículo «Primera crisis global de la nueva era», también en esta recopilación.

ciales. Pero antes de que ese milagro del evangelio neoliberal se produzca, una crisis financiera, nacional o importada, «aconseja» mayor rigor en el ajuste que, como no podía ser de otro modo, pesa sobre los débiles ingresos de la mayor parte de la población.

Sin embargo, aun aceptando que la crisis de los países centrales afectará seriamente a los países emergentes, América Latina tiene ventajas relativas de extraordinaria importancia para el futuro inmediato que le permitirían acortar la duración y disminuir la profundidad. Su irrelevancia como amenaza de terrorismo fanático puede convertirse en uno de los rasgos más positivos de un futuro relevante, para la propia región y para los países centrales ligados a la región.

En México, las prioridades básicas de su desarrollo y sus intereses como nación que lucha por la modernidad convergen con las de Estados Unidos, su socio principal en el Tratado de Libre Comercio, ya se trate de seguridad, de energía, de los flujos migratorios o del crecimiento con mejor reparto del ingreso. Seguramente, la tormentosa relación histórica con el vecino del norte distorsiona, cuando no impide, esta visión convergente de intereses y valores.

Nadie se atrevería a negar que México necesita mejorar sustancialmente su nivel de seguridad, en sentido estricto —disminución de la criminalidad— y en sentido amplio —en las relaciones civiles y mercantiles, entre los ciudadanos y las administraciones, o entre los propios poderes internos—. Para Estados Unidos, el 11 de septiembre ha cambiado dramáticamente su percepción de la seguridad, que pasa a ser la prioridad de las prioridades. La frontera mexicana, con su inmenso flujo de personas y mercancías, adquiere una transcendencia mucho mayor que la que ya tenía. Se constituye en el *interland* más sensible para su propia garantía frente a la penetración terrestre de las amenazas que teme.

En materia de energía, también concebida como seguridad estratégica, las necesidades mexicanas de mejora de su capacidad de producción y transformación coinciden asimismo con las de sus vecinos y ofrecen oportunidades inéditas para

México, si supera algunas de las trabas legales y de los temores a la penetración en la cocina de su vecino. Petróleo, gas, producción eléctrica, fundamentales para el desarrollo de México, son, ahora, más importantes que nunca para Estados Unidos. El desarrollo del Plan Puebla-Panamá adquiere una nueva dimensión a la luz de estas perspectivas, afectando al sur de México y la totalidad de Centroamérica.

Los emigrantes, vitales para México con sus remesas de dólares, necesitados de regularización en numerosos casos actuales y más aún para el futuro, han pagado las consecuencias del ataque terrorista, pero constituyen una necesidad creciente para Estados Unidos. La sostenibilidad de la seguridad social estadounidense, la atención a una población crecientemente envejecida y el propio sistema productivo necesitan el trabajo de la inmensa población joven de México. Educación y formación de esta población joven, para su desarrollo en Estados Unidos o para emplearla en su propio país, equilibrarán la interdependencia, dando a México una posición que hoy no tiene.

El crecimiento mexicano, con la mejora constante en la distribución del ingreso que disminuya la brecha entre las mayorías sociales y los grupos que lo concentran, es un objetivo proclamado por los dirigentes mexicanos, no sólo políticos, sino empresariales y sociales. Pero si setenta millones de mexicanos tuvieran en su horizonte la posibilidad de situarse en la media de renta de los veinte millones de compatriotas que emigraron al norte, no sólo transformarían la realidad y el futuro de su país, sino que incrementarían seriamente las posibilidades de toda la zona del Tratado de Libre Comercio.

Todos estos factores combinados hacen de México un país altamente relevante. La respuesta a sus problemas básicos de seguridad, de modernización de su aparato productivo y de desarrollo económico con equidad social constituyen sus mejores objetivos nacionales y son parte de la solución a las prioridades de sus vecinos del norte.

Si nos desplazamos hacia el sur, podemos reproducir el razonamiento, aunque eliminemos la dimensión de frontera inmediata. Desde los nuevos yacimientos de gas bolivianos hasta las reservas venezolanas, colombianas, ecuatorianas o argentinas, América Latina cuenta con variables estratégicas altamente significativas para Estados Unidos en la crisis actual.

La mejora de la seguridad para el conjunto del continente, ya se trate de Colombia, Perú o la propia Argentina, al margen de los problemas fronterizos, es imprescindible para su propio desarrollo, para la atracción de inversiones duraderas o para el turismo de Estados Unidos, de Canadá y de Europa. En todos esos campos que definen el futuro de los países centrales y emergentes, América Latina tiene un potencial inexplorado que se ha puesto de manifiesto —desordenadamente y en algunos renglones— en los primeros noventa, pero tendrán mucha mayor relevancia en los próximos años, por inevitables razones de desconfianza hacia otras áreas del mundo como destino de las inversiones o de los flujos turísticos, así como de garantía para los suministros energéticos.

América Latina necesita salir del círculo de crecimiento con concentración de riqueza y ahorros colocados en el exterior, acompañados de una sociedad pauperizada y sobreexplotada. Mejorar su capital humano, con más y mejor educación, más y mejor sanidad, y mejorar su capital físico, con más y mejores infraestructuras de telecomunicaciones, comunicaciones y energía, será una contribución decisiva para una buena distribución del ingreso, para una mayor sostenibilidad del desarrollo de los propios países iberoamericanos y para un futuro más seguro y previsible de Estados Unidos y Canadá.

El riesgo de la irrelevancia por no constituir una amenaza se convierte, en esta perspectiva, en la mejor oportunidad de ser parte de la solución, sin serlo del problema. Solución para insertarse en el nuevo orden que emergerá tras los acontecimientos del 11 de septiembre y la superación de esta primera crisis mundial de la globalización. Si los setenta y los ochenta fueron la oportunidad del sureste asiático, las primeras décadas del siglo XXI pueden ser la de América Latina.

El País, 14 de noviembre de 2001

En toda el área iberoamericana, la crisis económica, más la crisis de seguridad, se percibe como una amenaza que disminuye sensiblemente las posibilidades de recuperación y desarrollo.

La aparición de Lula en el escenario ha producido un revulsivo importante, pero el pesimismo continúa.

El artículo trata de recuperar una línea de pensamiento positiva, aunque sea en contra de la corriente dominante, para poner de manifiesto las oportunidades.

Argentina, tocando fondo

La primavera argentina estalla indiferente a la crisis. Buenos Aires, la ciudad más bella de América, luce bajo un sol suave sin que parezca amenazada por la agónica sucesión de malas noticias. Un poco más al sur, siguiendo la línea del Atlántico, la costa galana me ofrece un deslumbrante amanecer sobre la bahía de Mar del Plata, abrazada por construcciones del más sofisticado primer mundo, que impide pensar en el agobio y la desesperanza que se expresan por doquier, en cada cenáculo, en cada conversación. Y «La Bombonera» ruge en el homenaje a Maradona, mientras en Washington el mundo financiero escucha el último plan de ajuste, de reestructuración, carente del consenso que le dé fuerza.

Por primera vez siento reparo para expresar lo que pienso, recordando la visita de 1991, en medio de un cambio precipitado de magistratura, pero... ¡al fin!, entrega de un presidente civil a otro civil; inmersos en una superinflación que separó a los argentinos de la confianza en su moneda y que, una década más tarde, hace inimaginable que flote, amarrada al dólar como un ancla de seguridad contra ellos mismos.

Y, sin embargo, termino por decirlo, en privado y en foros más abiertos. El problema, creo, no es económico, a pesar de la profundidad y gravedad de la crisis económica, social y financiera, acelerada dramáticamente por los acontecimientos del 11 de septiembre. El problema es, como era —¿desde hace cuántas décadas?—, político. Mejor dicho: Argentina tiene un problema POLÍTICO, con mayúsculas. Y seguirá siéndolo hasta que se defina el espacio público compartido, la *res pública*, como proyecto de todos para el siglo XXI, para encarar la era del conocimiento. El problema es de consenso básico, constitutivo, que decida que «con las cosas de comer no se juega».

Ningún país que aspire a ser grande, que aspire a la centralidad, puede permitirse hacerlo. Todos han decidido cuáles son esas «cosas», y han resuelto compartirlas por encima de las alternancias normales, más allá de las diferencias entre patronos y trabajadores, arropados por una «inteligencia» que las protege descalificando a los que las cuestionan.

Argentinos y argentinas, brillantes como pocos, tienen una capacidad increíble para el análisis, para el diagnóstico, aunque en momentos como el actual, incluso en ese terreno, hay desconcierto. Esa capacidad sólo es superada por la que la acompaña pegajosamente: señalar al «otro», interno o externo, como culpable de que no haya una terapia curativa, que siempre se espera milagrosa, providencial. Pero, más que un problema de culpa, existe uno de responsabilidad, de hacerse cargo de ese gran país. Cada uno desde la suya, desde la que le corresponde como actor en ese espacio público compartido que sigue sin definir con nitidez.

Con la mayor brevedad, urgidos por la necesidad del presidente de emprender viaje anticipado a Estados Unidos, expreso, en la cena ofrecida a los miembros del Foro Iberoamericano y a invitados relevantes de la República Argentina, la solidaridad de todos y la gratitud por su atención. A continuación, con respeto contenido por ese gran país, desgrano lo que pienso. Podemos contar con los dedos de una mano —y seguramente nos sobran— los países del mundo que pueden cambiar su destino histórico en una década de buen proyecto compartido, consensuado entre todos los actores relevantes: políticos, económicos, sociales y culturales. La década que pasó y no fue, o la que viene, que podría, que debería ser.

Otros muchos países están condenados a una marginalidad interminable, sin horizonte de salida, como ocurre en gran parte del África subsahariana y en rincones superpoblados de Asia. Incluso entre los emergentes, incluidos los más grandes de América Latina, que más allá de las crisis financieras y los programas de ajuste tienen expectativas claras de futuro, la mayoría necesitarán dos o tres veces el tiempo argentino para conseguir la centralidad que buscan.

Argentina puede hacerlo en una década. No por lo que fue, sino por las condiciones para ser ahora y en el futuro inmediato. Pero no sirven los pactos al borde del precipicio en el que nadie quiere caer, cuyo objetivo es dar varios pasos atrás para no verlo tan cerca, sin cambiar la dirección de la ruta a seguir. El voto bronca, como diría Sanguinetti, no cuestiona sólo, ni principalmente, al Gobierno de turno, sino a la totalidad de los actores políticos, porque expresa una desconfianza en las fórmulas que se ofrecen sobre el tapete como alternativas.

La sutileza en la percepción del ciudadano, a pesar de compartir la incertidumbre de todos los responsables, está en eso. Apunta a que no es un simple cambio de Gobierno, de mayoría, lo que necesita Argentina, sino un proyecto compartido, un gran acuerdo nacional, cuasi constitutivo de una nueva Argentina que incorpore lo mejor de su pasado, pero sin anclarse en glorias pasadas, sin correr el riesgo de convertirse en estatuas de sal mirando lo que fue.

Sanguinetti es un hombre respetado y querido en Argentina, pero, en estos meses, un artículo breve y preciso publicado en *El País* el pasado julio, ha producido el efecto de la verdad revelada, de la luz en la niebla del debate. «Argentina, ¿fue o es?», se esgrime en todas las conversaciones relevantes. Comentaba en esa tribuna el dos veces presidente uruguayo, con su peculiar brillantez: «Alguna vez alguien dijo que los países podían clasificarse en cuatro categorías: primero, los desarrollados; luego, los subdesarrollados; tercero, Japón, que no puede explicarse que sea desarrollado, y, finalmente, Argentina, que nadie puede explicar cómo es subdesarrollado».

Siento por Argentina, como por México en la otra punta del mapa de Iberoamérica, una pasión irracional, una especie de fascinación que, a veces, me pierde por inoportuna, porque me lleva a compartir sus propios debates, a confundirme con sus destinos, sin nada que me avale en mi condición de extranjero. Me siento bien cuando me llaman «Felipillo» en las calles de Buenos Aires, porque me parece familiar, próximo, sin barreras. Por eso, en esta visita tendía a contenerme, temeroso de ser mal interpretado y de perder ese privilegio de la familiaridad. Al tiempo, siento que el silencio puede ser traición a ese regalo de proximidad, y esto me parece más grave que la inoportunidad de opinar sobre lo que, con razón, pueden decir que no me concierne.

Y después del 11 de septiembre oigo decir que la posición de Argentina empeora porque pierde relevancia ante la prioridad absoluta de Estados Unidos: la seguridad y, por tanto, la defensa contra la amenaza del terrorismo internacional. No acepto la profecía que tiende a autocumplirse. No acepto que no se sea relevante porque no se es una amenaza. Si Argentina no es parte de ese problema —aunque ha sufrido este terrorismo internacional en sus carnes hace muy poco—, sí es parte de la solución para una comunidad internacional de paz y de prosperidad.

En la cena con el presidente De la Rúa, cuando partía —entre otros menesteres, para asistir a la Asamblea General de Naciones Unidas, marcada este año por la terrible vecindad del atentado contra las Torres Gemelas— imaginé que en este encuentro de la ONU se hablaría de la necesaria coalición internacional para combatir la amenaza del terror que nos afecta a todos, pero también de una coalición que plantee los nuevos paradigmas de un orden mundial basado en la convergencia de intereses y valores compartidos. Es necesaria una nueva consciencia de la interdependencia de la sociedad de la información, que impida que lo ajeno nos sea extraño, menos aún despreciable, para el bien y para el mal. Como es necesario un orden internacional incluyente de pueblos hoy marginados, o sometidos a la tiranía política o a la desesperanza de la miseria.

De todas las grandes crisis del siglo XX se ha salido combatiendo las amenazas contra la libertad, pero, al tiempo, proponiendo fórmulas para superar las condiciones que hicieron posibles esas amenazas. Así ocurrió con la Primera Guerra Mundial y con la Segunda. Así ocurrió incluso con la crisis del Golfo, en Oriente Próximo.

De esta primera crisis global del nuevo siglo necesitamos salir, haciendo frente a la amenaza del terrorismo internacional y sentando las bases de un nuevo orden internacional.

El País, 4 de diciembre de 2001

La crisis no ha terminado. Sus dimensiones políticas son ahora más evidentes, aunque no se hayan producido cambios de fondo.

En este trabajo no tuve en cuenta el nefasto papel del Fondo Monetario Internacional en la precipitación de los acontecimientos.

Euro... pa

En mayo de 1998, cuando se inició la aventura de la puesta en marcha de una política monetaria única, publiqué en estas páginas una tribuna con el título «El euro lleva a la unión política»[1]. Entre otras cosas, decía: «La moneda única es la mayor cesión de soberanía desde la fundación de la Unión Europea, si por tal entendemos el Tratado de Roma. Ceder para compartir, no ceder para someterse, como ha ocurrido durante siglos. Cuando se afirma que este paso nos debe llevar a la Unión Política se dice algo coherente y se olvida algo elemental. Coherente, porque será imposible dejarlo ahí, sin dar otros pasos. Se olvida, no obstante, la naturaleza política esencial de la decisión, la cesión de uno de los elementos de soberanía que definen nuestros Estados-nación».

Se apuntaba entonces que el euro modificaría los equilibrios financieros y que serviría para superar la dependencia del dólar. Y concluía que nuestra moneda es un instrumento, una herramienta, no un fin en sí mismo y, desde luego, no un becerro de oro.

Ahora, en este comienzo del año 2002, se materializa la moneda y empieza su circulación, después de unos años de prueba y de algunos cambios significativos en el ciclo económico y en la percepción de la seguridad. En el recorrido, el euro ha perdido valor frente al dólar, a pesar de lo cual los ciu-

---

[1] En *El País*, 3 de mayo de 1998; también recogido en este libro.

285

dadanos han hecho una apuesta de confianza más que razonable por la nueva moneda.

En diciembre de 1995 bautizamos la moneda única como «euro». Fue una cumbre llena de intensidad al final del recorrido de una década que llamamos de «la galopada europea». En junio de 1989, en la primera cumbre europea celebrada en España, habíamos decidido poner en marcha la Unión Económica y Monetaria.

Entre otras coincidencias no casuales, en aquel diciembre de 1995 se firmó el primer acuerdo entre dos espacios regionales supranacionales: la Unión Europea y el Mercosur. Ahora, España y Argentina tienen la responsabilidad de presidir ambas áreas en un momento de gran trascendencia para el destino de esta nación. La reflexión sobre una moneda única en el Mercosur podría servir para buscar una salida concertada y solidaria entre las dos regiones.

Asimismo, se diseñó una política euromediterránea en la conferencia de Barcelona, incluidas sus previsiones presupuestarias, para equilibrar la tendencia hacia el centro y el este de Europa que imponían las nuevas circunstancias. Ahora, las esperanzas de paz en el Próximo Oriente han desaparecido y la política mediterránea parece varada.

El euro es un elemento sustancial en el proceso de construcción europea, pero es instrumental. No es por ello el final del recorrido, sino el punto de irreversibilidad para avanzar en las dimensiones políticas del proyecto.

El euro es también el resultado de un proceso marcado por el desarrollo del mercado interior sin fronteras, que imponía una política económica y monetaria coherentes. Como también lo era la consagración de la cohesión como uno de los pilares que debían informar toda la construcción europea. Como lo eran el desarrollo de políticas de justicia e interior que respondieran a la desaparición de las barreras fronterizas, y de una política exterior y de seguridad que nos diera representación en el mundo más allá de lo comercial, o el desarrollo de una ciudadanía europea.

En el recorrido del debate para el nuevo tratado, la realidad política del continente cambió radicalmente en el segundo semestre de 1989 con la caída del Muro de Berlín, incidiendo en el proceso de discusión de Maastricht, aunque sin detenerlo. Cuando se culmina el nuevo tratado que denomina a la Comunidad como Unión Europea, nuevos desafíos, inimaginables al comienzo de la discusión, se habían abierto. Un número de países equivalente a los que componían esa Unión llamaba a sus puertas exigiendo el derecho de pertenencia con toda legitimidad.

El proceso de profundización se encuentra, desde esa exigencia, con otro proceso de ampliación de una magnitud y complejidad indiscutibles. Como siempre, dos interpretaciones básicas se contraponen, agudizadas ahora por la dimensión de los retos. De una parte, los euroescépticos, que tratan de frenar la profundización; de otra, los que creen que la ampliación exige más dimensión política y no menos.

Y, en medio de esta discusión, el modelo económico-social de la fase avanzada de la era industrial empieza a cuestionarse con la revolución informacional que abre paso a una nueva era, a un fenómeno que comienza a denominarse «globalización» o «mundialización».

En este nuevo cuadro aparece físicamente la moneda, poniendo de manifiesto que la cesión de soberanía para compartirla no se vive como un drama, sino más bien como lo contrario, e incluso los ausentes voluntarios de esta dinámica se aprestan a sumarse a ella. Hoy, doce países; mañana, quince, y pasado, veinticinco convivirán en ese espacio monetario con capacidad para competir con el dólar... si se sacan todas las consecuencias de la nueva situación.

Es imprescindible recordar que el tratado que crea la moneda única, lo es económico y monetario, aunque las circunstancias hayan producido un avance sustancial en lo monetario y una resistencia a dar pasos en lo económico.

Cuando en los años de vigencia de la política monetaria del Banco Central Europeo, he discutido con algunos de los amigos más europeístas sobre la relación entre el dólar y el euro, me resistía a admitir explicaciones simples, aunque parecían fundamentadas. Que la economía americana iba mejor que la europea y que la moneda aún no circulaba físicamente, eran los argumentos más frecuentes para explicar la debilidad del euro.

Después del cambio de ciclo americano, y de la circulación física del euro, la relación entre las dos monedas no parece cambiar.

En tono de broma, comenté con estos interlocutores que si la economía americana iba mejor que la europea, el dólar era más fuerte que el euro. Si, por el contrario, la economía americana iba peor, el dólar era más fuerte que el euro. En ambas circunstancias, el euro tiene una fragilidad frente al dólar que nos obliga a analizar las causas de fondo.

Entre estas causas de fondo es fácil ver la correspondencia entre política económica y monetaria que sustenta al dólar, acompañada de un presupuesto federal quince veces más importante que el presupuesto de la Unión Europea, frente a la dispersión de políticas económicas de la zona euro y del conjunto de la Unión. Es poco discutible que la previsibilidad del dólar es mucho mayor que la del euro para cualquier operador.

Pero creo que, además de esta realidad diferencial, nuestro sistema educativo transmite cantidad y calidad de conocimiento comparable al americano, e incluso más y mejor, pero no forma para asumir iniciativa con riesgo; es decir, genera conocimiento pasivo, no forma para convertir ese conocimiento en oferta relevante para los otros.

Y, junto a este problema, el debate sobre la flexibilidad comparativa entre los dos sistemas, que parecía la clave de la respuesta en los Acuerdos de Lisboa[2], no tiene en cuenta que existe una distancia mayor entre la realidad económica y empresarial en Europa respecto a la existente en Estados Unidos. Nuestro sistema es mucho más corporativo. Las posibilidades de nuevas iniciativas emprendedoras con posibilidades

---

[2] Los denominados Acuerdos de Lisboa se firmaron el 4 de junio de 1998.

de competir, e incluso de sustituir a las ya establecidas, son mucho mayores en Estados Unidos que en Europa. Esto está ausente de la revisión que se hace periódicamente de las propuestas de Lisboa, porque nunca se ha tenido en cuenta como factor diferencial.

Si el euro no es Europa, pero marca un punto de irreversibilidad para su desarrollo futuro, la pregunta clave es: ¿cómo construir un poder europeo relevante en democracias locales sólidas y diversas?

La relevancia, en esta propuesta, tiene la dimensión externa frente al resto del mundo, y la dimensión interna respecto de los propios países que componen la Unión Europea.

El País, 18 de enero de 2002

Es evidente que la situación del euro y el dólar ha cambiado, a favor de la fortaleza de la moneda europea, por tanto esa previsión de su debilitamiento no ha continuado.

Sin embargo, el cambio puede deberse, en gran medida, a las decisiones de EE UU respecto a su moneda, no sólo a su situación presupuestaria y de balanza de pagos.

Ahora, con una crisis de dimensiones no previsibles, la evolución del euro puede ser un freno importante para la recuperación de la economía de la UE porque frenará sus exportaciones.

Europa tras el 11 de septiembre

El papel de la Unión Europea en la nueva realidad internacional vuelve a ser objeto de preocupación, tanto si se trata de hacer una contribución específica a la paz en el conflicto entre Israel y Palestina, cuanto si hay que tomar posiciones en relación con las propuestas de Estados Unidos.

En realidad, la dimensión exterior de la construcción europea ha sido objeto de debates permanentes entre sus miembros, incluida la etapa previa a su constitución como Unión Europea. Pero, a partir del Tratado de la Unión con las propuestas monetarias que dieron lugar al euro, se planteó con agudeza sin precedentes la necesidad de avanzar hacia una política exterior y de seguridad común, junto a la creación y desarrollo de un espacio de Justicia e Interior que permitiera luchar contra la criminalidad organizada en la Europa sin fronteras.

No sólo la dinámica interna ponía de manifiesto la incoherencia entre la potencia económica y comercial de la Unión y su fragilidad como actor político en la escena mundial, sino que la caída del Muro de Berlín, la desaparición del Pacto de Varsovia y la subsiguiente liquidación de la Unión Soviética, obligaban a revisar el papel de la Organización del Tratado del Atlántico Norte y, por ende, el de los socios europeos, estuvieran o no integrados en el Pacto Atlántico. Un nuevo orden internacional —político y de seguridad— trataba de emerger y los europeos debían situarse en él.

Hace más de una década, en Roma, se planteó a fondo la adaptación de la OTAN a las nuevas circunstancias. Ni por un solo momento se cuestionó su pervivencia frente a la desaparición del enemigo de referencia. Desde entonces, como si el vínculo con EE UU nos defendiera de nosotros mismos, no sólo de la amenaza soviética, la UE ha reiterado, una y otra vez, que cualquier paso en la dirección de desarrollar la política exterior y de seguridad excluía el distanciamiento del Pacto Atlántico, e incluía —expresamente— la lealtad con el socio americano. Cualquier desarrollo de una política de defensa y seguridad europeas se concebía, como máximo, como el reforzamiento del pilar europeo de la Alianza.

No podía ser de otra manera, no sólo por la historia que acabo de recordar, sino por la incapacidad y/o la falta de voluntad de los países de la Unión para dotarse de medios que permitieran desarrollar un papel relativamente autónomo respecto al socio americano. Como no se ha inventado una política exterior relevante sin el acompañamiento de una política de seguridad, este factor ha de tenerse en cuenta para cualquier aproximación a nuestro papel como europeos en el nuevo escenario mundial.

Para no generar confusión, debo aclarar que he defendido en los debates europeos el mantenimiento del vínculo atlántico como la fórmula más adecuada para la seguridad europea. Pero esta aproximación me parecía compatible con un esfuerzo europeo mayor y con la definición de un papel propio compatible con esos vínculos.

Los desafíos planteados por la revolución tecnológica —mundialización de la información, de la economía o de las finanzas— no se han considerado en los debates europeos sobre su papel en el mundo, hasta que los movimientos antiglobalización han irrumpido con fuerza en los foros internacionales más diversos, incluidos los de la Unión Europea.

Por eso, a pesar de la aceleración introducida por la dinámica interna en la década de «la galopada europea» y los acontecimientos externos desde la caída del Muro de Berlín, la discusión sobre la política exterior y de seguridad no incorporaba ese factor clave en la transformación del mundo que ha dado en llamarse «globalización».

Y, cuando el debate sobre los efectos de la globalización empezaba a tomar cuerpo, en particular en relación con la mayor o menor capacidad de EE UU para responder eficientemente al fenómeno en términos de competitividad, el terrible atentado a las Torres Gemelas y al Pentágono cambia radicalmente el escenario en materia de seguridad internacional.

Además, la crisis de la economía estadounidense arrastró en pocos meses a la Unión Europea, dejando al pairo la pretendida autonomía de Europa en materia económica y su capacidad para tomar el relevo de la locomotora americana.

La Unión Europea, tras el 11 de septiembre, ni siquiera es mencionada por el presidente norteamericano en el discurso sobre el Estado de la Unión. En la nueva política de seguridad americana, ni la Unión Europea, ni siquiera la OTAN, parecen tener un papel relevante.

La conclusión de estos dos elementos combinados —poca relevancia en la economía global y menos en la seguridad global— se refleja en el fracaso de la iniciativa de reconocimiento del Estado palestino en el Consejo de Asuntos Generales del día 18, corrigiendo la predecisión del Consejo informal de Cáceres[1].

El *eje del mal* ocupa todo el espacio, acompañado de un incremento espectacular en los gastos de defensa estadounidenses. El discurso de Bush es una clara definición de la voluntad de Estados Unidos de hacer una política unilateral en materia de seguridad internacional, que dispondrá, según sus prioridades, de las alianzas que considere convenientes en cada ocasión.

Cuando se produjo el ataque del 11 de septiembre, defendí la necesidad de una política solidaria con Estados Unidos. La Unión Europea tenía y tiene dos buenas razones para hacerlo. La primera, porque la amenaza terrorista no va dirigida sólo contra Estados Unidos, sino contra todos, y todos debemos contribuir a su erradicación. Y, en segundo lugar,

---

[1] En el Consejo de Asuntos Generales del día 18 de febrero de 2002 se corrigió la decisión del Consejo informal de Cáceres el 9 de febrero de 2002, donde se planteó la iniciativa del reconocimiento del Estado palestino.

Europa se la debe a Estados Unidos por su ayuda en las dos terribles guerras mundiales que provocó.

Sin embargo, las declaraciones de incondicionalidad con cualquier propuesta estadounidense en la lucha contra la nueva amenaza terrorista me preocuparon tanto como las posiciones de distanciamiento ante los atentados. Una relación leal con Estados Unidos, de solidaridad plena con el dolor, nos obliga a discutir seriamente, como socios, no como súbditos, lo que haya que hacer para combatir la amenaza del terror. Sólo una solidaridad sin sumisión puede ayudarnos a definir en qué consiste la amenaza y qué estrategia compartida se debe desarrollar.

Ahora, cuando el socio americano ha oído reiterar apriorísticas incondicionalidades, tenemos una gran dificultad para reaccionar aclarando que no todo lo que proponga es aceptable. Por ejemplo, atacar a Irak, o amenazar a Irán favoreciendo a los más integristas (los que hablan del «imperio del mal» refiriéndose a Estados Unidos), o dar una relevancia que no tiene al sátrapa norcoreano, poco o nada tiene que ver con la eficacia en la lucha contra el terrorismo internacional e, incluso, puede contribuir a su desarrollo.

Ahora se torna más difícil explicar que la amenaza del terror es ubicua, que puede no estar ligada a ningún Estado o nación como tal, y dirigirse a no importa qué país u objetivo, con procedimientos e instrumentos que poco o nada tienen que ver con los conflictos clásicos.

Ahora tendremos que recuperar el espacio perdido por otra estupidez propalada sin descanso, que declama que esos actos terroristas no tienen explicación, confundiendo —intencionadamente— que no sean justificables con que no sean explicables. ¿Cómo combatir lo que no tiene explicación? ¿Cómo prevenir racionalmente acciones de terror futuras si renunciamos a explicarnos lo que las engendra, aunque esas prácticas sean injustificables?

La nueva realidad ha reabierto el debate europeo sobre su papel en la globalización. Y este debate se ha agudizado con las críticas de algunos dirigentes europeos y las respuestas estadounidenses. Pero, en todos los supuestos, crece un sentimiento de pérdida de relevancia, oculto, con frecuencia, tras la afirmación de que la Unión no quiere desempeñar un papel en materia de defensa y seguridad, como si su vocación única fuera la de potencia benéfica, sin el respaldo de un poder defensivo propio.

No parece adecuado, ni siquiera posible, que la Unión Europea compita en presupuestos de defensa con Estados Unidos, pero una política de seguridad, que acompañe al propósito de aumentar la relevancia de Europa en política exterior, es absolutamente imprescindible. Si ni siquiera llegamos a un acuerdo para desarrollar un avión propio de combate, ¿cómo podemos esperar que coordinemos las políticas de defensa y seguridad, modificando la estrategia de nuestras fuerzas armadas para objetivos que son comunes y diferentes a los del pasado?

El problema no es definir nuestros gastos de defensa en función de los de Estados Unidos, sino considerar —en serio— cuáles son nuestras necesidades de acuerdo con nuestros objetivos. Si el razonamiento se hace al revés, es una tontería afirmar que queremos actuar como potencia regional relevante para evitar el creciente unilateralismo.

Podemos seguir pagando las facturas de las múltiples reconstrucciones que nos esperan. Podemos emplear efectivos en la ayuda al mantenimiento de la paz. Pero seguiremos sin pesar, o disminuyendo nuestro liviano peso, en el proceso de toma de decisiones que define la orientación que quiere darse a la política de paz y seguridad en el mundo global.

¿En qué consiste la potencia europea?

El País, 23 de febrero de 2002

Lo descrito en esta reflexión se ha precipitado dramáticamente. La UE se ha dividido ante la estrategia de Bush y ha dejado de contar para cualquier decisión relevante frente a la crisis económica global.

El día en que redacto esta nota (13 de febrero de 2003), la fractura de la UE parece irreversible, arrastrando en su crisis el vínculo con EE UU.

La Administración Bush ha menospreciado a la UE y a sus aliados de la OTAN, como lo muestra el discurso del presidente Bush sobre el Estado de la Unión el pasado año y los duros pronunciamientos contra los que ofrecen alternativas más sensatas a su estrategia.

Daños colaterales

Un insignificante viaje de 24 horas se ha transformado en un acontecimiento relevante con repercusiones a varias bandas. Me comprometí a decirles algo de lo que sé sobre el «montaje», si el Gobierno no decía la verdad, y, pasados los fastos de Barcelona[1], me dispongo a hacerlo, mucho más preocupado por los daños colaterales de esta patraña que por el efecto sobre mí.

En la tarde-noche del sábado 23 de febrero viajé a Tánger con unos familiares y amigos, acompañado, como siempre en las últimas dos largas décadas, de los miembros de la seguridad que, previamente, habían dado información a Moncloa, como es habitual, sin excepción alguna.

En el puerto tangerino nos esperaba el dueño del hotel y un vehículo de seguridad marroquí, al que precedía otro de la policía local. También lo habitual.

Nos fuimos directamente al hotel, donde cenamos el mismo grupo, sin ver a nadie más. Al día siguiente, el domingo día 24, un poco más tarde de las diez de la mañana, salimos —los mismos— del hotel en dirección a Tánger. Entramos en uno de los pocos comercios abiertos y, alrededor de las 12 de la mañana, tomamos un té en el hotel Minzha. Salimos para Ashila, a cuarenta kilómetros de Tánger. Dimos un paseo por la ciudad y almorzamos en el ya famoso restaurante de la familia García.

---

[1] La Cumbre de Barcelona se desarrolló durante los días 15 y 16 de marzo de 2002, bajo la Presidencia española.

Terminado el almuerzo, regresamos al hotel, recogí mi equipaje, llegué al puerto y volví a Tarifa. A las nueve menos cuarto, hora española, estaba en tierra.

Me llamaron durante el almuerzo desde Madrid y desmentí el bulo que corría ya, sin darle mayor importancia.

Y eso fue todo. Sobre estos hechos se produjo un montaje falso, en cuanto a la información, e injurioso, en cuanto a las opiniones basadas en la falsedad. El ataque contra mí ha producido efectos colaterales de mucha mayor importancia que los que me afectan. No he pedido ni necesito excusas, acostumbrado como estoy a estos comportamientos. Las dadas, sin solicitarlas, han estado acompañadas de más insultos.

Lo publicado por *El Mundo*, que no se ajusta a este simple relato, es falso; las opiniones, montadas sobre esta base, están viciadas, como las añadidas por el sindicato que encabeza el periodista de cámara e íntimo de Aznar, Pedro José Ramírez, a través de las emisoras públicas y de la conferencia episcopal —COPE—, más algunos otros medios adictos y adscritos que se sumaron.

El falso y pormenorizado relato de los hechos, aparecido en varios reportajes de *El Mundo*, ha desencadenado una barahúnda de opiniones infamantes que, incluso después de saber todos que estaban mintiendo, ha continuado, con la técnica conocida de culpabilizar a la víctima. Varios miembros del Gobierno han participado en las dos fases. Cuando acusan, el hecho es muy grave —«deslealtad», «traición a la patria», «comisionista de Marruecos»—. Cuando se descubre que es falso, «no tiene importancia», «la culpa es suya, por ir a Marruecos en estos momentos», etcétera.

El Mundo del día 25, que cierra su primera edición la tarde-noche del domingo, incluye en portada, de manera tan destacada como maliciosa, las supuestas y secretas entrevistas con el primer ministro y el rey de Marruecos. La crónica continúa en la página seis, que dedican completa al montaje. Como han dispuesto de tiempo para prepararlo, también le dedican un editorial en la tres y la viñeta de sus humoristas en la dos.

Al día siguiente, continúa, para prolongarse en las mentiras y las infamias los dos siguientes. El conjunto no tiene desperdicio como ejemplo de amarillismo y manipulación, propio del periodista de cámara de Aznar que dirige el diario. Este personaje es muy capaz de inventarse cualquier mentira, pero, en este caso, utiliza de verdad las fuentes gubernamentales y de la Embajada de España en Marruecos, según afirma reiteradamente, para difundir la patraña. Sin dar los nombres de sus mandantes en Moncloa para protegerlos.

La información parte del Gobierno —de Moncloa— y de la Embajada. Y cuando se publica, tertulianos del sindicato se suman a la desinformación añadiendo opiniones de todo tipo. Ministros eufóricos del Gobierno en el origen de la jugada y otros —como Josep Piqué— que la desconocían por ausencia, añaden su cuña con entusiasmo digno de mejor propósito.

El jefe de los servicios de inteligencia —que tampoco estaba en Madrid— consultó en la noche del domingo a su personal en Marruecos, que negó cualquier veracidad a la información sobre los contactos, además de cualquier implicación en la falsa información. Esto fue inmediatamente comunicado al Gobierno, a pesar de lo cual mantuvieron la tramoya. La no comparecencia de los servicios de inteligencia en Parlamento manifiesta el temor de Moncloa a que se diga la verdad, aunque se produzca el grave daño colateral, no sólo interno —por la credibilidad del servicio—, sino en la relación con Marruecos, como muy bien sabe Dezcallar.

El ministro de Asuntos Exteriores, Josep Piqué[2], después de este desmentido interno y del que yo mismo había hecho públicamente, acepta la versión de *El Mundo*, «contrastada con el Gobierno [¿quién?] y la Embajada». El personal del Ministerio habla de *jet-lag* y de embarque de Pío Cabanillas[3].

---

[2] Josep Piqué fue ministro de Asuntos Exteriores desde abril de 2000 hasta julio de 2002, y después asumió la cartera de Ciencia y Tecnología.

[3] Pío Cabanillas era portavoz del Gobierno, cargo que fue asumido más adelante por Mariano Rajoy, vicepresidente del Gobierno.

El señor Piqué sigue afirmando el martes 26 que tiene «indicios» y «pruebas visuales» de la entrevista con Yussufi, aunque, añade, que «no parece cierto» que se diera la entrevista con Mohamed VI. Continúa diciendo que le parece «inusual» que se mantengan este tipo de contactos sin el conocimiento del Gobierno, sobre todo en el momento que viven las relaciones bilaterales; para terminar protegiéndome, dice que prefiere no «hurgar» en este tema, porque le gusta «salvaguardar la dignidad institucional de los ex presidentes del Gobierno». ¡Menos mal, que si no le gustara!

Sólo en una cosa podría tener razón, si la información fuera cierta, pero no hay elemento de comparación para dársela, porque jamás nos retiraron un embajador, como ha ocurrido con Marruecos —ni tampoco nos lo rechazaron, como ocurrió con Cuba—. Son aportaciones inéditas que se corresponden con la «segunda transición» aznarista.

Cuando el primer ministro marroquí desmiente la información, se esconden tras el señor Aza, responsable de la OID (Oficina de Información Diplomática) y recién nombrado para ocupar el puesto de Jefe de la Casa Real, convirtiéndolo en otra víctima colateral. Me parecía un profesional confiable, merecedor del nombramiento. Como no ha explicado por qué cree el desmentido de Yussufi y no el mío, lo tendré en el mismo saco de desconfianza de los que se remitieron a él —Piqué, Cabanillas y Aznar— o ¿cumplía órdenes de los jefes que querían escurrir el bulto?

Aznar los superó a todos desde Malta, cuando se le preguntó por el asunto urdido en Moncloa. Se remitió a las declaraciones de Aza, convertido en máximo responsable de la opinión del Ejecutivo, y añadió, con la precisión y claridad que acostumbra: «Supongo que escucharemos en los próximos días multitud de imputaciones. Pero sobre noticias con fundamento, dudosas o sin fundamento, hay especialistas con los cuales no quiero competir». ¿A qué o a quién se refería en este asunto? ¿A su ministro portavoz? ¿Al embajador?

El embajador en Rabat conocía mi visita antes de venir el viernes a Madrid y, tras ordenar los trámites necesarios para la seguridad, hizo dos informes —según Ramírez—, uno oral y otro escrito, que Moncloa puso a disposición de *El Mundo*, pero más tarde se negó a darlos al Parlamento. Esta información —la oral antes del viaje y la escrita el lunes día 25— sirvió al señor Cabanillas para montar, como portavoz, las falsedades del periódico del Gobierno el lunes 25 y el martes 26.

Estoy convencido de que no fui espiado por nadie, ni de los servicios de inteligencia ni de la embajada. Trato de evitar algunos daños colaterales con Marruecos afirmando esto. Se inventaron una historia de entrevistas para perjudicarme y, después, añadieron lo demás.

No hace falta pedir el cese del embajador. Un Gobierno con un mínimo de responsabilidad sabe que lo ha quemado, o que se ha quemado y, si quiere disminuir el daño colateral, tiene que cesarlo.

Aznar, Piqué y Cabanillas, a través del portavoz de la Oficina de Información Diplomática, creyeron a Yussufi, lo que no me parece mal. No me creyeron a mí, lo que me da igual. ¿Me permitirían hacer lo mismo o considerarán traición a la patria si no creo a estos enredadores? Espero que al menos sirva para que no aumente la crisis.

Así que Moncloa conocía el viaje desde cuatro días antes y montaron una historia malintencionada para rellenarla de «información». La verdad no puede estropear un buen reportaje.

Internamente, dañaron gravemente la credibilidad de funcionarios relevantes, pero no les importó. Externamente, agravaron la crisis con Marruecos —suponiendo de buena fe que no lo pretendieran— al cuestionar al primer ministro y al propio rey de Marruecos. Después de descubiertos en sus falsedades, osaron decir con todo cinismo, entre risas incomprensibles, tras el Consejo de Ministros del viernes siguiente, que estaba a punto de resolverse la crisis. Gracias a su buen hacer. Pero siguen mintiendo.

El País, 22 de marzo de 2002

Este trabajo no necesita comentarios.

El problema palestino:
epicentro de la crisis internacional

El sábado 6 de abril, enfrascado en una reflexión sobre el conflicto israelo-palestino, recibí una llamada de Mary Robinson desde Ginebra, en su condición de responsable de Naciones Unidas para los Derechos Humanos.

Por primera vez, me dijo, en un período de sesiones, la Comisión había decidido enviar una misión a Oriente Próximo, ante la situación creada por la espiral de violencia. A continuación, me preguntó que si quería acompañarla en esta misión que ella misma presidiría. El desplazamiento debería ser inmediato porque el informe de la misión debería presentarse a la Comisión antes del día 25 de abril.

Yo no quería viajar porque no creía que fuera posible realizar esa misión, pero, ante la gravedad de la situación, tampoco podía negarme a intentarlo. De este modo, me puse a su disposición y la reflexión que quería ofrecer a los lectores quedó, por razones obvias, en suspenso.

Durante las dos semanas siguientes, hasta el límite de las posibilidades de realizar la misión, viajé a Ginebra para prepararla, recogiendo informaciones de Cruz Roja y del ACNUR. Tal como ocurriría más tarde con la propuesta del secretario general de Naciones Unidas y del Consejo de Seguridad, ninguna visita de naturaleza parecida iba a ser aceptada por Ariel Sharon.

Mis recuerdos navegaban aquel 6 de abril por la ruta de un encuentro con Rabin y Arafat y otros líderes, en la Casa Blanca, durante la presidencia de Clinton, para la firma de los acuerdos que darían inicio a la negociación «paz por territorios».

La dependencia del tabaco me llevó, como escolar en falta, a una apartada esquina, al amparo de una gran maceta protectora, en el salón en el que nos concentramos tras los largos discursos de presentación. Pero no estaba solo. Rabin había buscado el mismo refugio con propósitos idénticos y, antes de cruzar una sola palabra, empezamos a reír.

Este hombre acababa de dar un paso decisivo en su trayectoria vital. Como militar, había defendido siempre la seguridad de su país, ganándose un alto grado de respeto por sus victorias sobre los vecinos. Pero, durante la primera Intifada, comprendió que ese nuevo tipo de enfrentamiento no se podía ganar. Su compromiso con la seguridad de su pueblo le encaminó hacia la negociación y la búsqueda de un acuerdo con los palestinos. «Paz por territorios», el acuerdo que había visto la primera luz en la Conferencia de Madrid en el otoño de 1991, se empezaba a abrir paso sobre el terreno, con el trabajo complejo y difícil que conocimos como las «Conversaciones de Oslo».

Rabin pagó con su vida su propósito, a manos de los suyos, como Sadat había pagado de la misma forma el audaz acuerdo de paz con Israel. Esa muerte precipitó una regresión en el proceso de paz, con un repunte de la violencia terrorista.

Con Barak, a pesar de su compleja personalidad, el proceso cobra una nueva dinámica, cargada de dramatismo, e impulsada por el compromiso de Clinton, el presidente americano que más se implicó personalmente en una solución definitiva del conflicto.

En las últimas semanas de la presidencia de Clinton parecía tocarse con los dedos el acuerdo de paz más ambicioso planteado hasta el momento. El más próximo a lo posible. Pero Arafat no comprendió esa circunstancia, o no la quiso aprovechar, o equivocó su apuesta tras la retirada israelí de Líbano.

La nueva Administración republicana decidió distanciarse del conflicto, incluso antes de la salida de Clinton, hasta que las consecuencias del terrible 11 de septiembre vuelven a situar el problema en el epicentro de la crisis internacional más grave que recuerdo. Es la crisis más imprevisible en sus consecuencias, la que más fracturas está produciendo en la conciencia mundial.

En estos meses, la espiral de la violencia ha provocado una situación imposible: una población aterrorizada en Israel y una población desesperada en los territorios ocupados.

Los ciudadanos israelíes han vivido con el sentimiento de inseguridad desde el nacimiento mismo del Estado judío, pero la amenaza que percibían estaba identificada y la respuesta había funcionado durante décadas. La nueva amenaza, en forma de atentados suicidas, no encaja en las respuestas previstas y la inseguridad se ha transformado en terror.

El pueblo palestino había tocado con las manos el sueño de «paz por territorios», pero la pérdida de esta perspectiva y la escalada sin precedentes de la violencia están aumentando de forma exponencial un ánimo desesperado. Muchos jóvenes —tal vez miles— de generaciones nacidas en campos de refugiados, en territorios ocupados, parecen haber llegado a la conclusión de que nada tienen que perder porque nada les ofrece el horizonte de futuro, y se disponen a una muerte segura para matar al que ven como enemigo irreconciliable.

Es una guerra sin final, sin vencedores posibles, que se convertirá inexorablemente en una inmensa centrifugadora de violencia en cualquier rincón del planeta. Por eso me impresionó la dosificación informativa, en forma de gota a gota, del atentado en la proximidad de una sinagoga tunecina de Yerba[1]. Como si nos negáramos a ver esa realidad, pequeñas notas de agencia negaban el atentado y reducían el número de víctimas, para aumentarlas en los días siguientes y admitir, al fin, que se trataba de una acción terrorista.

La prensa, la radio y la televisión del día 8 de mayo, tras lo que parecía un período de menor tensión, nos retrotrae al epicentro de la crisis, con un nuevo atentado suicida en Israel,

---

[1] El atentado fue cometido el 11 de abril de 2002.

acompañando el fracaso de la visita de Sharon a Bush, o alentando este fracaso.

Pero la violencia no se queda en ese epicentro, como muestran estos medios, dando cuenta de atentados terroristas de grandes dimensiones que se han producido en las últimas horas en varios puntos del mundo, con características que nos llevan a pensar en el fantasma de Bin Laden, en el conflicto de civilizaciones, en luchas étnico-religiosas, como las que pusieron al mundo en estado de alarma el 11 de septiembre.

¿Se trata de una pura coincidencia en una crisis dispersa pero global? ¿O estamos ante hechos concatenados que expresan las nuevas amenazas para el orden mundial?

Lo peor puede estar por llegar, en una situación en que los líderes parecen haber perdido el margen para la política, prisioneros de los mitos y de la lógica de la fuerza. Lo peor no se producirá necesariamente en el epicentro, ni la amenaza del terror se centrará exclusivamente en la población israelí, como tampoco se limitará la destrucción y la desesperación a los territorios palestinos o a sus campos de refugiados.

Crece el peligro del antisemitismo, como crece el rencor hacia Occidente en el mundo islámico —árabe y no árabe— y crecen el temor y la xenofobia en todos los países desarrollados, ante los flujos migratorios, y el sentimiento de inseguridad ante la presencia del «otro». Todos ellos son elementos de lo irracional que dominarán sobre las respuestas políticas, cada vez más frágiles, más arrastradas por el empuje de los mitos simplificadores.

En el epicentro, en el conflicto de Israel y Palestina, lo posible, que siempre se insertará en el intercambio de paz por territorios, sólo puede venir de fuera. De eso que llamamos la «comunidad internacional», con un protagonista (imprescindible para unos, o inevitable para otros), Estados Unidos, como único poder global relevante, pero por sí solo insuficiente. Se verán obligados a formular una salida que contemple todos los problemas implicados en la aceptación de un Estado palestino y un reconocimiento sin fisuras del Estado de Israel.

Deberán comprometerse los europeos y los árabes, como los rusos y los chinos, en el Consejo de Seguridad.

Y este «se verán obligados», referido a los actores de esa comunidad internacional, será aplicable a las partes en conflicto, hoy por hoy sin margen para hacerlo directamente, aunque quisieran, lo que es bastante dudoso.

El tiempo apremia tanto que ya pasó.

El País, 11 de mayo de 2002

Si no se resuelve este problema, ocurra lo que ocurra en relación con Irak, el mundo árabe y el musulmán seguirán viviendo las convulsiones que parten desde ese epicentro. Y todos nosotros también. Pero si Sharon percibe que el precio de la guerra contra Irak es una solución del tema palestino con la que no esté de acuerdo, la situación empeorará dramáticamente.

La extraña crisis (1)

Se cumplen nueve meses desde el 11 de septiembre. En el imaginario colectivo se ha convertido en la fecha de referencia de la crisis por la que atraviesa el mundo, a pesar de que nada tuviera que ver con el inicio de la crisis económica, que ya era muy severa en el momento de producirse los atentados. Es cierto, sin embargo, que el 11-S aceleró el proceso de deterioro económico y de pérdida de confianza, pero, sobre todo, añadió la dimensión de un sentimiento de inseguridad sin precedentes.

El resultado de esta mezcla que nos enfrenta por primera vez a una desaceleración del crecimiento en las tres áreas económicas dominantes —Estados Unidos, Japón y Europa— y a la aparición de amenazas imprevisibles, que poco o nada se parecen a las que solíamos considerar como amenazas para la paz mundial, es una «extraña crisis». En el mundo desarrollado crece el miedo y la incertidumbre. En el mundo de la exclusión aumenta la desesperanza. Y estos mundos no pasan sólo por fronteras geográficas, sino que conviven en toda la geografía del planeta.

Es comprensible que esta crisis, por ser la primera de la nueva era globalizada, nos resulte extraña. No tenemos códigos que nos permitan interpretar la realidad como lo hacíamos antaño, cuando crecía la tensión Este-Oeste, cuando estallaba un conflicto regional y definíamos con facilidad los alineamientos o cuando se recalentaba la economía de algunos de los motores en la fase madura de la etapa industrial.

Por si faltara algo, desde la caída del Muro de Berlín, la exaltación del mercado como el autorregulador de las conductas en todos los espacios ha ido desplazando a la política en el discurso dominante, hasta hacerla menospreciable. El espacio público compartido, en la ciudad, en la nación o en la región supranacional, como responsabilidad de la política, se desenvuelve en la incertidumbre, carente de reglas y de proyectos para encarar el futuro y afrontar las amenazas y los desafíos que plantea.

En este vacío de arquitectura del espacio público compartido triunfan los despropósitos, como el de Jean-Marie Le Pen, ganador de las elecciones aunque los franceses no le den su voto, porque ganó la palabra, contaminando con la suya los discursos de todos los demás[1]. ¿No es más grave que el temor al inmigrante lo inculquen responsables políticos «moderados», que sea el discurso propio de los extremistas y xenófobos tradicionales?

Se empieza a hablar del empleo de la Armada para combatir la inmigración «ilegal» o clandestina, como de las Fuerzas Armadas para combatir el terrorismo internacional. Se confunden los términos y las amenazas. Los flujos migratorios se ven como «nuevos fantasmas» que recorren Europa. ¿Se lo pueden imaginar? Buques de guerra contra pateras, o contra desechos de barcos cargados de gente sin esperanza que ha pasado por las manos de los nuevos mercaderes de esclavos.

Francia puede convertirse, como otras veces en la Historia, en tubo de ensayo anticipador de fenómenos que después se generalizan. ¿Qué están indicando la primera y la segunda vuelta de las elecciones presidenciales, seguidas de esta primera vuelta de las legislativas?

Francia inventó los términos izquierda y derecha, cuando aún no tenían nada que ver con las divisiones ideológicas

---

[1] Los resultados obtenidos por el candidato del Frente Nacional causaron una gran conmoción en Europa, y en Francia todos los demócratas, de izquierdas y de derechas, tuvieron que unirse para derrotar al presidenciable ultraderechista.

que dividieron al mundo en dos bloques antagónicos en el siglo XX, con sus zonas de influencia y su explicación totalizadora de los buenos y los malos de la película. Hasta que la caída del Muro deshizo la explicación simplista de la realidad y nos devolvió a la complejidad de las identidades culturales más o menos excluyentes.

En Francia conviven las dos líneas de fractura que separan la percepción de la nueva realidad. La vertical de izquierda y derecha. Y la horizontal que divide a los modernizadores y a los bonapartistas. Y es precisamente esta línea divisoria, que atraviesa en partes semejantes a la derecha —que nunca se llama a sí misma plural— y a la izquierda —que disfruta con su división denominándose plural— la más determinante.

La V República está herida de muerte, pero «la política» no está en la tarea de sustituirla, empeñada en hacer prevalecer, como única divisoria para la composición de nuevas mayorías, la tradicional de izquierda y derecha. Y Francia, como el resto de Europa, no saldrá de esta «extraña crisis» hasta que no aclare las causas profundas de la divisoria entre modernidad y bonapartismo. Hasta que no se afronten las consecuencias de la globalización como cambio civilizatorio.

Todos convienen en que Francia ya no es lo que era, en el XIX y en la primera mitad del XX, y que no lo volverá a ser. Pero, al tiempo, no pueden prever lo que va a ser. Ése es el trasfondo de la *malaise* que recorre su ciudadanía republicana desde hace más de dos décadas. La batalla se hace, por eso, desigual entre los predicadores de la *grandeur* simplista y acrítica, y los que buscan definir un futuro diferente, aunque reestructuren en él lo mejor de su identidad.

En un país rico como pocos, con sistemas de cohesión social envidiables, con una ciudadanía nacida de un doloroso pero firme pacto republicano, cunde el desasosiego y el rechazo a la mundialización (su apropiada forma de definir la globalización), y con ellos, su rechazo al cambio.

Los defensores de Europa como proyecto político se expresan con dudas y timidez, temerosos ante la fuerza del discurso defensivo de la Francia que fue. Los detractores de esa

311

Europa que puede devolverles un papel en el nuevo escenario global cargan sobre ese proyecto los males del desasosiego nacional, sin dudas y sin fisuras.

Si observamos los comportamientos de las fuerzas políticas, prevalecen los discursos izquierda-derecha, aunque en el seno de ambas líneas de fractura los votos —confundidos y escasos— se expresen más entre modernizadores y bonapartistas. Un número creciente de ciudadanos se desmoviliza.

Desde hace dos décadas, cada vez que hay elecciones legislativas, más allá de los resultados de las elecciones presidenciales, los franceses y las francesas cambian las mayorías, hacia la izquierda y hacia la derecha. Pasados dos o tres años, se extiende el sentimiento de que no era eso lo que buscaban. Ahora, repetida la experiencia cinco o seis veces seguidas, se van retirando de las urnas.

Jacques Chirac ha interpretado que el voto de las presidenciales ha sido suyo, como representante de la derecha, minusvalorando la oleada de temor que provocó la tormenta de la primera vuelta. Igual que Lionel Jospin había interpretado su derrota como personal y de la izquierda, sin valorar la apatía ciudadana y el efecto perverso de las veleidades de una llamada izquierda plural, que se fracturaba más por la divisoria entre modernidad y bonapartismo.

Sin embargo, Francia tiene condiciones extraordinarias para afrontar con ventaja su desafío modernizador, tanto internamente —por su gran capital humano y su profunda ciudadanía democrática— como externamente, por el papel político que puede desempeñar incardinada en Europa para definir el rol del continente en la globalización.

Pero la decisión de avanzar por esa senda está por llegar, y puede tardar más de lo conveniente. El entorno europeo no la favorecerá, como podemos ver en los comportamientos de Italia o España o Gran Bretaña o Alemania. Es decir, más allá de los componentes de izquierda y derecha.

Como algunos deducirán de esta reflexión que éstos no son relevantes, quiero terminar por decir que no se equivoquen, porque no es éste el resultado de mi percepción. Lo que llamamos izquierda tiene la mejor oportunidad que jamás se le ha presentado, si es capaz de afrontar la modernidad desde sus valores, porque el paradigma de sostenibilidad económica del modelo emergente de la globalización tiene mucho que ver con su capacidad para ser incluyente de un mayor número de seres humanos y de pueblos de este planeta conectado. Y este paradigma está más próximo a los valores de solidaridad de la izquierda que a ningún otro. Pero hay que afrontarlo y realizarlo.

El País, 13 de junio de 2002

A partir de este artículo, sobran los comentarios, no sólo por razones de actualidad inmediata sino porque forman una serie condicionada por la evolución de los acontecimientos en Afganistán y en Irak, con el trasfondo del problema entre Israel y Palestina. A la vez, la situación de inseguridad se mezcla y agrava con la crisis económica.

La extraña crisis (2)

El que no está conmigo está contra mí.
G. W. Bush

Cuando califico de extraña esta crisis, me refiero a la falta de prácticas históricas adquiridas para interpretarla, lo que complica el análisis. Los códigos que nos permitían orientarnos en el pasado inmediato, con su taxonomía de política de bloques, guerra fría y ciclos económicos, son insuficientes o irrelevantes para diagnosticar esta crisis global, tanto en sus aspectos económicos y financieros, como, y sobre todo, políticos y de seguridad.

El recorrido pretende ir desde el papel de Estados Unidos como superpotencia exclusiva —¿y excluyente?— que, por primera vez, se siente amenazada en su territorio, hasta las nuevas fracturas en la comunidad internacional —reales o inventadas—, pasando por la pérdida de relevancia de Europa, desde el Atlántico a los Urales, y aún más de Japón. Pero sin olvidar la marginalidad angustiosa de África, o el desplome político y económico de una gran parte de América Latina.

Una parte de la crisis se presenta con estas fracturas entre lo que llamamos convencionalmente «mundo occidental» y lo que no es occidente, aunque tampoco sea «oriente», sino «lo otro», lo que queda fuera y empieza a percibirse como el origen de las amenazas, con el riesgo de terminar configurándolo como el nuevo enemigo de referencia.

Estados Unidos se siente solo y empieza a estarlo. Puede empezar a necesitar que lo defiendan de sí mismo, aunque perciba lo contrario, haciendo la tarea casi imposible. Este país afronta, como el resto del mundo, una crisis económica desconcertante y una crisis de seguridad radicalmente nueva en la naturaleza de las amenazas que la provocan. Mezcla un fuerte pragmatismo en su economía interna con una mantenida ideologización en la externa. Apela al absoluto cuando se trata de la amenaza del terrorismo internacional, con prácticas tradicionales de respuesta bélica que no parecen conseguir los objetivos de disminución de los riesgos, sino lo contrario.

Para defender su economía, inyecta liquidez al sistema, baja los tipos de interés hasta hacerlos negativos, devuelve impuestos, recupera a Keynes aumentando gastos de defensa y no duda en introducir medidas proteccionistas en la industria tradicional o en la producción agraria. El déficit cero es historia pasada.

Pero cambia el pragmatismo de sus medidas internas por la exigencia de políticas ortodoxas según la biblia neoliberal cuando se trata de la crisis argentina (no de la turca), o de sus relaciones con México u otros países. La nueva «regla USA» parece ser: «El mercado interior de Estados Unidos es sólo nuestro y los mercados de los demás países deben ser compartidos».

Pero esta política tiene sus límites, y en el caso argentino están ampliamente rebasados. El Fondo Monetario no puede seguir practicando el fundamentalismo ejemplificador que parece haber decidido con la República Argentina sin riesgos gravísimos para ese país y para la región. América Latina ha pasado de ser un conjunto de países emergentes a convertirse en una zona crítica en situación de emergencia.

Frente a la agresión terrorista del 11 de septiembre y la persistencia evidente de una amenaza que no ha sido controlada, ni siquiera definida, el pragmatismo ha sido sustituido por apelaciones casi religiosas, como la que implica la reiteración de «el que no está conmigo está contra mí», o la búsqueda de un confuso «eje del mal», conceptos ambos que ocultan la carencia de nuevas políticas de seguridad adecuadas a la naturaleza de las amenazas y exhiben una desconfianza arrogante en las posibilidades de cooperación leal de los países amigos.

La «guerra fría», compañera de viaje del mundo bipolar, ofrecía la «ventaja» de la previsibilidad, con márgenes de sorpresa relativamente reducidos, que permitían mover las fichas en el tablero mundial con riesgos controlados y una simplificación de las categorías «amigo» y «enemigo».

Pero aquellos dividendos de la paz, de los que hablaba el viejo Bush, no llegaron a los países emergentes y se alejaron de los marginales, en medio del menosprecio de la política como organización del espacio público compartido y la exaltación del mercado como única regla que definía el pensamiento único y el fin de la Historia.

En la última década del siglo XX, empezaron a aflorar conflictos calientes y dispersos que han ido creando las condiciones de esta crisis. Tanto la naturaleza de esos conflictos abiertos como la de los ataques terroristas en la escala que estamos viviendo escapan a la taxonomía de la guerra fría, como se escapa a Israel la respuesta al conflicto palestino con los atentados suicidas, o como quedó fuera de control la implosión yugoslava o los genocidios africanos.

Nuevas agresiones, imprevisibles en sus objetivos concretos, inasibles en la definición del enemigo al que responder, que esconden el origen y el destino y se escabullen a la predeterminación a la que el mundo bipolar estaba habituado, nos sitúan en la necesidad de análisis alternativos, en los que la «inteligencia», como información procesada de manera relevante, tiene mucha mayor trascendencia que la potencia de fuego. No son los ejércitos regulares los que controlarán y disminuirán las amenazas del terrorismo internacional ni los atentados suicidas. Los métodos tradicionales servían para guerras tradicionales entre Estados-nación, pero hoy no parecen relevantes para estos conflictos.

¿Qué hacer cuando la única superpotencia resultante de la liquidación de los bloques nos sitúa ante la opción de estar con ella o contra ella?

En los tiempos del viejo Bush, podíamos discrepar de su política centroamericana y estar de acuerdo en sus propuestas respecto del conflicto árabe-israelí. Con Clinton podíamos discutir la mejor forma de afrontar la crisis de los Balcanes o la relación con Rusia. Podíamos expresar posiciones contrarias, favorables o matizadas, respecto de la posición estadounidense, sin caer en la condena bíblica expresada en la fórmula «contra nosotros».

Ahora, establecida esta divisoria radical —«o conmigo o contra mí»—, el espacio de la discrepancia ha desaparecido y, por eso mismo, el de la cooperación leal, que se verá sustituida por nuevos rencores o por una sumisión inútil, para Estados Unidos y para los demás.

¿Qué hacer con los intentos de definir un enemigo predeterminado en lo que se está llamando el «eje del mal»?

Es ineficaz y de dramáticas consecuencias «inventarse» a los enemigos para aparentar que se dispone de una estrategia. Y es dramático porque terminará convirtiéndose en una verdad obligada que nos llevará al «choque de civilizaciones», como sustituto del choque ideológico de la política de bloques.

No es creíble, por ejemplo, que Castro sea una amenaza para Estados Unidos, y menos aún una amenaza bioterrorista. Se puede criticar al régimen castrista por la ausencia de libertades democráticas, por su carácter dictatorial, por más que no sea comparable con las dictaduras del Cono Sur que se aceptaban con tanta complacencia, pero es un despropósito el intento de colocarlo en «el eje del mal».

Hace unas semanas se firmó el pacto OTAN-Rusia[1], que hace una década parecía cargado de sentido como cierre de un período histórico que conocimos como «equilibrio del terror». Pero en la situación actual tendrá, inexorablemente, otras lecturas y otras consecuencias.

No hablo de la incomodidad de los que se acercaron a la OTAN para no sentarse a la misma mesa de los rusos y ahora

---

[1] El pacto se verificó el día 28 de mayo de 2002.

se los encuentran de vuelta, sino del sentido del pacto en la situación actual.

Ya no es el Pacto del Atlántico Norte, sino el de Bering a Bering, dando la vuelta al mundo. Como no define la posición de bloque contra bloque de antaño, es inquietante pensar frente a quién o quiénes se planteará en el futuro la defensa de ese conjunto.

Con la excepción de Turquía (que confirmaría la regla), parece un pacto de la civilización judeo-cristiana u «occidental», en el sentido que le dábamos anteriormente. Queda fuera China, el mundo islámico árabe y no árabe, además de la India budista y con el mayor contingente humano musulmán del planeta. Otras zonas o regiones, salvo Corea del Norte, están menos concernidas, porque se consideran poco relevantes como riesgo para la seguridad tras el 11-S.

El intento de definir un nuevo «eje del mal», como enemigo de referencia, ¿no estará configurando un enemigo cultural o religioso, aunque no sea preexistente? ¿No nos estaremos encaminando a la configuración del «otro» que justificaría mañana el nuevo pacto?

Si los ataques terroristas continúan, y nada hace prever que no sea así, estaremos abriendo nuevas líneas de fractura distintas de las del pasado siglo XX, porque no serán bloques definidos por ideologías políticas, como las de la guerra fría. Pero si nos empeñamos en identificar el origen de las amenazas con identidades religiosas o culturales, forzaremos nuevas mitologías, más imprevisibles y desordenadas que las preexistentes, más radicales y excluyentes.

Un mal comienzo para el siglo XXI.

El País, 16 de julio de 2002

El sur del Sur

A caballo entre julio y agosto, he vuelto al sur de Tenerife. En esta ocasión, de vacaciones *posperejil*.

Hace un año me invitaron a la conferencia inaugural de la Universidad de Verano de Adeje[1], pero fue una visita corta, de trabajo, para reflexionar sobre ese fenómeno del que ahora conocemos algunos de sus aspectos más sombríos, llamado «globalización». Casi sin tiempo, probé el sabor de El Barranco del Infierno, trepé hasta Vila Flor, el municipio más alto de España, ahora lanzado al estrellato por el canonizado «hermano Pedro», y di un pequeño paseo marino para compartir la curiosidad turística de visitar las ballenas. No había tiempo para más.

Poco amante de las universidades de verano, aunque cada año recupere algún retraso de viejas y reiteradas invitaciones para participar en un curso, la organización de la de Adeje, dependiendo de la Universidad de La Laguna, me pareció interesante y seria. Más allá del choque que me produjo un protocolo para el que no iba preparado en modo alguno.

Pero, sobre todo, me interesó aquel lugar del sur, de España y de Europa, como un espacio de reflexión sobre los cambios vertiginosos que estamos viviendo. Así lo comenté con el alcalde, activo defensor del desarrollo de su pueblo y de aquella zona especialísima de nuestra geografía.

Este verano me desquité de la primera curiosidad. La de penetrar en la estética de la zona. Descubrí los rincones, desde

---

[1] Localidad tinerfeña.

el mar y desde la tierra, acompañado por Juan, pescador y marinero, hombre para el que el descanso es también el mar, o guiado por José, agricultor y apicultor, enamorado de barrancos y plantas, sabio en su telúrica relación con la naturaleza. Aprecié paisaje y paisanaje, de manera distendida, sin nada que haya sido compromiso u obligación impuesta.

Así, he vuelto a El Barranco del Infierno, me he bañado en las calas de Los Gigantes —esperando el mediodía para que el sol ilumine sus impresionantes paredes volcánicas—, he paseado por Los Cristianos y por Las Américas y he descubierto el frescor pleno de los helechos en los pueblos situados al norte de Santiago del Teide. El mojo picón, las papas inigualables y el pescado fresco, desde una cocina excelente, han completado el escenario. En Adeje nunca hemos bajado de los dieciocho ni superado los veintisiete grados.

Pero no sólo es un lugar para el descanso, para el turismo, aunque ambos, turismo y descanso, sean posibles como en pocos lugares del planeta y distintos, con esa diferencia que cualifica una oferta. Es también un lugar para la reflexión que me retrotrajo a las conversaciones del año pasado —antes del 11 de septiembre, que marca un hito nuevo y terrible en la crítica escena internacional— y a mis propias ilusiones de hace veinte años en relación con el archipiélago.

Con identidad y cultura profundamente europeas, esta flota varada de siete barcos en la ruta de los alisios es una plataforma de comunicación sin par entre los continentes americano, africano y europeo. Parece diseñada para establecer los lazos entre esos mundos tan diferentes y tan ligados por el Atlántico. Más allá de la dimensión noratlántica, Canarias se cuelga de ese hemisferio para mostrarnos la proximidad del Sur y la unicidad de ambas partes.

En aquellos sueños, que se mezclaron con las negociaciones para nuestro ingreso en la Unión Europea, y con alguna frustración por el rechazo inicial del Parlamento canario a su integración plena, creía poder mostrar a europeos y americanos que se podía trabajar con el «continente olvidado», tan próximo a las islas como remoto en su desarrollo y forma de vida.

De nuevo, cuando poníamos las banderas que culminan la Escuela de Hostelería emplazada en el municipio, volví a pensar, en medio de la crisis que azota al mundo, con repercusiones especiales en el turismo, que era un buen lugar y una buena ocasión para formar a emprendedores capaces de abrir nuevos espacios, de imaginar ofertas que vayan más allá de la satisfacción de demandas conocidas, capaces de crear nuevas y más valiosas demandas.

Bromeaba el alcalde, en este acto casi inaugural, sobre mi falta de costumbre después de catorce años de gobierno. Tenía razón, porque después de la lápida del paso Despeñaperros, casi en los comienzos de mi mandato como presidente del Gobierno, me resistí cuanto pude a repetir actos de semejante naturaleza, aunque comprendo que forman parte, al menos en el imaginario colectivo, de la función política.

Las amenazas a la seguridad y los problemas económicos están generando miedo. El miedo está facilitando el control autoritario de nuestras vidas, mermando la capacidad de producir ideas, incluso para comprender las causas de esta «extraña crisis». Esto limita nuestras posibilidades para encarar la salida.

La mezcla entre crisis económica y de seguridad, sin olvidar las dimensiones identitarias de la nueva confrontación política, produce efectos de retroalimentación que tienden a agravar todos los factores. Como esto también sucedería en una crisis clásica, podemos imaginar lo que significa si le añadimos el factor de incertidumbre que introduce el cambio en los modelos de civilización que llamamos «globalización».

A Canarias, como a la costa gaditana, llegan las pateras con subsaharianos y magrebíes. El sur de Tenerife no es lugar de arribada, pero la distancia —en términos de sufrimiento— es tan corta desde las costas más cercanas al continente africano, que el paisaje de los lugares urbanos que he descrito se convierte en multicolor. Las mujeres subsaharianas, que hemos visto llegar a veces a la costa embarazadas y exhaustas, trenzan los cabellos de las turistas alemanas, británicas o nórdicas, al estilo africano, tan útil para ellas como complicado para las valquirias. Los hombres sobreviven por las calles ofreciendo sus pequeños abalorios de cuero o cuerda o sus figuras de madera, hasta que alguien les da algún trabajo en las escalas inferiores de las tareas dedicadas al turismo.

En agosto hacemos vacaciones, pero no olvidamos la «extraña crisis», porque el terror que provoca tanto sufrimiento no descansa, como hemos visto en Santa Pola[2]; porque septiembre está cerca y el primer aniversario del 11-S se sigue viendo con inquietud; porque el Mediterráneo, desde su parte oriental hasta la salida al Atlántico, sigue sin ser un mar de cooperación, de paz y desarrollo, y amenaza con ser lo opuesto.

¿Será verdad que Adeje significa «abrevadero»? Cuando hace un año la curiosidad lingüística de Carmen Romero nos llevó a este descubrimiento, ligué mi preocupación sobre lo que estaba ocurriendo con la identificación etimológica que podría ofrecernos un abrevadero de ideas para rellenar «el vacío del mundo en la oquedad de sus cabezas», que describía Machado.

Aprovechemos para reflexionar, para abrevar ideas que nos ayuden a recuperar compromiso cívico, nuevos enfoques frente a la violencia que no cesa, o frente a la crisis que destruye riqueza, o frente a la marginación de regiones enteras del planeta.

El sur del Sur, en el magnífico paisaje tinerfeño, es, también, un lugar para eso.

El País, 14 de agosto de 2002

---

[2] ETA hizo explosionar un coche bomba frente a la casa cuartel de la Guardia Civil de Santa Pola, en Alicante, el día 4 de agosto de 2002. En aquel atentado murieron Silvia Martínez Santiago, de 6 años, y Cecilio Gallego Alarias, de 57 años.

La extraña crisis (3).
Amistad, no sumisión

Les contaba en julio lo difícil que se está poniendo ser amigos leales del socio americano. Y, con la emoción del primer aniversario del horror del 11 de septiembre, no sólo se estrechan los márgenes, sino que los que tienen algo que decir, desde posiciones solidarias pero con criterio libre, empiezan a pasar al campo de los condenados de la Tierra.

Repetiré, como hace un año, que la solidaridad incondicional es comprensible con las víctimas de aquel asesinato en masa. Incluso con el dolor del pueblo americano y de sus representantes. Pero esta solidaridad no puede, ni debe, confundirse con la incondicionalidad respecto de las iniciativas, sean éstas las que sean, del Gobierno de Bush en su campaña de lucha contra el terror.

A esta conclusión (y confusión) de exigencia de incondicionalidad parece haber llegado el presidente del Gobierno de España, añadiendo con un estilo excluyente y amenazador que aquellos que discrepen de la actitud que mantiene serán responsables de los próximos atentados, si éstos se producen. O sea, transfiere la responsabilidad de lo que ocurra a los demás, no a los que toman las decisiones que corresponden a su cargo, acertadas o erróneas.

Se continúa produciendo una terrible confusión entre la condición de amigos, de socios incluso, y la aceptación sumisa de las propuestas de la Administración de Bush. Pero la sumisión es incompatible con la amistad, porque niega la posibilidad de ayudar, de manera relevante, a conseguir el objetivo que se pretende.

Desde la guerra de Vietnam no se conocía una ola más dura y contradictoria de rechazo a Estados Unidos. Es contradictoria por el hecho de que muchos millones de ciudadanos comparten el dolor por los atentados del 11 de septiembre, cosa que no ocurría en aquel conflicto lamentable, al tiempo que crece su rechazo y su incomprensión por la actitud unilateral y arrogante de la única superpotencia mundial tras la guerra fría.

Ha pasado un año desde el 11-S y, pese a la ausencia de atentados de esas características, nadie afirma que se haya avanzado consistentemente en la ruta de la eliminación de la amenaza que representan. En el propio seno de los Estados Unidos empiezan a levantarse voces que advierten de los errores del camino emprendido, que aumentan con la crisis galopante en relación con Irak, a pesar de los límites que imponen a estos análisis la emoción revivida de los acontecimientos.

Como no debemos estar dispuestos a aceptar ni «el que no está conmigo está contra mí», ni la estúpida e inútil sumisión a cualquier designio, ni la transferencia de responsabilidad del «aquellos que no concuerden con mis posiciones serán los responsables de todo lo malo que pase», tenemos que afirmar posiciones que ayuden a cambiar el rumbo y a aumentar las posibilidades de combatir el peligroso escenario que representa el terrorismo internacional *para todos*, no sólo para Estados Unidos.

En la crisis iraquí podemos y debemos compartir la necesidad de que el Gobierno de ese país cumpla las resoluciones del Consejo de Seguridad de Naciones Unidas, en sus propios términos, sin elementos que la condicionen en las tareas de inspección y vigilancia sobre el posible desarrollo de armas de destrucción masiva. Y en este tira y afloja llevamos una larga década, cuyas consecuencias han pagado los ciudadanos iraquíes sometidos al sátrapa que los oprime, sin que éste y sus compinches sufran el menor daño.

Pero este asunto, sea cual sea la decisión que adopte el Consejo de Seguridad, es claramente diferenciable de los sucesos del 11 de septiembre. Nada muestra que Irak, como nación, esté detrás de esta estrategia de terror. Pero, sobre todo, nada tiene que ver el intento de hacerse con el arma atómica —como lo hizo Pakistán, tras la India, y antes Israel— con los instrumentos empleados por los terroristas en las Torres Gemelas y el Pentágono. Estamos ante amenazas diferentes, que exigen tratamientos diferentes si no queremos aumentar hasta límites insospechados el caos internacional que empieza a producirse.

Pero, además, tenemos que salir cuanto antes de la confusión entre mundo árabe e Islam, y de la más peligrosa aún, entre Islam y amenaza terrorista. Para empezar, sólo una cuarta parte del Islam está representada por el mundo árabe. Los árabes son considerados extranjeros en Afganistán, incluido Bin Laden. Y en las zonas de fractura más delicadas de los conflictos abiertos, ya se trate de la India y Pakistán con la cuestión de Cachemira, o del conflicto ruso con Chechenia, no estamos hablando de árabes, como tampoco cuando se refieren a Irán.

Lamento hablar en términos tan elementales, pero estamos contribuyendo a aumentar peligrosamente la tendencia a reducir a categorías simples de nuestra visión como occidentales cuando se analiza al otro, al diferente. Esta deriva nos está conduciendo al conflicto de civilizaciones sin realidades subyacentes que lo justifiquen.

Si, en estas circunstancias, se produce un ataque a Irak, más allá de la desafección o de la aceptación aparente de los Gobiernos árabes, será inevitable una oleada de protestas y revueltas de millones de gentes, como caldo de cultivo para los protagonistas del terror internacional. Se puede convertir en un juego dramático de consecuencias incontrolables, tanto para la estabilidad de los Gobiernos frente a los movimientos integristas, cuanto para el crecimiento de la amenaza que tratamos de combatir.

Desgraciadamente, la Unión Europea aparece ya fracturada en sus posiciones respecto a la deriva que impone unilateralmente la Administración de Bush, con lo que su pérdida de relevancia en el nuevo escenario internacional tenderá a aumentar. Temo que la fractura de posiciones en un tema clave de definición del futuro orden (o desorden) mundial retrasará indefinidamente cualquier avance en una política exterior y de seguridad común. Y la conclusión no es difícil de extraer. No habrá unión política sin una política exterior que nos una.

Algunos piensan que Estados Unidos sacará ventaja de esta debilidad política de la Unión Europea, pero en mi visión de socio leal, ésta es una conclusión errónea para ambas partes, aunque claramente más dañina para los intereses europeos.

Y, más allá de Europa, que seguirá siendo el socio fundamental, aunque no tenido en cuenta en la otra orilla del Atlántico Norte, en otras regiones del planeta Estados Unidos no está ganando afecciones, sino más bien lo contrario.

Los Gobiernos árabes no dejan de advertir, con mayor o menor contundencia, según su nivel de dependencia, de los riesgos que se están corriendo con las políticas anunciadas por Bush. La mayoría de ellos están más que dispuestos a colaborar en la erradicación de las amenazas terroristas que tienen su origen en integrismos radicales que también amenazan su propia supervivencia, pero sus márgenes de maniobra se hacen cada día más difíciles. El conflicto entre Israel y Palestina, taponada la válvula de salida de la esperanza de paz, aumenta exponencialmente el riesgo de rechazo a EE UU.

Y estos Gobiernos, incluso cuando sean moderados, se verán enfrentados a sus propios ciudadanos, atrapados entre la necesidad de alinearse con las políticas hegemónicas, con represiones internas crecientes, y el riesgo de ser arrastrados por el descontento.

¿Es posible que este escenario no se esté contemplando por los halcones norteamericanos que llevan a su país a un difícil callejón sin salida? ¿Es posible que sus incondicionales sumisos, vecinos de esta realidad, no hagan nada para evitar esta deriva?

En el área iberoamericana, poco significativa en los términos de la amenaza que percibe EE UU y sumida en la profundidad de la crisis y su gravedad —ante lo que están percibiendo como indiferencia del norte, cuando no como animadversión, como ocurre en Argentina—, las corrientes de opinión son cada vez menos favorables. Con poco esfuerzo, Estados Unidos podría recuperar una parte del terreno que está perdiendo en las opiniones públicas. Por ejemplo, cambiando su posición en el Fondo Monetario Internacional y permitiendo que las economías de la otra América aprovechen sus márgenes internos sin crear problemas de equilibrios con el exterior. ¿Cómo va a pagar Argentina su deuda si no puede crecer su economía interna?

Sólo con que los países de la región pudieran hacer algo de lo que Estados Unidos hace para luchar contra la crisis propia, la situación cambiaría a mejor. Brasil y México, con sus diferencias de situación, pero atravesando momentos de gran dificultad, merecen una atención especial del vecino del norte, porque su destino condiciona al resto. Más allá de sus prioridades inmediatas, vividas con obsesión, Estados Unidos necesita una América Latina con desarrollo económico y democracia que se una al destino de los países centrales, eliminando la pobreza y aprovechando, para el bien de todos, su inmenso capital humano y de recursos naturales. También lo necesitamos nosotros, los europeos. De lo contrario, la crisis de esta región del mundo dificultará la recuperación de EE UU y Europa.

En estas zonas del mundo, como en otras, EE UU puede aumentar el número de sus aliados, pero parece preferir el reducido grupo de los sumisos incondicionales, que, a la postre, nunca serán leales para expresar sus discrepancias, aunque las tengan.

En esta «extraña crisis» de la globalización, nada indica que nos encaminemos hacia una buena salida, ni en sus aspectos políticos y de seguridad frente al terror, ni en sus aspectos económicos. Por eso se impone un cambio de rumbo concertado para ordenar con sentido este espacio público mundial que compartimos.

El País, 14 de septiembre de 2002

La extraña crisis (4).
Se olvidan las prioridades

Y continúa la incertidumbre. O se acrecienta con la «inevitable» guerra contra Irak, convertida en ocasión electoral, mientras se suceden nuevos atentados, en Indonesia —Bali—, en Finlandia, en Chechenia, en el Golfo Arábigo.

En el otro frente, la crisis del mercado de valores no cesa, el consumo se retrae después de la inmensa destrucción de ahorro producida y, como dicen los taurinos, puede venir la puntilla en forma de contagio del sistema financiero, porque, a pesar de las bajas tasas de interés (en los países centrales), las deudas contraídas son las que son, sin que el ahorro que las respaldaba sea el que era.

Ahora se ve con más claridad que, en este modelo de capitalismo popular tan pregonado, los ahorros son virtuales y se esfuman, mientras las deudas son tan reales como la vida misma.

En este cuadro, nada indica que la situación vaya a mejorar, entre otras cosas, porque las prioridades están siendo olvidadas, o ninguneadas, o camufladas, como se prefiera.

Se predice un conflicto terrestre con Irak para principios del año 2003, incluido el nombramiento de un general norteamericano para hacerse cargo del poder sustituyendo al dictador iraquí. ¿Y el siguiente paso cuál será? ¿Permanecerá allí como en las mejores épocas de las aventuras imperiales europeas? ¿Lo sustituirá alguien de la región con apoyo indefinido de la comunidad internacional como nuevo protectorado?

¿Incluirá cambios de fronteras para corregir los «errores» de la descolonización franco-británica?

El máximo responsable del Fondo Monetario Internacional declara que una guerra corta contra Irak ayudaría a despejar incertidumbres y mejoraría la situación de crisis. Incapaz de hacer el papel que le corresponde en la arquitectura financiera global, el FMI se desliza hacia predicciones fuera de su competencia. ¿Cuánto tiempo considera el FMI una «guerra corta»? ¿Habla de semanas o de meses? ¿Cuántas víctimas considera suficientes para cambiar el signo de la crisis? ¿Unas decenas o unas centenas de miles?

El G-7 + 1 nos consuela con el mensaje de que lo peor de la crisis ha pasado. Pero nos inquieta que en los dos años y medio de *crack* del mercado de valores hayan dicho con reiteración que no había tal crisis. ¿Cómo habrá pasado lo peor de lo que no ha existido?

Y el terror se reproduce en las líneas de fractura de esta nueva realidad internacional sin gobernanza, sin políticas claras en materia de seguridad, ni en el campo de la crisis económica internacional.

Y Brasil vive la incertidumbre que alimentan los nuevos gurús de las calificaciones de riesgo, impidiendo un juego democrático limpio que generará frustraciones crecientes en las opiniones públicas de los países emergentes. Lula[1] les parece una amenaza, al tiempo que bendicen al presidente de Pakistán. Lula no sólo pelea democráticamente contra sus oponentes internos, que es lo lógico, sino contra los aguerridos desconocedores de la sociedad brasileña que, desde centros de poder ilegítimos, tratan de decidir el destino de ese pueblo. ¡Gran ejemplo de apoyo al fortalecimiento de la democracia que dicen defender en este mundo amenazado por el terror y la crisis económica!

¡Por favor, recuperemos las prioridades! Hagamos lo posible para que la ciudadanía desempeñe su papel exigiendo

---

[1] Luiz Inácio Lula da Silva (1945) venció en las elecciones brasileñas y se convirtió en presidente del país en octubre de 2002.

responsabilidad y proyectos sostenibles a sus representantes. Se necesita una gran corriente de opinión en los países centrales, empezando por Estados Unidos y siguiendo por Europa, para frenar el disparate en que nos estamos metiendo para mucho más tiempo del que hoy prevén los dirigentes.

Frente a la amenaza del terrorismo internacional —lamento repetirme—, la guerra clásica en la que hemos entrado, ayer con Afganistán, mañana con Irak, siempre con Chechenia, es peor que inútil, porque no eliminará ni reducirá la amenaza principal, sino que la estimulará. Seguimos sin definir esta amenaza ubicua, que no depende de los Estados-nación, que se mueve en todos los territorios y se dirige a todos los territorios, como nuevas ONG de la violencia sin fronteras.

Nada desearía más que ver al pueblo iraquí liberado de su sátrapa. Y nada deseo menos que verlo sometido a un nuevo «calvario» del que no es responsable, con una guerra sin salida en el horizonte previsible.

Nada desearía más que ver al pueblo norteamericano superar la angustia permanente del 11 de septiembre, dentro y fuera de su territorio, como podrán comprender las víctimas de Bali. Pero no creo que el camino emprendido sea eficaz para conseguirlo.

Yo no estoy en la corriente de rechazo a Estados Unidos, que aumenta, como hace treinta años, con la guerra de Vietnam. Al contrario, estoy convencido de que la mejor tradición de Estados Unidos en el siglo XX es el punto de partida para un nuevo orden mundial. Pero esa tradición entronca con la Sociedad de Naciones y con la ONU, que, después de las dos guerras mundiales del pasado siglo, fueron creadas y puestas en marcha por los Estados Unidos.

Esa tradición pretendía limitar el unilateralismo de las potencias europeas que provocaron los conflictos mundiales. Pretendía acabar con las guerras preventivas decididas desde ese egocentrismo enfermizo unilateral de salvadores de no sé qué civilización. A esa tradición debemos apelar para evitar la deriva actual.

Y, también, debemos dirigirnos al reforzamiento de la inteligencia —hablo de los servicios, no de los mandatarios— con la coordinación de varios países que se declaran amigos. Porque no serán las armas clásicas, ni los ejércitos que las encarnan, las que nos libren de las amenazas del terrorismo internacional.

También recuerdo que en el epicentro de estas amenazas continúa un sangriento conflicto entre israelíes y palestinos. Nadie va a ganar esta guerra por el camino emprendido. Contra la visión simplista de que en toda confrontación hay ganadores y perdedores, la tozuda realidad enseña que hay algunos conflictos en los que todos pierden, o, si se prefiere, en los que ninguno de los contendientes y de sus aliados reales o atribuidos ganan.

La crisis es mucho más política que económica. Los economistas de papel que han dominado las políticas, imponiendo ortodoxias contra las realidades sociales, podrían tener un período de reposo y algún que otro esfuerzo de humildad. La política debe recuperar el papel que le corresponde. La política debe organizar y dar sentido al espacio público que compartimos, desde lo local a lo global.

La crisis es de gobernanza, cada día más y más aguda. El Fondo Monetario Internacional puede imponer una votación a los diputados argentinos, aunque no tenga nada que ver con la crisis económica, pero no tiene credibilidad para representar su papel en la arquitectura económica y financiera de esta economía globalizada en su crisis. Los calificadores de riesgo, sin responder ante nadie, deciden mucho más que las instituciones creadas para afrontar la crisis. ¿Son mejores que los auditores de las compañías con contabilidades truculentas?

Los ahorradores han pagado una parte sustancial de la crisis en los países desarrollados. Los consumidores, en los países emergentes. Si les tocara el turno a las entidades financieras, la profundidad y duración de la crisis serán incalculables.

Las prioridades gritan a los responsables gubernamentales —amenaza terrorista y crisis económica mundial—. Éstos están distraídos. O nos distraen. Reclamemos su atención.

El País, 17 de octubre de 2002

Lula: el triunfo de la democracia

Ha sido un 27 de octubre y me siento a escribir el 28, dos décadas después de un día semejante para mí, para mi país, para las gentes que, cargadas de esperanza, acudieron masivamente a definir un rumbo nuevo aquí y allá, entonces y ahora. El de Lula es un triunfo importante para Brasil, pero trasciende las fronteras y sacude a la América latina con un viento diferente, como un grito expectante, reclamando otro destino.

Felicito a Lula y, aún más, a los millones de brasileños que no se han dejado arrastrar por los adversarios que no votan pero condicionan con el miedo el voto libre de los ciudadanos. Felicito también a Fernando Henrique Cardoso, que, con su talante profundamente democrático, ha hecho posible el juego limpio y ha vivido el día de la alternancia con una participación impecable, abrumadora, cargada de civismo.

He oído los mismos argumentos de siempre en estas semanas, en estos meses que han precedido a la victoria. Lula, por ser de izquierdas, es un izquierdista, y por ser popular, es un populista. Si hubiera sido de derecha, habría recibido el calificativo de hombre de centro y popular.

Lula viene del Brasil profundo. Se hizo a sí mismo, manteniendo una ruta de lealtad a la mayoría social de la que proviene. Es una personalidad madura y fuerte, capaz del pacto y de la decisión, en un país que necesita ambas cosas. Por eso puede desarrollar políticas incluyentes de esas mayorías que siguen en la marginalidad. Un sueño que comparte con

Cardoso, incluso con oponentes electorales, como Serra y otros[1]. Por eso tiene la oportunidad de definir áreas de consenso para fortalecer el espacio de ciudadanía de Brasil. Su voluntad de construir es inmensa, como inexistente su deseo de destruir. Es un patriota.

Como pasó por la persecución de los autoritarios, ha tenido que superar el rencor, y lo ha conseguido. Como pasó por las duras pruebas de gobernar espacios importantes, en los ámbitos locales y de los Estados, ha trabajado la moderación como virtud de la fortaleza.

Ahora le queda por delante un camino difícil, y él lo sabe mejor que nadie. Sobre todo, lo sabe mejor que las calificadoras de riesgo o los analistas de inversión, que no parecen tener en cuenta que se gobierna para los ciudadanos y que, sin una política para ellos, ninguna democracia es eficiente ni, por eso, sostenible.

Me gustaría ver a los líderes de los países centrales, en Estados Unidos y en Europa, invitando a Lula ya, para que lo juzguen por lo que es, no por lo que dicen que es.

Me gustaría ver a los inversores reuniéndose con Lula ya, y no por oportunismo, ni por intereses espurios, sino porque el destino de Brasil depende del esfuerzo de todos y del conocimiento de su realidad. Empezando por el presidente electo.

Me gustaría que la llamada «comunidad financiera internacional» y sus organismos especularan para bajar los tipos de interés, no para subirlos. Ésa es una de las claves del futuro. Brasil puede crecer y debe crecer para su propio desarrollo económico y social, y para honrar sus compromisos, como ha reiterado Lula.

El destino de Brasil condicionará el propio destino de su entorno continental y afectará, en esta economía globalizada, a los llamados «países centrales». Su oportunidad es inmensa. Su mayor riesgo es la exclusión de la mayoría de los brasileños.

---

[1] José Serra era el candidato oficialista; Fernando Henrique Cardoso era el mandatario saliente, también del Partido de la Socialdemocracia Brasileña (PSDB).

Solidarizarse con Brasil, ayudarle en un camino de inclusión y desarrollo social, no sólo es bueno para los brasileños, sino vital para todos.

Los que no quieran hacerlo por razones humanitarias, que lo hagan por egoísmo inteligente. El éxito de Brasil es hoy una necesidad que trasciende sus propios límites y puede marcar un destino diferente para salir de esta extraña crisis que vivimos.

El País, 29 de octubre de 2002

La salud de la economía

Éste es el título de un ciclo de conferencias organizado por la Facultad de Ciencias Económicas y Empresariales de la Universidad de Cádiz, que se ubica en el antiguo edificio del Hospital Mora. En la celebración del centenario de esa vieja y noble institución sanitaria, parecía apropiado hablar de la salud de nuestra economía, tan agitada por la propaganda del «España va bien», cuando no de la «marca España» de la que hablan nuestros próceres.

Cuando llegaron al Gobierno, estábamos en el comienzo de la recuperación tras la crisis de 1993, pero los ciudadanos aún no eran conscientes de esta evolución. Ahora, cuando queda poco tiempo para que salgan, estamos en plena crisis, con tendencia a empeorar, pero los ciudadanos todavía no perciben la profundidad de la misma. Por eso, aunque mi intención era hablar de «emprendedores», traté de recordar a los universitarios y a los empresarios asistentes algunos de los síntomas que estamos viviendo, una vez concluido el ciclo alcista de la economía española.

Tenemos un nivel de inflación del 4 por ciento. Más del doble que nuestros principales competidores europeos de la «zona euro» y medio punto más que en 1996. Sin embargo, los salarios han evolucionado por debajo de la inflación a lo largo de todo el período. Por tanto, los salarios han sido un elemento que no ha contribuido al aumento de los precios. Paradójicamente, el Gobierno, que ha mantenido las retribuciones de los empleados públicos por debajo de los precios durante la época de bonanza, trata de ganar votos simulando una recuperación de poder adquisitivo en el año 2003, al tiempo que recomienda al sector privado contención salarial.

Los tipos de interés son negativos, porque su fijación por el Banco Central Europeo sigue teniendo en cuenta la media de inflación de la «zona euro», que está 1,7 por ciento por debajo de la española. Por tanto, los tipos de interés no han contribuido a la inflación, ni ahora ni en los años anteriores.

Nuestra productividad por persona ocupada está descendiendo en los últimos cinco años. La propia patronal afirma que lo hace desde 1998. Y, a pesar de que se utiliza el argumento de la creación de empleo de los últimos años para explicarlo, no se considera que en ese período, que ya acabó, EE UU creaba empleo en mayor cantidad al tiempo que aumentaba la productividad por persona ocupada.

El crecimiento de nuestra economía es superior a la media europea en un 1 por ciento, lo que constituye una buena noticia relativa. Pero se oculta que ese mayor crecimiento del PIB equivale a la cantidad que recibimos de transferencias netas (fondos estructurales, de cohesión y Política Agrícola Común) que proceden del presupuesto de la Unión Europea. Aquella política de cohesión que negociamos y conseguimos en 1992, cuando merecimos el calificativo de «pedigüeños».

Han bajado los impuestos a las rentas de las personas físicas y a las rentas del capital, pero la presión fiscal por habitante ha aumentado. Esto significa que, con tasas, precios de servicios públicos y demás impuestos indirectos, se está redistribuyendo renta al revés, para que paguen más los que menos tienen. Pero, además, este tipo de incremento de la presión fiscal contribuye al aumento de la inflación sea cual sea el comportamiento de los agentes económicos y sociales.

Las privatizaciones de las grandes empresas públicas, para entregarlas a los amigos y compadres, se anunciaban como la gran reforma liberalizadora de la economía, que iba a contribuir a mejorar nuestra competitividad y a devolver a la sociedad lo que era de esa sociedad. Pero lo que ha ocurrido, más allá de oscurantismos y enriquecimientos vertiginosos de unos pocos, es que la competencia no ha mejorado, sino lo contrario.

Las rebajas en telecomunicaciones, o en energía, que iban a derivarse de las privatizaciones, según las promesas electorales del PP, se han convertido en aumentos de precios relativos, pesando sobre las rentas más bajas y sobre la actividad de las empresas.

El oligopolio de oferta montado con las privatizaciones ha servido para que un solo grupo controle una parte sustancial del sector financiero y del audiovisual, completando así la verdadera intención de esta política «reformista». Control del poder económico, financiero y mediático. Si se rastrea la conformación histórica de la ahora famosa FAES[1], encontrarán a casi todos los actores de esta magna operación.

El prometido ahorro popular, a través del mercado de valores, se ha transformado en la mayor pérdida de ahorro de nuestra Historia para los millones de españoles de a pie que creyeron este cuento.

Y, a propósito de cuento, las cuentas públicas son tan fiables como las de Enron[2]. Según afirman la mayor parte de los analistas, nunca ha habido menos información disponible sobre los presupuestos, ni más oscuridad en las zonas de centrifugación del gasto. Se estima que el déficit real estará entre un 2,5 por ciento y un 3,5 por ciento, ciertamente alejado del cacareado déficit cero.

En conclusión, para no alargar la lista de despropósitos, que tenderán a aumentar en los próximos meses, esta modernización que llamaban «marca España» nos ha situado a la cola de Europa en competitividad, porque también lo estamos en desarrollo tecnológico, acceso a la Red, productividad por persona ocupada, inflación, etcétera.

---

[1] Siglas de la Fundación para el Análisis y los Estudios Sociales; el acto de constitución o de refundación se celebró el día 11 de noviembre de 2002.

[2] La polémica sobre las cuentas de Enron fue especialmente virulenta en 2002, pero la ruina de la compañía se apreció claramente en octubre de 2001.

Naturalmente, estamos inmersos en una crisis global, la primera de la nueva era, que afecta a los países centrales en la Unión Europea, Japón y Estados Unidos. Y, en la «zona euro», la amenaza de contagio al sistema financiero es superior a la que existe en EE UU y más cercana a lo ocurrido en Japón.

Por tanto, aun habiendo hecho las reformas de las que se carece, pero de las que se presume, las cosas estarían mal, como en el resto de estas zonas. Esto significa que no toda la responsabilidad es del Gobierno, pero la inflación, la pérdida de competitividad o la mayor caída de las exportaciones son de cosecha propia.

Ahora, como contrapunto, sí cabría recordar que el crecimiento de la segunda mitad de los noventa tampoco era el fruto de un supuesto milagro personal de nuestros inspirados dirigentes, sino de una coyuntura global en la que nos insertamos, como otros muchos.

Y este entorno internacional no tiene visos de mejorar, a pesar de que el Grupo de los 7 + 1 nos diga que lo peor de la crisis ha pasado, después de afirmar durante dos años que no había crisis. No es creíble que lo peor de lo que nunca ocurrió esté pasando.

Con este cuadro por delante, con un presupuesto que no se creen sus autores en ninguna de sus cifras básicas y que contribuirá a profundizar el ciclo recesivo, el presidente del Gobierno descalifica cualquier opinión del líder de la oposición y lo manda callar en el mejor de los estilos ásperos y autoritarios.

Y estas consideraciones se podrían ampliar al campo de la política exterior, de la territorial o de la capacidad de reacción ante situaciones de desastre, para concluir que es mucho mejor que estén tranquilos, para que no sigan creando problemas y ofreciéndose a continuación como la única fórmula salvadora para afrontarlos. O para que cesen en su manía de apropiarse indebidamente de la Constitución —en la que poco y pocos creían— y para mantener su extraordinario carácter incluyente.

El País, 22 de noviembre de 2002

Europa y el socialismo democrático

«*En el siglo* XXI, *ser socialista es pensar que el mundo es nuestra aldea, y no que la aldea es nuestro mundo*». *A partir de esta convicción, y de la insuficiente respuesta dada hasta ahora por los partidos socialdemócratas a los desafíos de la globalización, tres ex primeros ministros y miembros destacados de Partido Socialista francés —Laurent Fabius, Pierre Mauroy y Michel Rocard— formularon un llamamiento a sus colegas europeos en un artículo publicado el pasado 29 de octubre en el diario* Le Monde: «*Socialistas de toda Europa, uníos*».

En ese texto proponen una actualización de los «tres compromisos que busca la socialdemocracia» (entre capital y trabajo, entre mercado y Estado, y entre competencia y solidaridad), que la globalización ha distorsionado, reforzando el primero de los términos de cada binomio. Con el objetivo de actuar a favor de una sociedad solidaria y de economía de mercado, pretenden contrapesar el papel «hiperdominante» de Estados Unidos en la escena internacional, en especial desde la Administración de Bush; los firmantes señalan que esta «refundación» pasa inicialmente por Europa, primer escalón para lograr una forma de intervención y representación que permita, a medio plazo, un mundo multipolar.

Según los autores, ante los caminos hacia el populismo y el localismo a que está abocada la derecha europea, se impone que en la Convención sobre el futuro de Europa los socialistas hagan oír sus propuestas como tales, y no como franceses, alemanes, españoles o daneses. Y proponen la elaboración de un manifiesto común de los socialistas para las elecciones europeas de 2004, en el que se precise el papel que debe jugar el Viejo Continente en asuntos acuciantes del mundo, como la ayuda al desarrollo, el medio ambiente, los derechos sociales, o los bienes y servicios públicos, fijando para la Unión «objetivos simples y realistas».

El ex primer ministro socialista italiano Giuliano Amato, por su parte, comentó, en un artículo publicado el 22 de noviembre en La Repubblica, *lo oportuno del llamamiento de sus correligionarios franceses. En primer lugar, por el profundo cambio producido por Bush en la política de Estados Unidos, y en segundo lugar, por las distorsiones que la economía financiera y «el fundamentalismo del mercado» han creado en los últimos años. Amato señala que los socialistas deben asumir «su responsabilidad para encontrar respuestas de gobierno para fenómenos que, abandonados a sí mismos, pueden generar desequilibrios» y aboga por «una política socialista pensada en primer lugar para Europa» (más que para cada uno de los distintos países que la integran), como posible actor significativo en la escena mundial.*

En esta página se publica la respuesta del ex jefe de Gobierno socialista español, Felipe González, al llamamiento formulado por los citados dirigentes franceses.

He recibido con ilusión, no exenta de cierta melancolía, la propuesta-llamamiento de algunos queridos amigos franceses, como Fabius, Mauroy y Rocard, para desarrollar un movimiento de carácter regional europeo e identidad socialista y democrática, capaz de afrontar —con la fuerza de todos— los desafíos que plantea la globalización, dando una nueva dinámica al instrumento disponible: el Partido de los Socialistas Europeos.

La ilusión surge del hecho de compartir plenamente la propuesta y de estar dispuesto a apoyarla en su desarrollo. La melancolía, de no saber expresar de manera diferente a como lo hice el 8 de noviembre de 1999, en el Congreso de París, mi punto de vista ante los desafíos que teníamos por delante. Por tanto, con el sentimiento de haber dejado pasar un tiempo precioso.

En efecto, cuando presenté a debate la Declaración de París, lo hice, entre otras consideraciones, en los siguientes términos:

«Hace tres años, en el Congreso de Nueva York (1996), recibí el encargo de presidir la Comisión Progreso Global para debatir la renovación de las ideas en la Internacional Socialista ante los desafíos de la nueva era.

»Nos hemos acercado a realidades latinoamericanas, africanas, asiáticas, norteamericanas y europeas, en encuentros regionales y temáticos, con interlocutores de nuestra organización, pero también con intelectuales, expertos, empresarios, tecnólogos, responsables de organismos financieros internacionales, etcétera.

»El resumen refleja la opinión de responsables de distintas regiones, de distintas identidades y apunta prioridades también diferentes. Debemos tener en cuenta que los desafíos que afrontan los llamados "países emergentes", o los países sumidos en la pobreza o en la marginación de la globalización, son de una envergadura y gravedad mucho mayor que la de los países con más nivel de desarrollo.

»Si tuviera que ofrecerles una conclusión de la experiencia, les diría, recordando a Willy Brandt, que tenemos la mejor oportunidad de nuestra historia como Internacional.

»El socialismo democrático es, hoy más que nunca, el instrumento para afrontar los desafíos de la revolución tecnológica, de la globalización de la información, de la economía, de las finanzas, de los problemas medioambientales, de los flujos migratorios, de la plena incorporación de la mujer, de la seguridad y de la paz, todos ellos "internacionales" como jamás lo fueron; todos ellos generando una interdependencia creciente como nunca antes.

»Desde nuestro nacimiento, en los albores de la primera revolución industrial, queríamos un movimiento que proyectase nuestros valores universalmente. Ahora, la revolución tecnológica, acortando tiempo y distancia en la comunicación entre los seres humanos, permite resolver problemas de producción alimentaria, luchar contra la enfermedad y contra la erosión del ecosistema; lo que, unido a la desaparición del modelo comunista, deja en nuestras manos, bajo nuestra responsabilidad, la respuesta humanista, progresista, de este cambio de era. Nuestra razón de ser original es ahora más posible que nunca, porque los desafíos se han hecho mundiales e interdependientes, y los instrumentos pueden y deben serlo también.

»Si la denostada política sirve para algo, es justamente para poner al servicio de la mejora de las condiciones de vida de los seres humanos, hombres y mujeres, jóvenes y viejos, el impresionante avance tecnológico que se está produciendo. Ninguna otra tarea humana la podrá sustituir, aunque debamos integrar a todos los actores que quieren trabajar con los mismos objetivos, desde la cultura, desde la economía, desde la investigación, desde las organizaciones no gubernamentales, desde el compromiso cívico con la comunidad a la que se pertenece.

»Por eso, la declaración que se va a someter a vuestra deliberación reivindica el papel central de la política, desde el ámbito local de mayor proximidad hasta el ámbito nacional, regional y mundial.

»Después de un análisis de los retos y oportunidades que plantea la nueva era, la respuesta, más que nunca, tiene que venir de la *política*. Porque, ya se trate de garantizar un nuevo orden internacional de paz y seguridad que sustituya la confrontación de la fuerza por el diálogo entre culturas e identidades diferentes, aceptando los valores del otro, intercambiando experiencias, y siendo exigentes con el respeto a los derechos humanos universales; ya se trate de buscar reglas de gobernabilidad frente a las crisis financieras que se vienen sucediendo, con dramáticas consecuencias para los países afectados y con riesgos de contagio a todo el sistema financiero mundial, o de buscar nuevos equilibrios en los intercambios comerciales y en la difusión de las tecnologías; ya se trate de garantizar una dimensión social de la economía global, en cada nación y entre los diferentes territorios; ya se trate de incorporar a la mujer en todos los niveles de responsabilidad que debemos compartir paritariamente; ya se trate de mejorar las condiciones del ecosistema, de preservar la biodiversidad; ya se trate de encontrar respuestas humanitarias a los flujos migratorios; ya se trate de luchar contra el hambre, la enfermedad o la pobreza de capacidad, estamos hablando de valores para el ser humano que exigen una respuesta *política*.

»Y dentro de la respuesta *política*, esta organización porta en su seno los principios para que sea humanista y solidaria, y para que aumente la justicia y la libertad para hombres y mujeres, jóvenes o mayores.

»La declaración contiene, además, una propuesta de método para que se continúe el trabajo, arrancando con una plataforma que desarrolle esta orientación global, a comienzos del año 2000, y con respuestas regionales coherentes con la misma, desde África, América Latina, Europa u otras regiones del mundo.

»Sugiero que se trabaje en el tema de la identidad cultural y la globalización como la clave de la paz en el próximo siglo; que avancemos en el estudio de los flujos migratorios; que pongamos al día la reflexión sobre medio ambiente y nuevas tecnologías. Esto nos dará coherencia y fuerza para responder a la esperanza de tanta gente que mira hacia este viejo y nuevo movimiento del socialismo democrático que representa esta Internacional.

»Gracias. El método de debate abierto ha sido muy útil, pero, en la realidad cambiante que vivimos, ese debate debe continuar.

»8 de noviembre de 1999».

Después discutimos y aprobamos la Declaración de París, que sigue teniendo vigencia, aunque continúe inadvertida en nuestros afanes. No han dejado de pasar cosas —muchas y graves— desde aquellos días de noviembre de 1999, pero el sistema de alarmas de nuestras organizaciones sólo empezó a activarse cuando cientos de miles de jóvenes se lanzaron a denunciar los efectos perversos de un desarrollo injusto y excluyente del modelo globalizador.

Ahora han aumentado, ante el fenómeno de la mundialización de la crisis económico-financiera, las nuevas amenazas para la seguridad de redes terroristas cargadas de nihilismo destructor y la respuesta de una derecha hegemónica consiste en reducir las libertades porque no sabe afrontar los desafíos de la doble crisis, en el campo económico y en el de la seguridad.

Y la alarma que sentimos es aún mayor porque se ha abierto una senda de unilateralismo desde la Administración de EE UU, que sabemos que provocará más desorden y no reducción de las amenazas, y porque sentimos que Europa está perdiendo relevancia en el nuevo escenario internacional.

El fundamentalismo neoliberal ha fracasado, pero las respuestas sostenibles no están aflorando y no pueden ser puramente defensivas. El unilateralismo de la nueva estrategia para combatir las amenazas a la seguridad también fracasará, pero no hay un orden alternativo disponible capaz de abrirse camino.

Europa —si está unida políticamente— puede recuperar relevancia y contribuir a reencauzar el desorden económico y financiero hacia una arquitectura internacional más eficiente y sostenible. Puede iniciar, asimismo, una senda de multilateralismo organizado en regiones con capacidad para incidir en las decisiones de seguridad.

El renacer de la ilusión y el fin de la melancolía por el tiempo perdido están a nuestro alcance.

El País, 30 de noviembre de 2002

Esperando a Lula

Durante la última decena de noviembre he tenido la oportunidad de contrastar, sobre el terreno, el estado de ánimo con que se espera la asunción de la Presidencia de la República Federativa do Brasil por parte de Luiz Inácio Lula da Silva.

A pesar de que se ha insistido en ello, conviene destacar la dimensión regional del acontecimiento, en una América Latina agobiada por una crisis económica grave, por una crisis política aún mayor, e invadida por el sentimiento de marginalidad creciente tras los atentados del 11 de septiembre de 2001.

Ya en la reunión celebrada en Toledo, entre el 8 y el 10 de noviembre, exponentes políticos, culturales y empresariales habían partido en sus análisis sumidos en la preocupación, aunque el curso del debate mejoró las impresiones sobre las posibles respuestas a la doble crisis regional.

Igual suerte, o tal vez peor, por lo que hemos sabido, conoció la Cumbre Iberoamericana de Santo Domingo, en el nivel de Jefes de Estado y de Gobierno, cuya decisión más relevante es la creación de una comisión para analizar el futuro mismo de este foro.

En este marco de referencia, es razonable imaginar el impacto de la elección de una personalidad como Lula da Silva para dirigir el destino de un país-continente que, objetivamente, condiciona el devenir de toda el área de América del Sur.

¿Cuáles son los elementos que subyacen a la crisis de la región, desde Argentina a Venezuela, tocando el Caribe, Centroamérica y, en distinta medida, a México?

En la dimensión económica, se puede afirmar, a estas alturas, que las oleadas de reformas de los años noventa no han facilitado la redistribución del ingreso ni en las épocas de crecimiento del producto, ni han fortalecido las economías. No ha habido desarrollo.

En los últimos veinte años, que incluyen la llamada «década perdida», el producto bruto por habitante se ha mantenido igual y la redistribución ha empeorado dramáticamente, salvo en Chile.

La crisis de la deuda de los ochenta impuso una orientación político-económica diferente, recogida en el Consenso de Washington en 1989, con un decálogo de principios de actuación macroeconómica, privatización masiva y liberalización que, mal que bien, ha sido aplicado por la casi totalidad de los gobernantes.

Durante todo el período, la pregunta dominante ha sido si era compatible el crecimiento, que se suponía iba a derivarse de estas políticas, con la equidad social. Ahora, estando este confuso concepto de «equidad social» bajo mínimos, el debate se reorienta, peligrosamente, al cuestionamiento y liquidación de ese consenso que sienten como una imposición de EE UU, sin matizar lo que es válido en esas políticas macroeconómicas sanas, o en procesos de privatización y liberalización bien hechos.

Por eso se divide la opinión entre los que tratan de mostrar que el único camino es más de lo mismo, los que tratan de preservar lo más razonable de las políticas económicas contenidas en el consenso, pero buscan una vía específica para conseguir un desarrollo socioeconómico para la región, y los decididos a romper con todo sin temer los desastres del populismo demagógico que están proponiendo o implantando.

A Lula lo encontramos en esa vía de responsabilidad, que defiende la necesidad de responder a los compromisos de pago de su país, de mantener una macroeconomía sana, pero sin renunciar a lo que ha sido la base de su triunfo: la esperanza de un futuro mejor para la mayoría social que espera, expectante, que su destino empiece a cambiar.

A pesar de que los «mercados» han descontado el «efecto Lula» hasta la irresponsabilidad de hacerle muy difícil la administración de su triunfo democrático, el denostado dirigente ha mantenido la serenidad y los compromisos de fondo, sin dejarse arrastrar por lo que parecía una provocación contra la voluntad soberana de su pueblo.

Cuando me han reiterado, en Brasil y Chile, la famosa pregunta sobre la compatibilidad entre crecimiento económico y equidad, he intentado —a la vista de la experiencia— invertir los términos de la cuestión. ¿Es posible un crecimiento sostenido sin una redistribución razonable del ingreso? No conozco ningún país central que haya recorrido el camino del desarrollo, para alcanzar esa centralidad, sin una consistente redistribución del ingreso o lo que sociológicamente se define como un fuerte desarrollo de las clases medias.

Y en la respuesta a esta aparente contradicción se juega el futuro de América Latina y de otras zonas llamadas emergentes. Pero, desde el principio, la pregunta sobre compatibilidad de crecimiento y equidad aparece como relativamente tramposa, porque coloca el crecimiento en el terreno de lo científico —reglas que han de cumplirse para conseguirlo— y la equidad en el dominio de los valores morales.

Así, la pretendida superioridad de los valores morales sucumbe sistemáticamente ante la argumentación «rigurosa y científica» de las condiciones del crecimiento. Cual si fueran neomarxistas, los neoliberales colocan las «condiciones objetivas» del crecimiento como fase previa a las políticas de equidad, que siempre deben esperar a que les llegue el momento del reparto. Las gentes en América Latina comprueban que votan siempre por programas de desarrollo que mejoren sus condiciones de vida, su educación, su salud, para soportar a continuación políticas concretas de ajuste a su costa, tanto cuando crecen las economías (hay que esperar), como cuando éstas entran en recesión (es imposible el reparto).

Sin embargo, las economías internas de la región no han mejorado con esas políticas: sus mercados no se han fortalecido, sino lo contrario, sus empresas no son más relevantes sino menos. Por eso propongo una reflexión distinta, alternativa, que tiene el interés de haberla llevado a la práctica durante un período que hizo pasar a España de la consideración de país emergente a la de país central.

El llamado problema de la equidad social, además de su dimensión moral, solidaria, es tan económico como el del crecimiento. Por tanto, situemos la discusión en un solo terreno, no en una falsa pugna entre lo «moral» y lo «científico». Sin economías internas fuertes, con un reparto del ingreso que mejore la capacidad de compra de las mayorías sociales, América Latina no encontrará el camino de salida hacia el desarrollo. Y, en esa ruta, la educación y la formación, la atención sanitaria y la vivienda, así como el desarrollo de las infraestructuras y los servicios, forman parte del paquete redistributivo imprescindible.

En un momento como éste, con las economías de los países centrales en crisis, los mercados externos se han puesto aún más difíciles para los países emergentes. Si sus economías internas siguen siendo tan débiles, como consecuencia de un reparto del ingreso tan desigual que margina a amplísimos sectores de la población, no parece posible recuperar la esperanza.

Lula quiere atender a su economía interna y a la economía de la región, y su propósito me parece impecable. Pero si los analistas, calificadores de riesgo y entidades financieras internacionales creen que este camino no es el correcto y que debe centrarse exclusivamente en el ajuste, pueden hacerlo fracasar, por muy en serio que Lula quiera tomarse la salud de su macroeconomía. Al tiempo, tengo la convicción de que si el nuevo dirigente sólo dedica su atención al ajuste, sin una mirada hacia los elementos del desarrollo, también puede fracasar.

Por eso la disyuntiva brasileña se ha convertido en un rompeaguas que marcará el futuro de ese gran país, pero también el de otros muchos en la región. Mi convicción es que una macroeconomía sana, un mercado abierto y competitivo, con reglas previsibles y equilibrios internacionales más razonables que los actuales, se retroalimenta con una política eficaz en educación, en salud, en vivienda, etcétera, que ayuda a redistribuir el ingreso, incluso cuando no es posible hacerlo salarialmente por razones de coyuntura.

Pero no digo que sean compatibles el crecimiento y la equidad, sino que es imposible sostener el crecimiento, hasta salir del subdesarrollo, sin fortalecer las economías internas redistribuyendo el ingreso. No estamos ante un problema moral —que también— sino ante un desafío socioeconómico que tendrá repercusiones de enorme alcance para el futuro. Ni el fundamentalismo neoliberal ni la demagogia populista son la respuesta.

El País, 14 de diciembre de 2002

Habrá guerra

El despliegue se desarrolla inexorable. Como si de una invasión de hispanos se tratara, se llena de Sánchez, Pérez, Garcías y González —incluso—. El Golfo se llena de tropas dispuestas a combatir contra la cabeza visible del «eje del mal». La ventana temporal de oportunidad se acerca en el duro desierto bíblico.

Los inspectores buscan, contra reloj y en palacios rodeados de miseria, pero no encuentran pruebas. Es probable que sólo puedan certificar que no encontraron lo que buscaban. Sadam Husein tampoco parece dispuesto a demostrar que realizó su propio desarme. Ni siquiera que haya acabado con las armas químicas cedidas por Estados Unidos en su lucha contra Irán, allá por los años ochenta del pasado siglo.

Desde la Casa Blanca, el que decide el destino global muestra su impaciencia enfadado porque el tiempo se agota y «está harto de engaños».

¿«Mambrush» se va a la guerra? La pregunta circula por todos los mentideros políticos, financieros y mediáticos. El precio del petróleo, acicateado por la huelga venezolana, precipita las especulaciones.

Desde Naciones Unidas a las cancillerías del mundo árabe, Europa, Rusia, Turquía, América Latina, el Medio y el Extremo Oriente, se estiman porcentajes: cincuenta a cincuenta, sesenta a cuarenta, ochenta a veinte, a favor del «sí» o del «no» respecto del comienzo inmediato de la intervención.

Lo mismo ocurre con los mercados, tan habituados a los cálculos, a las operaciones de descuento. Ya tenemos estadísticas de lo ocurrido en Wall Street antes, durante y después de todas las guerras del siglo XX en las que intervinieron los EE UU. Pero, en esta ocasión, en el escenario de la globalización, la decisión es más difícil de descontar que en otras ocasiones.

Es más fácil descontar el efecto del triunfo de Lula que una guerra contra Irak, porque es más predecible el hombre que cree que la economía y el propio mercado deben servir a la sociedad a la que representa —incluso para tener éxito en el medio plazo—, y porque se empeña en acabar con el hambre en un país rico de recursos.

Hace poco más de una década, en el mismo escenario del Golfo, el tirano de Bagdad había invadido otro país (después de su fracaso contra los iraníes apoyado por Estados Unidos); estaba empeñado en ser el dueño y señor de las fuentes de aprovisionamiento energético. Todo el mundo, sin excepciones —salvo el Estado Vaticano— creyó que era necesario, incluso inevitable, parar los pies al aventurero, reduciendo su poder y su agresividad. Había que sacarlo de Kuwait y restablecer la legalidad internacional conculcada. Incluso el ya débil Gorbachov estuvo de acuerdo y prestó su apoyo junto a los países árabes que se sentían directamente amenazados.

Hoy, la realidad y la percepción del mundo han cambiado, a pesar de la amplia corriente de solidaridad con Estados Unidos derivada del 11 de septiembre, solidaridad que puede haberse erosionado gravemente. Pocos confunden la amenaza del terrorismo internacional, que se puso de manifiesto con los atentados de las Torres Gemelas, con el problema iraquí, de naturaleza diferente.

Se superponen y mezclan dos tipos de análisis sobre la seguridad internacional. El clásico de la posguerra fría, orientado a frenar el amenazante desarrollo de armas de destrucción masiva en países atrasados y autoritarios, empeñados en aumentar su poder regional, y el nuevo, que trata de definir sin conseguirlo el fenómeno del terrorismo internacional, concebido como la nueva y más peligrosa amenaza, por la ubicuidad de su origen y la de su destino. Amenaza desde cualquier punto del planeta y contra cualquier objetivo, sea cual sea el territorio de destino.

El día que terminó la operación «Tormenta del Desierto», el viejo Bush pensó, a requerimiento del general Schwarzkopf, si debía hacer llegar a Bagdad las tropas exitosas en la expulsión de Kuwait. En 24 horas, Sadam podría ser derrotado definitivamente y derrocado. El viejo Bush realizó la ronda de consultas que practicaba habitualmente, con su idea del multilateralismo eficiente. Tras ello, dio por concluida la operación, teniendo en cuenta los riesgos que representaba para la región el hecho de liquidar abruptamente el régimen iraquí.

Las decisiones de Naciones Unidas, a partir de ese momento, iban encaminadas a mantener en cuarentena a Sadam Husein, aunque parte de las sanciones y el bloqueo hayan sido mal orientados y pagados a un altísimo precio por la población inocente y no por la nomenclatura. Sadam es, sin duda, el máximo responsable de la larga agonía de su pueblo.

En el momento presente, el factor desencadenante de la nueva política de Estados Unidos es el 11 de septiembre, y la nueva amenaza que altera sustancialmente las prioridades es el terrorismo internacional que lo provocó. Si esto es así, lo lógico es concentrarse en combatir esa amenaza, intentando disminuirla en una primera fase, para anularla —si es posible— con una estrategia meditada y sostenida.

Esto exige una clara definición del fenómeno y de sus orígenes: un diagnóstico certero que facilite la terapia más eficaz para combatirlo. Cuando esto se aclare, se verá cómo es más necesaria que nunca la cooperación internacional entre Estados, la estrategia multilateral que se está menospreciando, cuando no negando abruptamente con el desarrollo de la política unilateral de una gran potencia hegemónica y exclusiva.

Para una guerra clásica, en la que el enemigo sea un Estado-nación concreto, o varios si me apuran, Estados Unidos está en condiciones de aplicar esta estrategia, aunque sea menos conveniente en el medio plazo que contar —en serio— con el mayor número de aliados, como se hizo en la anterior crisis del Golfo. Pero, para conseguir el objetivo de acabar con la amenaza del terrorismo internacional, esta estrategia puede generar resultados desastrosos.

La gran confusión en la que nos estamos abismando —no sólo Estados Unidos, sino el resto del mundo, arrastrado por sus decisiones—resulta de la mezcla de dos objetivos que responden a amenazas radicalmente diferentes, aunque ambas afecten —a su manera— a la seguridad internacional.

El diagnóstico sigue sin precisarse, incluso me atrevería a decir que sigue sin hacerse. Casi nadie duda de que la amenaza emergente para la seguridad internacional es el terrorismo, prototípicamente representado por Al Qaeda, aunque no sea sólo una organización sino, más bien, una red de organizaciones. Es una especie de hidra compuesta de ONG unidas por el propósito nihilista de destruir el poder establecido que representan Estados Unidos, en particular, y lo que llamamos el mundo occidental, en general. Pero que incluye a todo aquel que se considera tibio o traidor a los propósitos de los grupos terroristas.

Los métodos que exhiben van desde los más simples en apariencia —aviones civiles y cuchillas— a los más sofisticados que estén a su alcance y puedan ser empleados con facilidad en las sociedades abiertas o en las menos capaces de protegerse. Los objetivos pueden ser Nueva York o Bali. A esto añaden la determinación nihilista de morir matando. Por eso se constituyen en enemigos difíciles de ubicar y de batir, como lo demuestra la operación en Afganistán.

Esta amenaza tiene poco que ver con la otra, la más convencional, procedente también de los desechos de la guerra fría, de la proliferación de las armas de destrucción masiva en manos de dictadores ávidos de poder. No es inimaginable que algún grupo terrorista llegue a disponer de algunas armas químicas o biológicas (los atentados con gas *sarín* en Japón pueden ser un indicio)[1], pero es menos pensable que accedan a las nucleares, incluidas las de bolsillo de reciente desarrollo.

---

[1] El atentado sectario en el metro de Tokio se produjo el 20 de marzo de 1995.

En todo caso, los Estados-nación, comprendidos los que han sido considerados en las últimas décadas como instigadores o promotores del terrorismo, no se libran de las amenazas de estos nihilistas, como podría explicar Gaddafi en sus enfrentamientos con Bin Laden, o como podrían explicar los financiadores de estos grupos cuando pagan seguridad propia, cediendo al chantaje.

Por tanto, la jugada es otra y merece la pena diferenciarla para avanzar en un buen diagnóstico y en una mejor terapia.

Esto es lo más inquietante de la situación actual. Desgraciadamente, Estados Unidos se siente golpeado, humillado y solo, a la vez que potente para responder por su cuenta. No quiere escuchar a los que, de buena fe y sin sumisión, están dispuestos a cooperar en una lucha decidida contra la amenaza del terrorismo internacional.

Así, bajo una amenaza real y peligrosa como pocas, asistimos a una estrategia de respuesta que nos conduce —nueva OTAN incluida— a un escenario internacional más incierto que nunca, más imprevisible. Veremos —¡y pronto!— guerra en Irak. Se saldará con la derrota de Sadam, pero esto no significará el triunfo simplificador que se espera. La posguerra será larga y la región seguirá en tensión y desequilibrio, desde Turquía a Arabia Saudí, por no hablar del conflicto de Israel y Palestina.

Pero, y sobre todo, nada indica que mejore la posición del mundo desarrollado contra la amenaza del terrorismo internacional. ¿Podría ocurrir lo contrario en este provocado conflicto de civilizaciones?

El País, 18 de enero de 2003

Entre Davos y Porto Alegre

En las dos últimas décadas, América Latina ha vivido la recuperación casi generalizada de los sistemas democráticos y, como contrapunto, un pobre crecimiento económico que apenas ha mantenido el producto por habitante con una redistribución más desigual del ingreso.

Esta evolución está debilitando la confianza en el funcionamiento del sistema de libertades y en sus instituciones, al tiempo que los partidos políticos clásicos se ven desplazados por alternativas no siempre mejores.

Además, se pone en cuestión el Consenso de Washington[1] en su totalidad —las políticas macroeconómicas, las reformas liberalizadoras y los procesos de privatización—, al que se atribuye el fracaso del crecimiento y el aumento de las desigualdades.

Las elecciones se han ganado con programas de desarrollo y los gobiernos se han desempeñado con programas de ajuste sobre las mayorías sociales, tanto en los períodos de crecimiento como en los de crisis.

Como el problema de la legitimidad es siempre doble —de origen y de ejercicio— y la de origen conseguida en las

---

[1] El Consenso de Washington de 1989 estaba basado en diez puntos: establecer una disciplina fiscal, priorizar el gasto público en educación y salud, reformas tributarias, tasas de interés determinadas por el mercado, tipos de cambio competitivos, desarrollar políticas comerciales liberales, apertura a la inversión extranjera, privatización de empresas públicas, desregulación y garantías para la propiedad privada.

urnas no ha ido seguida de la de ejercicio en la ejecución de los programas prometidos, es natural que el fenómeno de debilitamiento de la confianza democrática se haya extendido por el continente, con escasas excepciones.

El esfuerzo de la mayoría de los gobiernos por adecuar sus comportamientos al Consenso de Washington —más allá de los errores propios— ha ido produciendo un creciente rechazo, avalado por la frustración de los resultados, que conduce a la tentación de optar por ofertas políticas populistas.

¿Cómo recuperar la legitimidad de ejercicio que evite las regresiones democráticas situando a los países emergentes en la senda del desarrollo?

Voy a centrar la atención en las correcciones de política económica, consciente de que las reformas institucionales son tan imprescindibles como aquéllas para el fortalecimiento de un nuevo modelo superador de la crisis actual. La crisis política merece un análisis propio.

El debate, en Davos y Porto Alegre, está condicionado por los acontecimientos derivados del 11 de septiembre, que alteró las prioridades de EE UU, y el clima prebélico que se vive en estos momentos. El telón de fondo de la crisis económica mundial y el de la crisis latinoamericana se ve ensombrecido aún más por las incertidumbres derivadas de estos escenarios.

La polarización entre los que defienden una aplicación más rigurosa de las recetas neoliberales y los que desean hacer un funeral completo y definitivo del Consenso de Washington estrechará el margen de los que propongan políticas alternativas.

Sin embargo, hay que intentarlo para superar errores, mantener líneas de actuación imprescindibles y evitar sucumbir al pesimismo ante las constricciones del escenario mundial de crisis económica y de seguridad.

Hay que reafirmar la necesidad de mantener equilibrios macroeconómicos sanos, una constante lucha contra la inflación y una vigilancia seria de los equilibrios externos. Nada de ello debería perjudicar, sino todo lo contrario, la aplicación de políticas económicas de desarrollo.

Estados Unidos realiza políticas económicas pragmáticas, según las necesidades del ciclo, sean fiscales, monetarias, cambiarias o de protección de su mercado, pero, a través del FMI, exige a los países emergentes políticas ideologizadas y contradictorias con los objetivos de desarrollo en los mismos campos.

El principio de funcionamiento parece evidente. Los países centrales disfrutan de renta histórica y relaciones favorables de poder, que les dan márgenes para hacer políticas pragmáticas que les ayudan a superar las crisis y a mantener y ampliar las ventajas sobre los países emergentes, al tiempo que exigen a éstos una ortodoxia neoliberal codificada por ellos y que ahoga sus posibilidades de desarrollo.

Los resultados están siendo devastadores para América Latina. Por eso es necesario redefinir algunas líneas básicas de actuación.

El equilibrio de ingresos y gastos ha de referirse a los corrientes y no computar de la misma forma ingresos obtenidos por privatizaciones o gastos destinados a inversiones. Ahora que se han cuestionado los procedimientos contables de muchas empresas emblemáticas, sería necesaria la revisión de las contabilidades nacionales, incluso para ganar transparencia y racionalidad.

Los procesos de privatización se deben analizar por sus propios méritos y con ritmos adecuados, sin las presiones que se derivan de intereses foráneos o de grupos oligopólicos propios. En no pocas ocasiones, los procesos de privatización poco o nada han tenido que ver con la liberalización que se pregonaba para mejorar la competitividad y los precios a los usuarios.

La liberalización precipitada de los sistemas financieros ha tenido costes insoportables para los países de América Latina que se han visto compelidos a ello.

Choca la diferenciación permanente entre crecimiento económico, planteado como un problema técnico, y equidad social, planteada como un problema moral, no de redistribución del ingreso.

Todo el mundo parece estar de acuerdo en la necesidad de aumentar la justicia social, aunque nunca quede claro el momento de realizar el esfuerzo redistributivo que conduzca a ella.

Si asumimos la necesidad de disponer de mecanismos eficientes de creación de riqueza y de redistribución del ingreso resultante, el modelo será más sostenible y exitoso para todos. Esto nos situaría en un papel razonable del Estado y del mercado, sin abandonarlo todo al segundo ni sobredimensionar el primero.

La pregunta sobre la compatibilidad entre crecimiento y equidad está mal formulada, porque enfrenta el problema técnico con el problema moral y, cuando se trata de números, la primacía de lo técnico reduce el espacio de lo moral o solidario, convirtiéndolo en un imperativo deseable, pero en un horizonte que siempre se aleja.

Por eso, sugiero que hablemos de crecimiento y redistribución del ingreso —directa e indirecta— como dos términos de una misma ecuación, que pueden discutirse por la mayor o menor eficacia del modelo resultante.

En las economías exitosas que han conducido a la centralidad, crecimiento y redistribución se han retroalimentado, conformando un paradigma. Los países emergentes que no lo han seguido, incluso con crecimientos duraderos y fuertes, no han mejorado sus posiciones en ningún terreno, salvo el de exiguas minorías mucho más ricas.

Hoy, además, resulta imprescindible facilitar el acceso a las tecnologías de la Red, tanto para la educación y la salud cuanto como palanca del desarrollo. Es una forma de redistribución que fortalece todos los factores.

La formación de capital humano, más la productividad por persona ocupada, es más trascendente que las políticas de bajos salarios y reducción de costes en educación o salud. La senda del desarrollo y la competitividad ha de seguir esos pasos.

Hay que reconsiderar el modelo de crecimiento ligado exclusivamente al sector externo. Sobrepasadas las teorías de desarrollo autárquico con sustitución de importaciones, se ha caído en el abandono de la economía interna en todas aquellas líneas de creación de riqueza que poco o nada tienen que ver con los insumos externos, al tiempo que generan puestos de trabajo y bases para el desarrollo.

En América Latina, la vivienda —por ejemplo—, extraordinariamente intensiva en empleo y nada dependiente de insumos externos, es un motor de crecimiento y redistribución desatendido.

Lo mismo cabría decir de la inversión en infraestructuras de comunicaciones, telecomunicaciones, energía y agua, cuyos retrasos son cuellos de botella para el desarrollo, que pueden afrontarse con esfuerzos públicos y/o privados, tanto nacionales como regionales, y con financiamientos mixtos que hagan soportables sus impactos presupuestarios. Las importaciones necesarias tienen la virtualidad de capitalizar al país que las lleva a cabo. El Banco Mundial y los demás organismos financieros internacionales pueden y deben realizar este esfuerzo.

Finalmente, sin una revisión de los equilibrios en las relaciones comerciales, las políticas de impulso liberalizador de los mercados seguirán penalizando a los países en desarrollo y ahogando sus potencialidades en el comercio mundial.

Necesitamos, en fin, políticas pragmáticas de desarrollo, no políticas ideológicas de ajuste permanente.

Empieza a abrirse camino la necesidad de la guerra contra la pobreza y el rechazo de la guerra que empobrece.

El País, 1 de febrero de 2003

No a la guerra: los argumentos

Es fácil decir que todos estamos contra la guerra. Y seguramente es verdad en la inmensa mayoría de los casos. La política es poliédrica y cada uno verá lo que dice desde el prisma que le convenga. Tanto los defensores del conflicto con Irak como los que se oponen defenderán sus posiciones como las más correctas en el camino de la paz.

Pero, en cada país, serán los gobernantes los que marcarán la pauta a seguir y las consecuencias de esa decisión pesarán sobre todos. Si la estrategia de la Administración de Bush está equivocada, y la del Gobierno español es una copia mimética de este error, las consecuencias nos afectarán a todos. Por eso me gustaría que el Gobierno tuviera razón, porque va a decidir, con su mayoría parlamentaria, nuestro destino ante este conflicto que será un rompeaguas de la historia, y que no la tuviéramos los que nos oponemos, responsablemente, a la deriva emprendida.

Preocupado por la dimensión y gravedad de la crisis, quiero formular algunos argumentos contra el conflicto.

1. No al unilateralismo y a la guerra preventiva.

La Administración de Bush ha cambiado radicalmente la estrategia de seguridad, basándola en el ataque preventivo y en la acción unilateral. El ataque preventivo era un recurso excepcional y la acción unilateral no formaba parte del diseño histórico de seguridad frente a las amenazas más graves.

Es más, se debe a EE UU la iniciativa de crear Naciones Unidas como garante de la paz y la seguridad internacionales.

En su origen está la voluntad de que ningún país pueda desencadenar una guerra por su cuenta, como las dos guerras mundiales del siglo XX, en las que los EE UU intervinieron contra las potencias europeas agresoras. La ONU nace del grito «Nunca más».

2. Irak rompió las reglas en 1990.

La decisión de Sadam Husein de invadir Kuwait, en agosto de 1990, con la finalidad de someterlo a su dominio y controlar las fuentes energéticas más importantes del mundo, no sólo vulneró la legalidad internacional, sino que amenazó a los países de la región con la creación de un poder capaz de expandirse al resto del Golfo.

La acción internacional era obligada, para restablecer el orden internacional y para mantener la paz. El Consejo de Seguridad aprobó una docena de resoluciones antes de autorizar el uso de la fuerza, porque Irak no se retiraba de los territorios ocupados.

La coalición internacional no sólo unió a EE UU, Europa y la URSS, sino que concitó el apoyo del mundo árabe y del mundo musulmán en la operación de fuerza multilateral más amplia que se ha conocido en la historia.

3. El petróleo detrás.

Sin duda existía un problema estratégico relacionado con el petróleo, como lo demostró la decisión de Sadam Husein de apoderarse de Kuwait en 1990. Por eso está invalidado para argumentar con esta realidad que lo llevó a violar la legalidad internacional.

Bush, proponiendo repartir el petróleo como botín de guerra, va asimismo contra el respeto a la soberanía de Irak, que reside en su pueblo, a pesar de que soporte por la fuerza al dictador iraquí. Estas manifestaciones restan legitimidad a los propósitos de desarme avalados por Naciones Unidas.

4. Solidaridad y coordinación en la lucha contra el terrorismo.

Desde el 11 de septiembre he insistido en la necesidad de concertar esfuerzos con EE UU para combatir la amenaza del terrorismo internacional. No sólo por razones históricas de gratitud, nacidas del papel que desempeñó EE UU ayudando a las democracias europeas en las dos guerras mundiales, sino por la inteligencia mínima del fenómeno del terrorismo internacional como amenaza contra todos.

Aunque España no se benefició de la derrota de las dictaduras —bien al contrario debimos soportar la legitimación de la dictadura de Franco a través del Acuerdo Bilateral con EE UU—, esto no es un obstáculo para afirmar nuestra posición como europeos y como país amenazado por el terrorismo.

La cooperación debe fortalecerse, con la conciencia de la naturaleza de la amenaza y con los medios que sean operativos para combatirla. Nos enfrentamos a un fenómeno radicalmente diferente a los conflictos bélicos clásicos y, por eso, los medios clásicos poco o nada tienen que ver con la eficacia en este combate necesario.

5. Contra la proliferación de armas de destrucción masiva.

España, con Europa y EE UU, a través del vínculo atlántico y con la comunidad internacional, a través del Consejo de Seguridad, debe cooperar en la estrategia de control y liquidación de las armas de destrucción masiva. Nuestro país renunció a los programas de investigación de armas nucleares y firmó el TNP (Tratado de no proliferación de armas), como actitud de rechazo a la carrera armamentística y factor de legitimación para exigir el mismo comportamiento de otros países.

El problema de la proliferación se agudiza con la implosión de la URSS y el excedente de capacidad científica y técnica que provocó. Parte de la inteligencia científica se convirtió en una actividad mercenaria adquirida por cualquier postor, provocando un incremento de la amenaza sin precedentes.

Irak ha pretendido desarrollar armas nucleares. Pakistán, la India, Corea del Norte o Israel, entre otros, lo han conseguido. Además, Sadam Husein ha dispuesto de armas químicas en su enfrentamiento con Irán, y las ha usado contra su propio pueblo. EE UU se las suministró en la guerra contra los iraníes en los años ochenta.

La dictadura iraquí es hoy más débil que antes de la Guerra del Golfo y tiene menos capacidad de agresión. Sus programas nucleares se desmantelaron y parece comprobado que no dispone de esas armas.

Puede, sin embargo, disponer de químicas o biológicas y ésa es la tarea en la que debe centrarse la labor de Naciones Unidas durante tanto tiempo como sea necesario, hasta su descubrimiento y destrucción si existen. Nada, en términos de amenaza, permite decir que la situación actual del régimen iraquí sea más peligrosa que hace tres o diez o quince años.

De nuevo se producen enfrentamientos entre Pakistán y la India, ambos con armas nucleares. ¿Alguien sugiere que se use la fuerza para detenerlos y desarmarlos? La actitud frente a Corea del Norte marca una vía alternativa que conviene fortalecer para conseguir el propósito de disminuir la proliferación.

6. Contra la estrategia de Bush y no contra EE UU.

Se está produciendo una terrible confusión con graves consecuencias al identificar a la Administración de Bush y su nueva estrategia con EE UU. Son muchas las opiniones autorizadas en EE UU, en medios demócratas y en medios republicanos, que están contra la estrategia de seguridad de la Administración estadounidense.

A pesar de la comprensible reacción emocional provocada por el horror del 11 de septiembre y del estrechamiento de márgenes para las respuestas racionales que está produciendo este estado de opinión, son cada vez más los líderes que critican, en público y en privado, esta deriva de los *halcones*.

El efecto de la propaganda simplista que consiste en contraponer a Bush con Sadam Husein, como si fuera a favor o en contra de EE UU, está perjudicando seriamente a Europa, pero no menos a la imagen misma de los EE UU. Por muy poderosa que sea una potencia y aunque cuente con el apoyo de otros gobiernos para imponer el unilateralismo, las consecuencias pueden ser tan graves como las que hemos vivido en las grandes guerras del siglo XX.

Ser solidarios con EE UU por el ataque sufrido el 11 de septiembre significa cooperar para combatir la amenaza pero es contradictorio avalar una estrategia errónea y errática.

7. El conflicto no terminará en Irak.

Aunque la guerra fuera «corta», la posguerra será larga. Vietnam y Afganistán se saldaron con las derrotas de las dos grandes potencias que lo intentaron. La época de las conquistas territoriales pasó a la historia.

Si se pretende cambiar el mapa de la región, asistiremos a un encadenamiento de conflictos, con intereses cruzados imposibles de prever y controlar. Si no se pretende, la inquietud de Turquía, Siria, Irán y otros puede conducir a enfrentamientos no previstos.

Ocupar Irak exigirá un esfuerzo de tropas de tal magnitud y durante tanto tiempo que EE UU no podrá sostener.

8. Todos contra Sadam Husein.

No podemos ni debemos abandonar al pueblo iraquí en manos de un dictador sanguinario. Por tanto, el esfuerzo para ayudar a los ciudadanos a recuperar su libertad debe incrementarse, incluso modificando las acciones internacionales que sólo perjudican a la gente y dejan intacto el poder de la camarilla de Sadam.

Esto no tiene nada que ver con el desencadenamiento de la guerra. Puede tener efectos sobre los pueblos afectados, pero nada hace prever que un sistema neocolonial de control mejorará su situación a medio plazo.

9. En Kosovo actuó la OTAN.

El Gobierno de Aznar tuvo nuestro respaldo para intervenir en aquella ocasión. La Unión Europea estaba de acuerdo. La OSCE, el mundo árabe y el musulmán lo reclamaban. Se trató de frenar, más tarde que temprano, un genocidio desencadenado por Milosevic. Nadie buscaba petróleo, ni hegemonía. ¿Quién se atreve a comparar aquel conflicto con el que hoy se plantea?

Pero sí podemos extraer las consecuencias de la presencia posterior al conflicto en Kosovo, que dura hasta hoy, para analizar en serio lo que ocurrirá en Irak.

10. España debe defender sus posiciones con autonomía.

Además de los elementos de reflexión general, ligados a la defensa del multilateralismo en Naciones Unidas, que se debilitan o se niegan cuando se afirma que diga lo que diga el Consejo de Seguridad hay que desencadenar una acción de fuerza, España tiene obligaciones que cumplir, todas ellas ligadas a sus prioridades en política exterior.

La primera se deriva del Tratado de la Unión Europea, que exige a los socios coordinar sus posiciones para desarrollar una política exterior y de seguridad común. Ésta se ha vulnerado aceptando desde el primer minuto la estrategia de la Administración de Bush sin consulta previa con los socios. El daño para la construcción de una Unión Política es difícil de reparar.

La segunda, teniendo en cuenta nuestra dimensión mediterránea, nos obliga a prevenir las consecuencias para esos países de una estrategia como la desplegada por la Administración de Bush.

La tercera, en la dimensión iberoamericana, tratando de coordinar nuestras políticas con estos países y analizando las repercusiones del cambio de prioridades de la Administración de Bush para esa América que parece olvidada por los dirigentes que hablan de una sola, la de EE UU.

11. Opinión pública y guerra.

Todo el mundo coincide en que si la opinión pública de EE UU se inclinara mayoritariamente contra la guerra, la Administración de Bush daría marcha atrás y buscaría otros mecanismos para lograr el desarme de Irak.

Dirigir parte de nuestro esfuerzo a los ciudadanos de EE UU, sin confundirlos con una Administración concreta, podría mostrarles la solidaridad en la lucha contra el terrorismo internacional y el rechazo al conflicto unilateral y preventivo, que puede conducir a más conflictos y más amenazas terroristas.

Si el mismo razonamiento respecto de la opinión pública se aplicara a España y a Europa, sería posible evitar esta guerra y se mantendría la unidad europea sin bajar la guardia en la lucha contra las amenazas. ¿Por qué no lo hacemos?

El País, 12 de febrero de 2003

¿De qué se alegran?

Con un entusiasmo y una alegría que no he visto en ningún Parlamento del mundo, los diputados y diputadas del Partido Popular aplaudían a rabiar la resolución que proponen para abrir paso a la guerra contra Irak y la negativa a dar cualquier oportunidad a los inspectores para que rematen su objetivo ¿Por qué estarán tan contentos con la que nos espera?

Ahora está claro en qué terreno se sitúa cada cual, a pesar de que se sigue discutiendo en falso sobre el fondo de la decisión que están apoyando los responsables del PP. Está más claro, paradójicamente, en la opinión pública que en el debate político, como si los ciudadanos fueran más capaces de discernir entre la paja y el grano, mientras los debates políticos o periodísticos se mantuvieran en la ocultación del grano entre la paja.

La guerra de Irak está decidida desde hace tiempo. El mérito del presidente Bush es que no engaña a nadie sobre sus propósitos. Ni a su opinión pública —que cuida como su principal deber presidencial— ni a los gobiernos del mundo representados en Naciones Unidas. Igual de nítida es la posición del señor Blair, que, contra la opinión pública británica, sigue la estela de la Administración republicana y pone más de cuarenta mil soldados sobre el terreno.

En el caso del señor Aznar, a pesar del camuflaje, la posición está definida desde el verano de 2002. Por eso en septiembre publiqué una primera respuesta en este periódico con el título *Amistad, no sumisión*[1], en la que explicaba la necesidad de rechazar la estrategia de la Administración de Bush, que él había asumido sin matiz alguno. No por un antiamericanismo como el que crece imparable en el mundo, sino por mantener la libertad de criterio en que se basa la amistad, para huir de esa oleada de rechazo contra todo Estados Unidos. Por evitar que toda la solidaridad del 11 de septiembre se transformara en inquina.

Desde el primer momento el señor Aznar avaló la posición del señor Bush y la iba matizando en la misma medida en que lo hacía éste. No están tan lejanas las hemerotecas para constatar que ha defendido la intervención con o sin el aval de Naciones Unidas y que, a continuación, ha considerado la resolución 1.441 suficiente para desencadenar una intervención armada. Ahora, mantiene que la nueva resolución que copatrocina con EE UU y Gran Bretaña tampoco sería necesaria, por lo que, si no se aprueba, será la ONU la que incumpla sus obligaciones.

Sabemos que el Gobierno español hará lo que decida el presidente Bush, quien afirma que someterá la nueva resolución al Consejo si tiene garantías de que salga adelante y, en caso contrario, que decidirá por su cuenta. ¿Por qué Aznar lo oculta ante el Parlamento y lo declara en Londres?

Hay serias diferencias entre la posición británica y la española. Blair defiende los intereses de su país desde las prioridades angloamericanas que siempre han definido su política exterior, incluso en su visión contraria a un poder europeo autónomo. España hacía una apuesta europeísta, mediterránea e iberoamericana, sin cuestionar el vínculo transatlántico, pero Aznar ha enterrado esas prioridades a cambio de ser «el nuevo vigía de Occidente».

Además, el dirigente británico se empeñó en convencer a Bush (apoyando a Powell) de la necesidad de ir al Consejo de Seguridad para mantener el multilateralismo antes de embarcarse en el segundo paso (Irak) de la nueva estrategia,

---

[1] El artículo se titulaba «La extraña crisis (3). Amistad, no sumisión», también en esta recopilación.

mientras el dirigente español —como los *halcones* de la Administración republicana— consideraba innecesario este paso. Así consta en sus pronunciamientos, más allá de la flaqueza de nuestra memoria.

Pero Blair, coherente con la posición histórica de Gran Bretaña, aun en contra de la opinión pública actual, pone sobre el terreno más de 40.000 soldados para afirmar su relevancia. ¿Qué pone Aznar para presumir de liderazgo mundial y para exhibir una dureza que iguala a la de Bush y supera a la de Blair? ¿Cuáles son los intereses y prioridades españoles que defiende?

Finalmente, Blair no insulta a los que se oponen. Sólo trata de convencerlos sin éxito.

Para el presidente Bush la guerra preventiva y la decisión unilateral constituyen la esencia del nuevo papel de EE UU como poder hegemónico en la configuración de un orden internacional hecho a su medida. Naciones Unidas, mientras no estorbe este designio, es un enredo soportable, pero si estorba dejará de contar para su estrategia. De nuevo he de afirmar que la claridad de propósitos ha sido total y lo sigue siendo al día de hoy. Nos guste o no lo que pretende, al menos no deja lugar a dudas.

Esto significa que habrá guerra en Irak, sea cual sea el grado de avance en el desarme, porque el objetivo está más allá y ha sido anunciado sin ambigüedades. No excluyo una operación en el último minuto protagonizada por Rusia y/o algunos países árabes para sacar a Sadam Husein y abrir un nuevo espacio relativamente incierto respecto a la guerra o el desarme pacífico. De hecho, las contundentes manifestaciones de Ivanov, como ministro de Exteriores ruso, no pueden significar una manifestación de contrapoder frente a EE UU, porque su país no tiene hoy ese margen, pero sí pueden querer decir que necesitan un poco más de tiempo para lo que estén haciendo.

En esta situación, por mucho que corra en su estrategia de superviviente el dictador iraquí, el horizonte se le irá alejando. En el fondo, da igual que destruya misiles tierra-tierra o tierra-aire, o que entregue armas residuales o nuevas. Cada paso que dé en esta dirección permitirá la doble lectura en la que estamos. O se interpreta como la demostración de que es un mentiroso no fiable y por tanto hay que atacar o se confía en que el objetivo del desarme va avanzando y, por tanto, hay que seguir la presión, pero dando más oportunidades a los inspectores. Ambas posturas tienen razones para defender sus argumentos, pero unas conducen a la guerra y rebasan el mandato de Naciones Unidas tal como está hecho y otras abren una oportunidad para evitar el conflicto, consiguiendo el cumplimiento de la resolución 1.441.

La posición del Gobierno español es de apoyo sin restricciones a la estrategia diseñada y aprobada por la Administración republicana. Como no estoy de acuerdo con esta estrategia, aunque comparta la necesidad de cooperar seriamente contra las amenazas del terrorismo internacional y de la proliferación de armas de destrucción masiva, tampoco puedo estarlo con la posición del PP.

Añado a esta consideración que la opción adoptada por el Gobierno, ahora legitimada por el Parlamento con los votos del PP, tiene consecuencias graves para nosotros que no admiten el entusiasmo y la alegría que han mostrado.

Han renunciado a la construcción de la Unión Política Europea, aunque digan lo contrario, porque esta Unión comporta la configuración de un poder relevante en el mundo globalizado, con su política exterior y de seguridad propia.

Han renunciado a una relación de vecindad con el mundo árabe que se base en el respeto y en el diálogo. Y saben que la inestabilidad futura aumentará porque los pueblos de la región no pueden comprender ni aceptar esta deriva.

Han renunciado a una relación con la América hispana que les ayude, desde nuestra propia posición y desde esa Unión Europea, a ampliar su propio espacio de autonomía en política exterior, para presionarlos en dirección opuesta. Y esto no lo compensan las inversiones, sin duda importantes, que España viene haciendo. Más bien le añaden un grado de riesgo.

Pero si no comprendo ni comparto esta opción de política exterior y de seguridad en la que nos hemos embarcado sin consenso y contra la opinión pública es porque me preocupan las consecuencias que nos esperan.

Puedo aceptar que no les importe o no vean el significado del cambio en nuestras prioridades de política exterior.
No tienen por qué creer en la importancia que le damos a la
Unión Política de Europa, a su política exterior o a las políticas de cohesión. No pueden ser ciegos a las dificultades que
esto nos crea con el mundo árabe, aunque digan que los van a
compensar. Menos aún creerán que en la América hispana esta
política de recaderos del señor Bush, según la describe –ala-
bándola— el *Wall Street Journal,* provoca reacciones de entusiasmo en gobiernos u opiniones públicas. Pero veamos algunas consecuencias inmediatas y mediatas, internas y externas.

En la UE, la llamada *nueva Europa,* si por tal entendemos la que está de acuerdo con el secretario de Defensa de
EE UU, al que quiere callar el señor Aznar, está constituida
por Gran Bretaña, cuyos intereses conocemos y respetamos,
pero son diferentes a los nuestros; por Italia, que está reple-
gándose en las últimas semanas, porque debe presidir la UE y
porque la corriente de fondo es europeísta, o por los países
candidatos, que por razones históricas confían más en EE UU
que en sus inminentes socios, pero que inmediatamente com-
petirán con España en todas las políticas de cohesión.

En la *vieja Europa* se sitúan Alemania y Francia, amén de
otros socios europeístas de la UE, que creen en la construcción de la Unión Política, incluida la autonomía en política
exterior y de seguridad. Alemania contribuye a la cohesión en
primer lugar y Francia contribuye decisivamente a la lucha
contra ETA. Decía el señor Aznar ante la dirección de su
partido que mientras dure el terrorismo que padecemos debemos ser solidarios con los demás. Estoy de acuerdo, incluso si la amenaza de ETA desapareciera, por eso me sorpren-
den sus palabras y su omisión de la cooperación francesa en la
conferencia de prensa con Bush, cuando habló de las detenciones —en Francia— de los terroristas.

España está en la *nueva Europa rumsfeldiana,* enfrentada a
Francia, Alemania, Benelux y algunos nórdicos. El Gobierno,
desde el verano de 2002 —no lo olviden— se alineó con el señor Bush sin consulta alguna con sus socios, en una jugada que

pretendía arrastrarlos ante los hechos consumados, pero que sólo consiguió fracturarlos. Esto se ha repetido, con reproches mutuos e inútiles, varias veces hasta la ruptura del último acuerdo de mínimos mediante el patrocinio de la nueva resolución ante el Consejo de Seguridad, sin consulta con los demás.

La Unión Europea ha sido la primera víctima de esta nueva estrategia. Tardará en recomponer sus objetivos, si lo consigue, y lo hará sobre unas bases que inevitablemente llevarán a un núcleo de países con mayor compromiso europeísta que otros. Por el momento, España no estará en ello. No es bueno para nadie, pero será la única senda para los que creen en la Unión Política.

El mundo árabe no se sentirá *compensado* ni con la imposición de una solución del problema palestino, que EE UU no hará contra el Gobierno de Israel, ni con la modificación del mapa de la región con el propósito de controlarla. La Liga Árabe, más allá de sus profundas divisiones, no quiere esta estrategia, y la Conferencia Islámica, menos.

¿De verdad cree el señor Aznar que el primer ministro Sharon va a aceptar la presión —incluso las resoluciones de la ONU— que anunció en Tejas? Es imposible que desconozca que ya ha dicho que no aceptará ser *moneda de cambio*. Es imposible que desconozca las bases de su programa de gobierno. Aunque tal vez sepa algo que ignoramos y dentro del paquete esté la modificación del mapa regional con una nueva ubicación de los palestinos más allá del Jordán.

Después de esta guerra, que en la estrategia de la Administración de Bush sólo es la segunda batalla contra el *eje del mal*, habrá una incierta posguerra, con kurdos y turcos incluidos y nuevos conflictos. De nuevo son más claras las manifestaciones del presidente Bush, reiterando que ésta será una guerra larga (no se refiere a Irak, que ve como guerra corta, sino al conjunto de los objetivos). ¿Los conoce y los avala el señor Aznar? ¿Seguirán por el Mediterráneo o se alejarán hacia el Oriente más lejano?

Las sospechas que hoy concita el régimen de Sadam Husein son aplicables, incluso con certidumbres, a otros muchos

Estados. Los mismos argumentos se van a seguir empleando en esta larga guerra para los próximos episodios bélicos. Si toca en el Mediterráneo, como creo, porque el Extremo Oriente va a esperar, ¿cuál será el coste para España y para Europa?

Veo, con preocupación, que no se toman en serio al presidente Bush, que prepara a su opinión pública para una guerra larga y que advierte que la llevará adelante con o sin el apoyo de Naciones Unidas. Veo que no se toman en serio lo que se dice en la nueva estrategia de la Administración republicana. Incluso veo que confunden el hecho de no estar de acuerdo con ella con mantener posiciones irresponsables. Veo que recurren a descalificaciones intolerables de *bajeza moral* o *compañeros de viaje de Sadam*.

Les gustará o no reconocerlo, pero su extraño entusiasmo lo pagaremos todos los españoles a un alto coste. La paradoja resultante es que tampoco EE UU conseguirá lo que pretende.

Perdonen que les digamos, sin que se ofendan, que no están ustedes, señores del Gobierno y señores representantes del PP, sacando a España del rincón de la historia, sino arrinconándola en el papel que superamos con la desaparición de la dictadura.

El País, 7 de marzo de 2003

Índice analítico

11 de septiembre 9, 14, 17,
223, 224, 231, 265, 267-
269, 274, 275, 277, 279,
282, 291, 293, 305, 306,
309, 316, 319, 322, 324-
327, 333, 349, 356, 357,
362, 370, 374

Acta Única 66, 82
Acuerdo de Estella, *véase*
Pacto de Lizarra
Acuerdos de Lisboa 288
Adenauer, Konrad 34
Aguilar, Héctor 189
Ajuria Enea, *véase* Pacto de
Ajuria Enea
Al Qaeda 10, 358
aldea global 97, 144
Allende, Salvador 231, 255
Almunia, Joaquín 27-31, 128,
129, 150, 151
Amato, Giuliano 344
Amedo Fouce, José 55
Andrópov, Yuri 221, 222

Annan, Kofi 69, 70, 74
antiglobalización 16, 18, 98,
243, 292
Arafat, Yaser 120, 303
Araya, Rolando 94
Ardanza, José Antonio 44
armas de destrucción masiva
10, 11, 14, 223, 326, 356,
358, 369
Arzalluz, Xabier 62
Asociación Civil Transparencia
172
Asociación Latinoamericana
de Integración
(ALADI) 101
Aubry, Martine 93
autodeterminación 45, 250,
251, 252
Aza, Alberto 300
Azaña, Manuel 79
Aznar, José María 13, 19, 25,
31, 45, 54, 55, 80, 122, 126,
129, 136, 138, 142-144,
147, 150, 165, 168, 184,
213, 216, 223, 244, 250,

298, 300, 301, 371, 373-
375, 377, 378

Banco Central Europeo 35,
36, 197, 198, 287, 340
Banco Interamericano de
Desarrollo (BID) 226
Banco Mundial 36, 156, 160,
161, 190, 264, 365
Barak, Ehud 304
Barrionuevo, José 50, 57
Béji, Hélé 189
Belloch, Juan Alberto 55
Ben Jelloun, Tahar 105, 106,
189, 258
Bernard Shaw, George 209,
211
Bin Laden, Osama 267, 269,
270, 306, 327, 359
Blair, Tony 198, 373-375
Blanco, Miguel Ángel 23, 126
Borrell, José 27, 28, 30, 31
Brandt, Willy 119, 195, 345
Breznev, Leónidas 78
Brundtland, Gro H. 94
Bubakar Keita, Ibrahim 93-
95, 97
Bush, George 11, 14, 87, 221,
317, 318, 357
Bush, George W. 9, 10, 12, 14,
17, 19, 20, 38, 39, 68, 87,
91, 110, 158, 219, 223, 224,
259, 293, 295, 296, 306,
315, 325, 327, 328, 343,
344, 367, 368, 370, 372-
374, 375, 377, 378, 379

Caballero Pastor, Tomás 21
Cabanillas, Pío 299-301
Calvo Sotelo, Leopoldo 44,
56, 60, 202
cambio civilizatorio 14, 16,
18, 212, 311
Candel, Francisco 185
Cardoso, Fernando Henrique
335, 336
Carta de Derechos Funda-
mentales 196, 197
Carta Social Europea 38, 66, 83
Castell, Manuel 77
Castro, Fidel 318
Cebrián, Juan Luis 9
Cela, Camilo José 211
Cervantes, Miguel de 63, 176
Chirac, Jacques 108, 312
Choque de Civilizaciones 108
Churchill, Winston 34
ciudadanía 37, 38, 62, 63, 66, 83,
173, 192, 209, 212, 247, 249,
251, 268, 311, 312, 332, 336
ciudadanía europea 37, 66, 67,
83, 197, 204, 245, 286
civilización del mercado 114
Clinton, Bill 11, 16, 158, 163,
222, 273, 304, 318
Conferencia de Barcelona 108
Conferencia de Madrid 304
Conferencia Islámica 378
Confucio 159
Congreso de Berlín 154
Congreso de Nueva York 345
Congreso de París 18, 93, 98,
124, 344
Cono Sur 103

Consejo de Seguridad 12, 13, 87, 269, 270, 307, 326, 327, 368, 369, 372, 374, 378
Consejo Europeo 34, 105, 108, 125
Consenso de Washington 350, 361, 362
Corcuera, José Luis 55
Costa, Joaquín 135
crisis global 164, 248, 267, 274, 283, 315, 342
Cumbre de Barcelona 297
Cumbre de Biarritz 195, 196
Cumbre de Gotemburgo 243
Cumbre de Grecia 52
Cumbre de Helsinki 199
Cumbre de Madrid 85
Cumbre de Niza 195, 243
Cumbre Iberoamericana 349

Da Silva, Luiz Inácio Lula 104, 117, 278, 332, 335, 336, 349-352, 356
Davos 162, 361, 362
De la Rúa, Fernando 282
Declaración de París 345, 347
Delors, Jacques 199
Dezcallar, Jorge 299
Domínguez, Michel 55
Dumas, R. 120

Eco, Umberto 77
eje del mal 293, 316, 318, 319, 355
El Greco 61

Elespe, Froilán 237, 238
Estado palestino 13, 293, 306
ETA 21-23, 25, 41, 43, 45-47, 49, 51-54, 125-131, 152, 192-194, 234, 237, 239, 249, 250, 252, 271, 324, 377
euro 33-38, 67, 85, 88, 97, 114, 195, 197, 199, 227, 245, 246, 248, 285, 286, 288, 289, 291, 339, 340

Fabius, Laurent 343, 344
Fernández Ordóñez, Francisco 120
Flores, Fernando 150, 255
Fondo Monetario Internacional (FMI) 18, 36, 88, 100, 104, 156, 164, 190, 264, 283, 316, 329, 332, 334, 363
Foro de Ermua 42, 126
Foro Iberoamérica 207
Foro Iberoamericano 274, 280
Foro Social de Porto Alegre, véase Porto Alegre
Fox, Vicente 176, 207
Fraga, Manuel 135
Franco, Francisco 113, 201, 202, 255, 369
Fuentes, Carlos 207-209
Fujimori, Alberto 171, 174
Fundación Carter 172
Fundación para el Análisis y los Estudios Sociales (FAES) 341

Gadaffi, Muammar al 359

GAL 49, 51, 54, 57
Gallego Alarias, Cecilio 324
García Damborenea, Ricardo 54, 55
García Márquez, Gabriel 207, 211
García Ortiz, Ascensión 21
Garzón, Baltasar 54, 55
Gaviria, César 175
Giménez Abad, Manuel 237, 238
Giscard d'Estaing, Valéry 56, 121
globalización 16-18, 62, 63, 66, 84, 85, 88, 91, 94, 95, 97, 98, 115, 116, 137, 144, 161, 178, 185, 186, 198, 207, 208, 212, 215, 243, 244, 261, 263, 267, 270, 274, 277, 287, 292-294, 311, 313, 323, 329
González Catarain, María Dolores, *Yoyes* 45
González, Felipe 20, 165, 344
González, Francisco 142, 143
Gorbachov, Mijail 82, 121, 160, 222, 356
Goytisolo, Juan 105
Gramsci, Antonio 124
Greenspan, Alan 225, 226, 268
Grupo de Contacto 72, 73, 78
guerra preventiva 367, 375
Guiddens, Anthony 122
Guterres, António 157

Hassan II 105, 106, 258

Hitler, Adolf 76, 77
Huntington, Samuel 13, 108
Husein, Sadam 11, 13, 80, 355, 357, 359, 368, 369, 370, 371, 375, 378, 379

Ibarretxe, Juan José 249, 250
Iglesias, Enrique 54, 226
Instituto Nacional para la Democracia 172
Internacional Socialista 18, 93, 98, 124, 157, 345, 347
Irak [conflicto de/crisis de] 12, 68, 80, 110, 158, 200, 248, 259, 265, 307, 313, 326, 327, 331-333, 356, 359, 371-375, 378
Irving, J. 120
Iturgaiz, Carlos 41
Ivanov, Igor 375

Jiménez-Becerril, Alberto 21
Jospin, Lionel 68, 123, 243, 244, 312
Juan Carlos I 202

Kadaré, Ismaíl 75, 76, 79
Keynes, John Maynard 177, 263, 316
Ki-Zerbo, Joseph 153, 154, 156
Kohl, Helmut 74, 108, 119, 120, 195, 196, 199
Krugman, Paul 147, 151

Lagos, Ricardo 232
Larrechea, José María 50
Le Pen, Jean-Marie 187, 310
Levy, J. 159
Ley de Extranjería 183, 187
Liga Árabe 378
Lula, *véase* Da Silva, Luiz
  Inácio Lula

Malouf, Amín 111, 191, 192
Manos Blancas 126
Maquiavelo, Nicolás 160
Maradona, Diego Armando 279
Maravall, José María 95
Marey, Segundo 51, 55
Martín Barrios, Alberto 50, 51
Martínez Emperador, Rafael
  23
Martínez Santiago, Silvia
  324
Mastreta, Ángeles 189
Mauroy, Pierre 343, 344
Mayor Oreja, Jaime 23, 187
McDonough, William J. 225
memoria histórica 49, 121,
  136, 232
Mercosur 85, 86, 99-104, 190,
  264, 286
Mernisi, Fátima 107
Milosevic, Slobodan 69-74,
  76-80, 195, 196, 371
Mitterrand, François 49-52,
  56, 120, 121
Mohamed VI 105, 106, 109,
  257, 300
Moliner, María 210

Monnet, Jean 34, 66
Morrison, Toni 211
Múgica, Fernando 21, 54, 125
Múgica, Francisco, 55
multilateralismo 13, 14, 348,
  372, 374
mundialización 67, 84, 153,
  154, 198, 212, 287, 292,
  295, 311, 348
Muro de Berlín 16, 81, 108,
  119, 121, 122, 124, 161, 189,
  190, 195, 196, 221, 261, 262,
  273, 287, 291, 292, 310,
  311

nacionalismo 33, 34, 44, 61,
  62, 67, 69, 70, 81, 83, 87,
  112, 135, 136, 193, 196,
  203, 205, 250, 251
Naciones Unidas (ONU) 12-
  14, 69, 70, 71, 74, 76, 78,
  79, 87, 107, 190, 264, 269,
  282, 303, 326, 333, 357,
  367, 368, 372, 374, 376
Naïr, Sami 189
nueva economía 107, 144,
  149, 151, 156, 161, 162,
  177-180, 185, 198, 225,
  226, 228, 229, 264
nuevo orden internacional 94,
  263, 283, 291, 346

Organización de Estados
  Americanos (OEA) 172,
  175

Organización del Tratado del
Atlántico Norte (OTAN)
13, 17, 53, 76, 87, 262, 291,
293, 296, 318, 359, 371
Organización Mundial de
Comercio 18, 162, 163, 164
Organización para la Seguri-
dad y Cooperación en Eu-
ropa (OSCE) 72, 73, 78, 371
Organización para la Unidad
Africana 156
Oviedo, Lino 101

Pacto Atlántico 291, 292
Pacto de Ajuria Enea 44, 45,
47, 126, 127, 129, 240
Pacto de Estella, *véase* Pacto
de Lizarra
Pacto de Lizarra 25, 127-129,
250
Pacto de Varsovia 82, 291
Pacto del Atlántico Norte 319
Pactos de la Moncloa 203
Pagazaurtundúa, Joseba 131
Parlamento Europeo 197
Paz, Octavio 82
Pedro el Grande 77
pensamiento único 15, 95,
121, 190, 269, 317
perestroika 122, 160, 222
Pérez Esquivel, Adolfo 126
Pinochet, Augusto 113, 232, 255
Piqué, Josep 299-301
Política Exterior y de Seguri-
dad Común (PESC) 37, 83,
85, 199, 200, 219

Porto Alegre 18, 361, 362
Powell, Colin 374
principio de subsidiariedad
67, 90, 91
Prodi, Romano 243, 244
Programa de Integración y
Cooperación entre Argenti-
na y Brasil (PICAB) 103
Pujol, Jordi 61, 62, 129

Quijote 30, 62, 63, 111

Rabin, Isaac 303, 304, 271
Rajoy, Mariano 299
Ramírez, Pedro José 298, 301
Rato, Rodrigo 142-144, 147, 151
Reagan, Ronald 219, 221, 222
Redondo, Nicolás 239, 241
Reserva Federal 36, 225, 227
Robinson, Mary 303
Rocard, Michel 343, 344
Rodríguez Zapatero, José Luis
187, 188, 239, 244, 247, 258
Romero, Carmen 256, 324

Sadat, Anuar el 304
Sancho Panza 30, 62
Sanguinetti, Julio María 112,
208, 281
Schmidt, Helmut 29
Schöder, Gerhard 243, 244
Schuman, Robert 34
Schwarzkopf, Norman 357
Sendero Luminoso 174

Serra, José 336
Seselij, Vojislav 72
Sharon, Ariel 13, 303, 306, 307, 378
Soares Gamboa, Juan Manuel 24
Somoza, Anastasio 175
Sotillos, Eduardo 50
Stalin, Josef 76, 77
Straw, Jack 113
Suárez, Adolfo 22, 44, 56, 60, 165-169, 202
Suárez Illana, Adolfo 165

tequilazo 100, 267
Tercera Vía 122, 180
terrorismo internacional 11, 16, 283, 310, 316, 326, 334, 356, 359, 368
Tito, Josip Broz 78
Tlili, Ridha 189
Toledo, Alejandro 171, 173, 174, 176
Tomás y Valiente, Francisco 21-25, 125, 126
Tratado de Amsterdam 88, 197
Tratado de Asunción 99
Tratado de la CECA 34
Tratado de la Unión Europea 90, 291, 372
Tratado de Libre Comercio 275, 276
Tratado de Maastricht 66, 82, 196, 227
Tratado de Niza 243
Tratado de Roma 33, 65, 285

Tribunal Penal Internacional 113
Tudjman, Franjo 71

Ualalú, Fatalá 94
Unión Europea (UE) 17, 22, 33, 34, 37-39, 65-68, 71-73, 77, 78, 83-85, 87, 91-93, 102, 107, 108, 134, 156,183, 185, 186, 190, 195, 196, 198, 199, 200, 214, 219, 225-227, 243, 245-248, 251, 258, 263, 264, 267-269, 285-289, 292, 293, 295, 296, 322, 327, 328, 340, 344, 371, 376-378
Urrusolo Sistiaga, José Luis 23

Vargas Llosa, Mario 172, 175, 176
Vera, Rafael 55, 57
Villalonga, Juan 142, 143

Xiaoping, Deng 159, 160

Ybarra, Emilio 142
Yoyes, véase González Catarain, María Dolores
Yussufi, Abderrahman 255, 258, 300, 301

Zedillo, Ernesto 175, 207
Zeman, Milos 94

Este libro se terminó de imprimir
en los talleres gráficos de Mateu Cromo, S. A.,
Pinto (Madrid) el mes de abril de 2003.